U0702014

蔡龙云　著

人民体育出版社

图书在版编目（CIP）数据

剑术运动 / 蔡龙云著. -- 北京 : 人民体育出版社, 2013 (2025.6重印)
ISBN 978-7-5009-4300-6

Ⅰ. ①剑… Ⅱ. ①蔡… Ⅲ. ①剑术(武术)—基本知识—中国 Ⅳ. ①G852.24

中国版本图书馆CIP数据核字(2022)第060312号

剑术运动

蔡龙云　著
出版发行：人民体育出版社
印　　装：三河市紫恒印装有限公司

开　本：880 × 1230　32 开本　　印　张：14.5　　字　数：360 千字
版　次：2013 年 2 月第 1 版　　印　次：2025 年 6 月第 10 次印刷
书　号：ISBN 978-7-5009-4300-6
印　数：19,501—21,500 册
定　价：49.00元

联系电话：（010）67151482
社　　址：北京市东城区体育馆路 8 号（100061）
网　　址：https://books.sports.cn/

作者简介

蔡龙云　汉族，山东济宁人，1928年11月生。中国共产党党员。中国著名武术技击家、理论家、教育家，上海体育学院教授，原国家体委武术研究院副院长。中国武术九段，国际级武术裁判。

曾任上海体育学院武术教研室主任、体育系副主任，上海市武术协会副主席，上海市职工武术气功协会主席，中国武术协会副主席，中国武术学会副主任，中华全国体育总会委员，第7届全国政协委员。

幼年习武，擅长华拳、少林、太极、形意诸技，尤精技击。1943年、1946年，先后在上海与西洋拳击家比赛，以中国拳法击败俄国拳击家马索洛夫、美国重量级拳击冠军鲁赛尔，被人们誉为“神拳大龙”。1953年，在全国民族形式体育竞赛暨表演大会上获“优秀奖”；后入选国家队并兼任政治辅导员。1956年开始，屡任国际、国内武术比赛裁判长、总裁判长，任第11届亚运会武术竞赛委员会主任。

多年从事武术教学、科研和管理，卓有建树。著有《武术运动基本训练》《华拳》《剑术》《少林寺拳棒阐宗》和《琴剑楼武术文集》等专著十余部。曾主编我国第一部《武术竞赛规则》，参与编写全国体育院校通用《武术》教材。在报纸杂志上发表学术性、技术性、知识性文章七十余篇。

为武术事业作出卓著的贡献，1959年被国家体委授予“第1

届全国运动会先进个人”；1983 年任全国武术遗产挖掘整理工作组副组长，1984 年获国家体委授予“全国武术挖整工作先进个人”；1985 年被评为“全国体育优秀裁判员”，同年，被授予“新中国体育开拓者”荣誉奖章；1988 年荣膺中国国际武术节“武术贡献奖”。1991 年起，享受国务院颁发的“政府特殊津贴”；2008 年，上海市教育委员会为他建立了“蔡龙云大师工作室”。

序 言

中国的剑术历史悠久，人民群众把它作为体育运动也已有很久的历史。在我国历史的发展过程中，中国的剑术形成了相击的格斗运动和舞练的套路运动。格斗运动的剑术能够培养人们进攻和防守的技巧，培养人们的注意力和迅速辨认情况的能力。由于进行剑术格斗时情况总是变化不定，人们需要及时地辨清情况并相机进行进攻，这就要求人们的中枢神经系统的反应能力和视觉、感觉等机能感受非常敏锐，因此剑术格斗运动能进一步锻炼和提高人们的神经系统对外界刺激的反应功能。套路运动的剑术，一般多由剑法和身体的活动组成了伸屈、回环、平衡、跳跃等动作，有的也还有跌扑滚翻动作。这对人体各部分肌肉的发育、关节的灵活、韧带的伸长和巩固以及平衡感官、神经同肌肉活动的协调机能等，都起着全面的锻炼作用。同时，套路运动的剑术多数动作都是由大肌肉来执行任务的，而动作又多是不对称的，因之肺活量较大，促使了血液循环器官和呼吸器官活动的增大，所以说剑术运动对增强内脏器官的健康同样具有良好的效果。

格斗运动的剑术发展到近代已为“短兵”运动所代替。而套路运动的剑术到近代则是更为丰富，种类之多不下数百余种。这么多的剑术，就其体势来说则不外乎工、行、醉、绵四种。工体的剑术，其特点是一招一势，形端劲遒；行体的剑术，其特点是纵横挥霍，流畅无滞；醉体的剑术，其特点是奔放如醉，乍徐还疾；绵体的剑术，其特点是柔和蕴藉，连绵不断。这些不同体势的剑术，有的适合青少年，有的适合中老年，通过锻炼，都能起到增强人们体质的作用。

随着武术运动的普及，广大群众除了练习拳脚之外，也还提出了学习剑术的要求，希望得到一些剑术方面的书本。我自幼习武，喜爱剑术。为了满足广大群众喜练剑术的需要，1982 年曾选择了 4 种体势的单练和对练的剑术共 7 项撰写成《剑术》一书，献给了爱好剑术的读者们。

此书距今已经相隔 30 年未曾与读者见面了，许多读者多次要求再版。今年，在上海市教委建立的“蔡龙云大师工作室”的工作规划中，我对此书做了一些修订，人民体育出版社给予了再版的机会，使它能与读者再次见面，我感到非常高兴。愿我的这本专著，仍能服务于大众，为读者所喜爱。

蔡龙云

2012 年 2 月于上海

目　录

第一章　剑术的起源和发展

第一节　剑器的形成时期

剑术在我国，有着悠久的历史。在四千多年前石器时代向铜器时代过渡的时期，就已有了剑器的发明创造。从出土实物中，可以看到在新石器时代已开始有了用细长石薄片嵌入兽骨两侧的“石刃骨剑”。这种剑器体积很小，仅有二三寸长，显然是一种生活工具，还起不了后来剑术击刺的武器作用。但却具备了剑器的雏形。到了铜器时代，出土实物中出现了西周以来的“铜剑”。这种剑器在合金、冶铸、淬炼、外镀、花纹、形制等方面，都已达到了相当高的工艺水平。随着剑器的发明创造，而后有了剑术的产生。从“石刃骨剑”到“铜剑”这一不断进步的漫长过程，为剑术的形成和发展奠定了物质基础。

第二节　周秦时期的剑术运动

周秦时期，对剑术的活动已有记载。《孔子·家语》载说：“子路戎服见孔子，仗剑而舞。”这是剑术的一种“舞练”的运动形式。手执干、戈、戚等武器进行“舞练”，周代唤作“舞象”。在少年教育的内容里面，规定着15岁的少年都要学习“舞象”❶。其目的除了“寓兵于乐舞之间”❷，“习戎备也”❸，也还有着“执其干戚，习其俯仰诎伸，容貌得庄焉”❹，“舞以导之”❺锻炼身心健康的体育意义。

剑术的另一种“相击”格斗的运动形式，在此时也有出现。《庄子·说剑》载说：“赵文王喜剑，剑士夹门而客三千余人，日夜相击于前。”然而，在当时剑术的这种“相击”格斗的运动形式还没有很完善的护具，因之比赛时伤害事故是比较多见的。在赵国，有一次连续7天的击剑比赛中，就“死伤六十余人”❻。在吴国，由于好击剑，许多百姓的身上脸上都经常带有击伤的疮瘢❼。《管子》说：“吴王好剑，而国士轻死。”虽然如此，“相击”格斗的击剑之风还是好之不厌。剑术的这种“相击”格斗的运动形式，不仅仅是剑与剑相击，也还有以剑器和别的长武器相击格斗的比赛，秦时把它唤作“持短入长，倏忽纵横之术也”❽。

在周秦这一时期，剑术的基本理论也已形成。汉代的史学家司马迁的先祖就是在此期间“去周适晋”，后分散，“在赵者，以传剑论显”❾。燕国的荆轲也“尝游榆次，与盖聂论剑”❿。庄子在《说

---

❶《礼记·内则》

❷《文献通考》

❸《左传》

❹《礼记·乐记》

❺《北堂书钞》

❻《庄子·说剑》

❼《汉书·马瘳传》

❽《吕氏春秋·剑伎》

❾《史记·太史公自序》

❿《史记·刺客列传》

剑篇》里论剑道："夫为剑者，示之以虚，开之以利，后之以发，先之以至。"《吴越春秋》里的"越女"是一位女子剑术家，她的剑术基本理论是："内实精神，外示安仪，见之似好妇，夺〔突〕之似惧〔玃〕虎，布形候气，与神俱往，杳之若日，偏如腾兔，追形逐影，光若仿佛，呼吸往来，不及法禁，纵横逆顺，直复不闻。"理法极为深奥。

第三节　两汉时期的剑术运动

两汉时期，剑术的普遍性超过周秦。"郡国……剑客辐辏"[1]，吴越之地因袭前代遗俗"其民至今好用剑"[2]。剑术名手辈出，技术水平也有了发展。汉初的曲城侯、张仲，就是"以善击刺，学用剑立名天下"的剑术家[3]。他们的剑术和"越女"齐名，同为剑术家们的楷范。王充在《论衡》里说："剑伎之家，斗战必胜者，得曲城越女之学也。"淮南贤士"八公"之一的雷被，也是一位巧于击剑的剑术家。淮南王的太子刘迁"学用剑，自以为人莫及，闻郎中雷被巧，乃召与戏。被一再辞让。误中太子"[4]。让之再三而击中，可见他剑术的巧妙。传记中说"误中"，实是因为刘迁是太子，故而说得体面一些罢了。还有鲁石公的剑术，技术水平也很高。刘向在《说苑》里说他的剑"迫则能应，感则能动，昒穆无穷，无象变形……"到汉末，剑术家已遍布四方，著名的有王越、史阿等

---

❶《汉书·东方朔传》

❷《汉书·地理志》

❸《史记·日者列传》

❹《史记·淮南衡山列传》

人。魏国的曹丕，“好击剑，善以短乘长”❶，能够以剑器和其他长武器进行较量。他的剑术学于史阿，技术精熟。他闻知奋威将军邓展是位擅长拳术、器械，又能空手入白刃的武将，与之“论剑良久”。后来两人便要较量一番，“时酒酣耳热，方食竿蔗，便以为杖，下殿数交，三中其臂”，再复一交，又“正截其颡”❷。幸亏用蔗当剑器，不然的话，邓展定要受到伤害。蜀国的刘备，善使双剑，他的剑术“顾应法”也曾流传一时❸。在汉代，东方朔、司马相如、田仲、杨球等文人也都能击剑，可见剑术之盛行。

在这时期内，随着“宴乐必舞”“乐飲酒酣必自起舞”的习俗❹，剑术的“舞练”运动也常在宴会上出现。楚汉相争时的“鸿门宴”，楚项庄就是借“入为寿”为辞而“请以剑舞”，在宴会上舞起剑来❺。如果没有这种习俗，项庄是不能够在宴前拔剑起舞的。《汉书·艺文志》兵伎巧十三家一百九十九篇，列有《剑道》三十八篇；同时在杂赋十二家二百三十三篇中，也列有《杂鼓琴剑戏赋》十三篇。说明剑术的“相击”格斗和“舞练”这两种运动形式，在汉代都是普遍流行的。

第四节　晋代以来的剑术运动

晋代以来，世俗尚清谈玄理，但“争骑乘之善否，论弓剑之疏密”❻，喜好剑术之遗风还是存在的。阮籍就是喜好剑术的一位，

---

❶❷ 曹丕《典论·自叙》

❸《阵纪》

❹《乐府诗集》

❺《史记·项羽本纪》

❻《抱朴子·崇效篇》

他在《咏怀》里吟道："少年学击剑，妙伎过曲城。"说自己的剑术已经超过了汉时的曲城侯。晋代的"集体剑舞"，舞练起来也是很雄壮的。傅玄在《短兵篇》里这样描述："剑为短兵，其势险危，疾踰飞电，回旋应规，武节齐声，或合或离，电发星骛，若景若差，兵法攸象，军容是仪。"好剑之风延续到南北朝，见于文献记载的尚有北魏的"卫王仪……少能舞剑"❶；南朝梁的道士陶弘景更著有《剑经》，首开后世道家习练剑术之端。

第五节 唐代时期的剑术运动

唐代，剑术遍及朝野，文人、武将、妇女、道家，擅长剑术的大有人在。诗人李白"少年学剑术"，他经常"酒酣舞长剑""三杯拔剑舞龙泉"，在朋友中间仗剑而舞❷。其他的诗人，苏颋、袁瓘、王昌龄、白居易等也都喜爱剑术。将军裴旻的剑术，更能给予人们一种振作精神的感染力。据说名画家吴道子在天宫寺作画，由于"废画以久"提不起精神来，他特地请裴旻来为他舞剑鼓气。裴旻为他舞练了一回剑术之后，吴道子受到了剑术的感染，顿时精神振作，作起画来"奋笔立成，若有神助"❸。无独有偶，在百戏队伍里的女子剑术家公孙氏，她的剑术同样具有莫大的魅力。书法家张旭自己说："见公主担夫争道，又闻鼓吹，而得笔法；观公孙舞剑器，而得其神"❹；"自此草书长进"❺。"一夫先舞剑，百戏后

---

❶《魏书》

❷ 李白《结客少年场行》、《送张秀才谒高中丞》、《送羽林陶将军》

❸《明皇杂录》

❹《唐书·张旭传》

❺《乐府杂录》

歌镳”[1]，在百戏队伍里舞练剑术的也还有许多男子，但是都没有公孙氏这样具有感染力。诗人杜甫对她的剑术作过这样的描绘：“昔有佳人公孙氏，一舞剑器动四方，观者如山色沮丧，天地为之久低昂，㸌如羿射九日落，矫如群帝骖龙翔，来如雷霆收震怒，罢如江海凝清光……”[2]诗人把剑术的身法、气势、神韵作了形象的概括。剑术的舞练技术，在唐代可以说是有了空前的发展。

在唐代，由于佛道宗教的盛行，充满神仙妖邪鬼怪的迷信之风也影响着剑术的健康发展。如《妙吉祥最胜根本大教王经》里，有“成就剑法”及“圣剑成就法”。说是若剑法练成，就能够“隐身”“降龙”“杀魔冤”“破军阵”“杀千人”“寿命一百岁”。唐代小说中的剑侠事迹，以及后代所传千里之外飞剑取人首级、“单丁杀百贼”等，都是受了这种神奇怪诞的宗教“剑法”的影响所致。这是剑术在唐代发展中颇为消极的一面，后世的剑术有一部分遂为佛道所利用而走向了神秘的歧途。

第六节　宋代时期的剑术运动

宋代统一全国之后，鉴于外患之烈，重视讲武之礼并不亚于前代。此时的剑术，在朝内有“军头司每旬休，按阅……剑棒手格斗”[3]；殿司诸军于白洋湖操练水战时，也还须有“剑棒手数对打熬”[4]，剑术的“相击”格斗运动，仍然是训练军士的军事体育项

[1] 杜甫《陪柏中丞观宴将士》

[2] 杜甫《剑器行》

[3]《东京梦华录》

[4]《西湖老人繁胜录》

目中重要的一项。

至于“舞练”形式的剑术，同样在继承的基础上有了新的发展。太宗太平兴国四年，“帝选诸军勇士数百人，教以剑舞，皆能掷剑空中，跃其身左右承之，见者无不恐惧”❶。这种集体剑舞往往是在国外使节前来修贡，便殿赐宴的时候才“出剑士示之”，“数百人袒裼鼓噪，挥刃而入，跳掷承接，曲尽其妙”，唬得国外使节“不敢正视”❷。及出征太原“巡城”时，也“必令舞剑士前导，各呈其技，城上人望之破胆”❸。“舞练”形式的剑术在诸军百戏里面，也有“剑对牌”之类出现❹。即使在民间的“百戏踢弄家”，其中也有许多是擅长“舞剑”的❺。

在宋代，士人中间也还是流传着“中夜闻鸡，剑光正烛牛斗”❻“舞剑灯前”❼“论诗说剑”❽的尚剑遗风。著名诗人陆游就是其中的一位。他“十年学剑勇成癖”❾“少携一剑行天下”❿“负琴腰剑成三友”⓫，把剑看成是身边的至友。他的朋友河中人独孤景略，也是“工文，善射，喜击剑”的文士⓬。

宋王朝虽然置武学，兴武科，重讲武之礼，但是对于民众的好剑，却抱着消极的态度。如真宗咸平五年，“代州进士李光辅善击剑，诣阙。帝曰‘若奖用之，民悉好剑矣。’遣还。”⓭这就使剑术在民间的普及发展，受到了一定的影响。

---

❶❷❸《续资治通鉴》

❹《东京梦华录》

❺《都城纪胜》

❻ 李曾伯《水龙吟》

❼ 范晞文《意难忘》

❽ 葛长庚《贺新郎》

❾❿⓫⓬《剑南诗稿》

⓭《续资治通鉴》

第七节　元明以来的剑术运动

元明以来的剑术。由于元代蒙族入主中原，屡禁“民间私藏军器”，“凡汉民持铁尺、手挝及杖之藏刃者，悉输于官”；“教人兵艺，杖之”❶。故剑术在民间趋向隐蔽。明代武术兴起，剑术复出，教剑者、论剑者有之。如庄元臣在《叔苴子》里论剑道：“教剑者有法，及其能剑，忘其法并忘其剑矣。……未忘法而用剑者，临战斗而死于剑。”强调剑术不能拘泥于固定的法则。到了清代，民间“学习拳棒有禁”❷，剑术又复匿迹。虽然如此，剑术仍然在民间流传着。

第八节　近代的剑术运动

近代，剑术“相击”格斗形式的击剑，已发展为“短兵”。它除了保持剑术的攻防技术之外，还具有刀术的攻防技术；器具也变为用半寸直径粗细的藤条一根，裹上一层棉花，用布条缠紧，外面包上柔软的皮革，以两块硬厚的皮革合缀一起制成约 3 寸直径的圆形护手，做成长 1 尺、直径 1 寸的棒形器械。“舞练”形式的剑术，经过继承发展，再继承，再发展，逐步地形成了具有独立体系的“套路运动”。其种类和内容都是非常丰富的。如太极剑、太乙剑、八仙剑、八卦剑、纯阳剑、达摩剑、青萍剑、青龙剑、青虹

❶《元史》

❷《永宪录》

剑、飞虹剑、峨眉剑、昆仑剑、武当剑、昆吾剑、三才剑、三合剑、七星剑、十三剑、龙形剑、蟠龙剑、云龙剑、龙凤剑、螳螂剑、通背剑、绨袍剑、穿林剑、奇行剑、金刚剑、连环剑、双手剑等，都是各地广泛流行的剑术。

在这些剑术中，有单剑，有双剑，有用长穗的剑，有用短穗的剑；有单手运使的剑，有双手运使的剑；有正握走势的剑，有反握走势的剑；有单人独练的剑，有双人对练的剑；名目繁多，形式不一。但是就其剑术体势而言，大致可归纳为：工架剑、行剑、绵剑、醉剑等四类。工架剑的运动特点是，一招一式，端端正正，形健骨遒，端庄势整。行剑的运动特点是，多走势而少停势，纵横挥霍，流畅无滞。绵剑的特点是，柔和蕴藉，缓缓不断，自始及终，连绵相属。醉剑的特点是，奔放如醉，乍徐还疾，忽往复收，势如醉酒。

剑术在我国有着古老的传统和广泛的群众基础。在今天新的历史时期，应予以继承发扬，为建设社会主义物质文明和精神文明而服务。

第二章　剑术的基本把法与剑法

第一节　剑器各部位的名称

剑器已有数千年的演变发展，今依近代剑器定其各部名称（图1）。

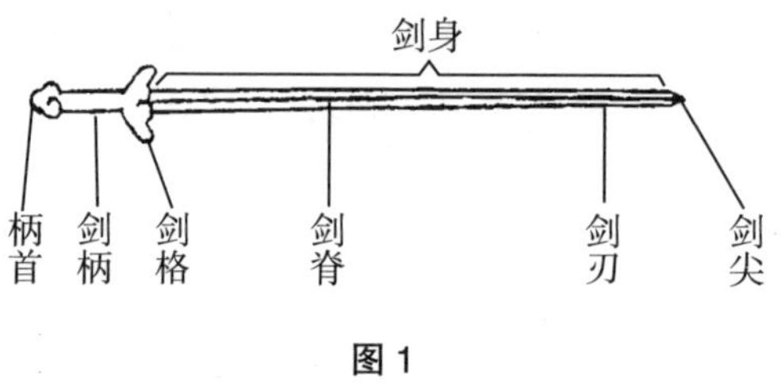

图 1

1. 剑刃：剑身两侧锋利的部位，唤作剑刃。

2. 剑脊：剑身中间一条直线隆起的部位，唤作剑脊。

3. 剑尖：剑身最前端尖锐的部位，唤作剑尖。

4. 剑身：剑尖至剑格处的全长，包括剑刃、剑脊、剑尖在内的部位，唤作剑身。

5. 剑格：剑身与剑柄之间作为护手的部位，唤作剑格。

6. 剑柄：剑格后部作为持握的部位，唤作剑柄。

7. 剑首：剑柄的柄头，唤作剑首。

第二节　剑术的基本把法

把法是持剑握柄的方法。要练好剑术，除了正常掌握好剑法之外，还必须运用好把法。许多剑法往往是在把法的操纵下才能做得更加准确、有力。随着不同剑法的变化，把法也是有多种多样的，基本的把法有以下五种：

1. 满把：手握剑柄，食指、中指、无名指和小指并齐握紧，第一节指骨排列平正；拇指屈压于食指第二节指骨上面，腕关节正直，虎口正对剑格靠紧（图2）。

2. 螺把：手握剑柄，食指、中指、无名指和小指的第一节指骨，由小指开始依次向上微微凸起，拇指靠近于食指第三节指骨，腕关节微下屈，以食指第二节指骨靠拢剑格，形如螺壳（图3）。

3. 压把：由满把将无名指和小指放开，以无名指的第一节指骨和小指的第一、二、三节指骨压于剑柄后端上面，勿使剑尖在前下坠（图4）。

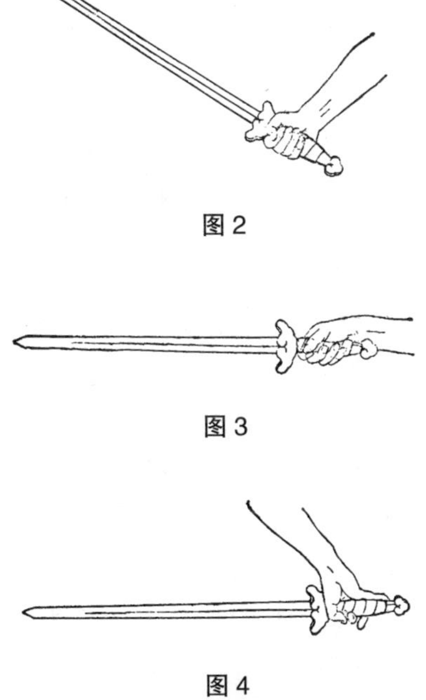

图2

图3

图4

4. 钳把：专以食指、拇指和虎口的挟握之劲将剑柄钳住，其余三指自然地附于剑柄（图5）。

5. 刁把：专以虎口的挟握之劲将剑柄叼牢，拇指、食指和中指自然伸直虚附于剑柄，其余两指基本上离开剑柄（图6）。

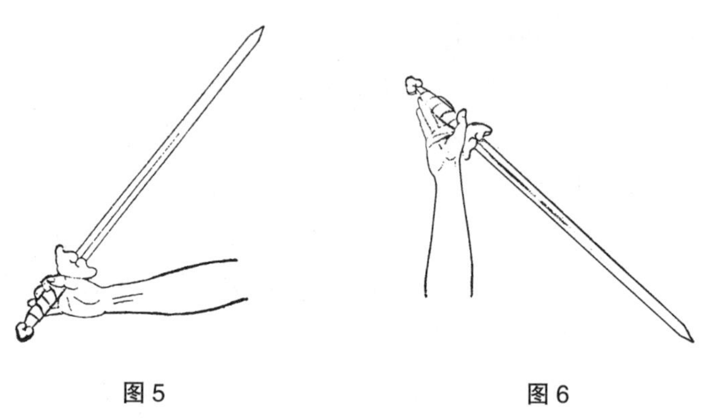

图5　　图6

第三节　剑术的基本剑法

1. 刺：剑刃分为上下，用剑尖向前移动直刺，着力点在剑尖，多用螺把。

2. 洗：剑刃分为左右，剑身扁平，用剑尖向前移动平凿，着力点在剑尖，多用螺把。

3. 劈：将剑举起，用剑刃前段或中段从上向前移动劈杀，着力点在剑刃，多用螺把。

4. 砍：将剑举起，用剑刃后段从上向前移动劈杀，剑尖翘起，着力点在剑刃后段，多用满把。

5. 撩：用反向虎口一侧的剑刃前段从下向前或向上移动掀起，着力点在剑刃，手心朝上，多用螺把。

6. 挑：用朝向虎口一侧的剑刃前段从下或从前向上移动掀起，着力点在剑刃，多用螺把。

7. 点：用反向虎口一侧的剑尖部分从上向下移动啄击，着力点在剑尖，腕下屈，多用螺把。

8. 崩：用朝向虎口一侧的剑尖部分从下或从前向上移动崩击，着力点在剑尖，臂下沉陡然向上屈腕，多用满把。

9. 击：剑身扁平，手心朝上，用朝向虎口一侧的剑尖部分从左向右平行移动崩敲；或用反向虎口一侧的剑尖部分从右向左平行移动点敲；着力点在剑尖，屈腕，向右击多用满把，向左击多用螺把。

10. 斩：剑身扁平，手心朝上，用剑刃从右向左平行移动横劈；或剑身扁平，手心朝下，用剑刃从左向右平行移动横劈；着力点在剑刃，多用螺把或满把。

11. 粡：连续向左右平斩。

12. 抹：剑身扁平，手心朝上，用剑刃从右向前、向左、向后平行弧形移动；或剑身扁平，手心朝下，用剑刃从左向前、向右、向后平行弧形移动；势如抹桌，着力点由剑刃后段朝前转移，多用螺把或满把。

13. 剉：用剑刃从后向前移动锉割，着力点由剑刃最前段朝后转移，势如锉刀挫物，多用螺把。

14. 格：用剑刃从前向后移动抽割，着力点由剑刃后段或中段朝前转移，多用螺把或满把。

15. 削：剑身贴近左肩外侧，用反向虎口一侧的剑刃从上向后、向下移动，剑尖朝后；或剑身贴近右肩外侧，用朝向虎口一侧的剑刃从上向后、向下移动，至肩下时转腕用反向虎口一侧的剑刃

连续向下移动，剑尖朝后；着力点在剑刃，屈肘转腕；左削多用螺把，右削多用刁把或钳把。削剑有时也用于身前和背后。

16. 挂：剑身贴近左腿外侧，用朝向虎口一侧的剑刃从下向后、向上移动；或剑身贴近右腿外侧，用朝向虎口一侧的剑刃从下向后、向上移动；着力点在剑刃，屈肘屈腕，势如抄物；左挂多用满把，右挂多用压把。挂剑有时也用于身前和身后。

17. 云：抬头仰身，剑身贴近胸部和脸部，以腕关节为轴心使剑从前向左、向后、向右、向前盘旋移动，或向相反的方向盘旋移动，或偏身向左折腰，剑身贴近右肩和右耳，以腕关节为轴心使剑向里或向外盘旋移动；势如转盘。云剑有时也用于头顶上方。

18. 圈：以腕关节为轴心，转腕使剑尖在前从上向右、向下、向左、向上成圆锥形 <○移动，或向相反的方向成圆锥形移动。剑尖绕环的圆周，直径约为 30 厘米。

19. 绞：以剑身二分之一处的重心点为运动中心，搅动肩肘腕使剑尖在前、剑柄在后从上向右、向下、向左、向上成双圆锥形○><○移动，或向相反的方向成双圆锥形移动。剑尖与剑柄绕环的圆周，直径约为 30 厘米。

20. 压：剑身扁平从上向下按压，着力点在剑身平面，多用满把。

21. 推：剑身扁平，剑尖横向侧方，用反向虎口一侧的剑刃向前推进，着力点在剑刃中段或后段，多用满把。剑尖横向左侧则手心朝下，剑尖横向右侧则手心朝上。推剑有时也用于两侧，向侧方推击。

22. 引：剑身扁平，剑尖横向右侧，手心朝上，用朝向虎口一侧的剑刃从前向后回带，移动的线路和推剑相反，着力点在剑刃中段或后段，多用满把。

23. 托：剑尖横向侧方，用反向虎口一侧的剑刃向上托起，着力点在剑刃中段或后段，多用满把。

24. 切：剑尖横向侧方，用反向虎口一侧的剑刃向下按切，着力点在剑刃中段或后段，多用满把。

25. 挽：以腕关节为轴心，转腕使剑从前向下、由臂外或臂里向后、向上、向前回环移动，或向相反的方向回环移动。

26. 扫：剑身扁平，手心朝上，用朝向虎口一侧的剑刃从左向右在低处平行移动扫刈，或手心朝下，用反向虎口一侧的剑刃从左向右在低处平行移动扫刈。或手心朝上，用反向虎口一侧的剑刃从右向左在低处平行移动扫刈。多用螺把。

第三章　剑术练习

第一节　太极剑（绵剑体）

一、太极剑动作名称

预备动作

预备势
（一）弓步持剑前指（指路势）
（二）弓步换手接剑（三环套月）

第 一 段

（一）并步点剑（海底针）
（二）提膝独立架剑（大魁星势）
（三）仆步横扫（燕子抄水）
（四）弓步右格带剑（右拦扫）
（五）弓步左格带剑（左拦扫）

（六）提膝独立劈剑（探海势）
（七）虚步抱剑（怀中抱月）
（八）提膝独立上洗剑（宿鸟投林）

第 二 段

（九）虚步按切（乌龙摆尾）
（十）弓步洗剑（青龙出水）
（十一）转身斜抹（风卷荷叶）
（十二）缩身斜格（狮子摇头）
（十三）提膝独立捧剑（虎抱头）
（十四）跳步平洗剑（野马跳涧）
（十五）虚步撩剑（小魁星势）
（十六）弓步撩剑（海底捞月）

第 三 段

（十七）转身虚步抽剑（射雁势）
（十八）并步洗剑（白猿献果）
（十九）左弓步托拦（迎风掸尘）
（二十）右弓步托拦（迎风掸尘）
（二十一）左弓步托拦（迎风掸尘）
（二十二）进步反刺（顺水推舟）
（二十三）反身回劈（流星赶月）
（二十四）虚步点剑（天马行空）

第四段

(二十五) 提膝独立托剑 (挑帘势)
(二十六) 弓步劈剑 (左车轮剑)
(二十七) 虚步劈剑 (右车轮剑)
(二十八) 撤步横击 (大鹏展翅)
(二十九) 弓步洗刺 (黄蜂入洞)
(三十) 丁步抱剑 (怀中抱月)
(三十一) 旋转平抹 (风扫梅花)
(三十二) 弓步直刺 (指南针)
结束动作
收势

二、太极剑动作图解

预备动作

预备势

面向南，两脚开步站立；左手反握剑柄，使剑贴靠前臂垂立于左臂后面，剑尖朝上；右手五指并拢贴靠右腿侧，掌指朝下；两肘微屈，自然下垂；眼向身体前方注视（图 1–1）。

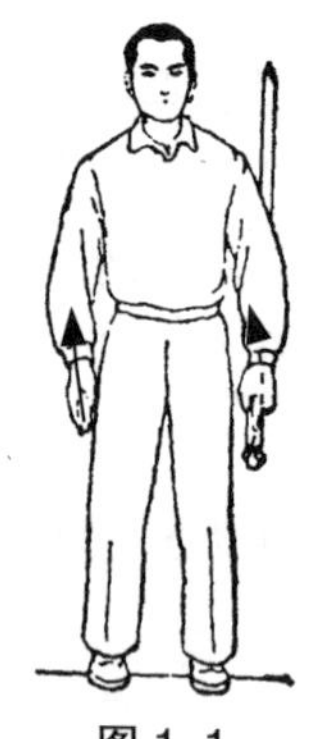
图 1–1

要点：颈项正直，头微向上顶，肩肘自然向下沉垂，不可故意挺胸和收腹，两脚开立与两肩同宽。

(一) 弓步持剑前指 (指路势)

1. 右手握成剑指，左手持剑，两臂徐徐向前、向上举起，高与肩平，手心均朝下；眼视前方（图 1–2）

2. 上动未停，身躯微向右转，两腿屈膝略蹲，重心移于右腿，左脚提起向右脚内侧靠拢以脚尖虚点地面；同时，右手剑指臂外旋使手心朝上，从身前屈肘向下经腹前直臂向右绕行，肘微屈；左手持剑屈肘向上、经脸前向右绕行，手心朝下，剑身横于胸前；眼视右手剑指（图 1–3）。

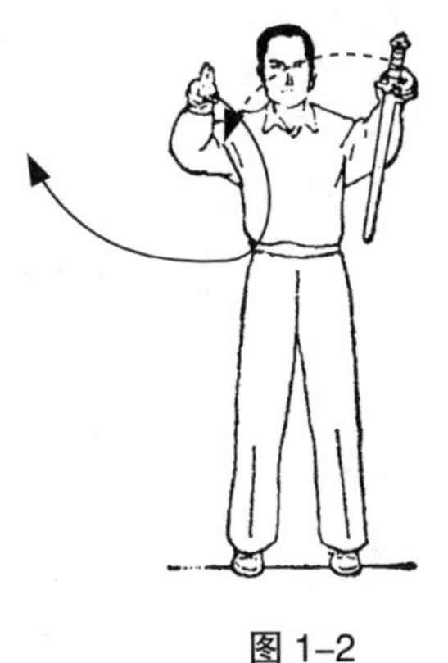

图 1–2

图 1–3

3. 身向左转，面对正东方向，左脚即向前迈出以脚跟虚点地面；与此同时，左手持剑肘微屈、直臂向下、经左膝前向左搂出；右手剑指屈肘收于右耳侧；眼视前方（图 1–4）。

4. 上动未停，左脚掌着地，身体重心前移，左腿屈膝，右腿伸直，成左弓箭步；同时，左手持剑提于左侧，手心朝后，剑身竖直，剑尖朝上；右手剑指直臂向前平伸指出，肘微屈，剑指与眉平齐，手心朝前；眼视剑指（图 1–5）。

图 1–4　　图 1–5

要点：动作要协调，快慢要均匀，左脚迈步要轻，重心要徐徐向前移动，虚实变换要清楚；成弓箭步时，左膝不要超出脚尖，右腿自然蹬直，两脚仍保持与肩同宽；身躯正直，不要过于前倾，保持虚领顶劲、沉肩坠肘、含胸拔背。

（二）弓步换手接剑（三环套月）

1. 左手持剑屈肘向上提起，由胸前经剑指上面向前直臂伸出，肘微屈，手心朝下，剑身贴靠臂后；在左臂前伸时，右手剑指臂外旋直腕使手心朝上，由左臂的下面经腹前向后抽回，直臂平举，肘微屈；与此同时，身向右转，右脚从身前向左盖步，两腿屈膝前后交叉；眼随右手剑指（图 1–6）。

2. 上动未停，身向左转，左脚向前上步，左腿屈膝，右腿伸直，成左弓箭步；同时，左手持剑方位不变，略做屈肘向后微抽；右手剑指屈肘向上、经右耳上侧向前弧形绕行停于剑柄上面，准备接剑，手心朝下；眼向前方注视（图 1–7）。

图 1–6　　图 1–7

要点：右手剑指在左手持剑前伸向后抽回时，要注意向后、向下形成弧形绕行，不可成直线回抽，身躯的右转要与右手的回抽协调一致；成弓步时，身躯向左转动，要注意左右两手的方位不变，不可使两手随身转动。

第 一 段

（一）并步点剑（海底针）

右手将左手之剑接换来满把正握，以腕关节为轴使剑尖从后向上、向前弧形绕行，至前方时直臂螺把使剑尖下点，左手变为剑指随势附于右腕里侧；在点剑的同时，右脚向前，右腿屈膝与左脚并步靠拢；眼视剑尖（图 1–8）。

图 1–8

要点：点剑时要以剑尖向下点啄，力贯剑尖；两臂自然平直，腕高与肩平；两脚并步时仍要注意虚实分明，重心仍在左脚；身体正直，防止耸肩、凸臀和拱背。

（二）提膝独立架剑（大魁星势）

1. 右脚向后退一步，身向右转；同时右手握剑向下、向腹前屈肘带回，剑尖方位不变，左手剑指仍附于右腕处（图 1–9）。

2. 上动未停，右手握剑向右直臂抽带，转腕使剑尖向下、向右、向上绕行；左手剑指顺势附于右肩前，手心朝右，剑指朝上；与此同时，左脚收至右脚内侧，以脚尖虚点地面；眼随剑尖（图 1–10）。

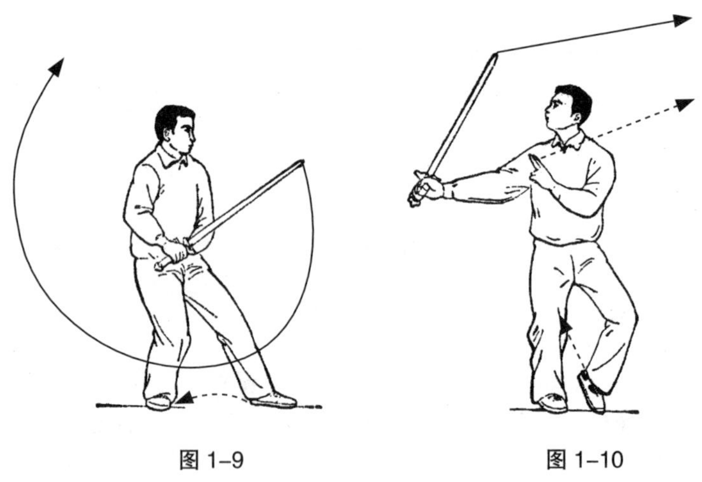

图 1–9　　图 1–10

3. 上动未停，身躯略向左转，右腿伸直站立，左腿屈膝在身前提起，左脚脚尖下垂，成独立步；同时，右手握剑屈肘向上举起，使剑身横架，剑尖朝向正东，刃分上下；左手剑指即向前直臂平伸指出，手心朝前，剑指朝上；眼视剑指（图 1–11）。

图 1–11

要点：提膝独立，右腿要自然伸直，左膝要向上提过腰部，左脚脚面要绷平，左小腿要向里扣护住裆部；身体保持正直，不可前俯后仰；剑刃分为上下，不可形成扁平；剑身要横平，不可歪斜。

（三）仆步横扫（燕子抄水）

1. 身躯右转面向西南，右腿随之屈膝下蹲，左脚向东北斜方伸出落步，左腿伸直，成右弓箭步状；同时，右手握剑从上向身前直臂螺把劈下平举，手心朝左；左手剑指屈肘向上、经额前上方向前绕行，直臂附于右腕上面，手心朝下，两肘微屈；眼视剑尖（图 1–12）。

2. 上动未停，右腿继续下蹲，左腿贴近地面，成为左仆步；与此同时，身向左转，左手剑指直臂向下、由左腿上面向左绕行横摆，右手握剑臂外旋使手心朝上变为满把；随后，身体重心向前移动，左腿屈膝，右腿伸直，成为左弓箭步；同时，左手剑指从身体左侧屈肘上举，架于头顶上方，手心朝前，剑指朝右；右手握剑从右后方向前平摆横扫，变螺把平举身前，手心朝上，剑身扁平，刃分左右，剑尖朝前；眼视剑尖（图 1–13）。

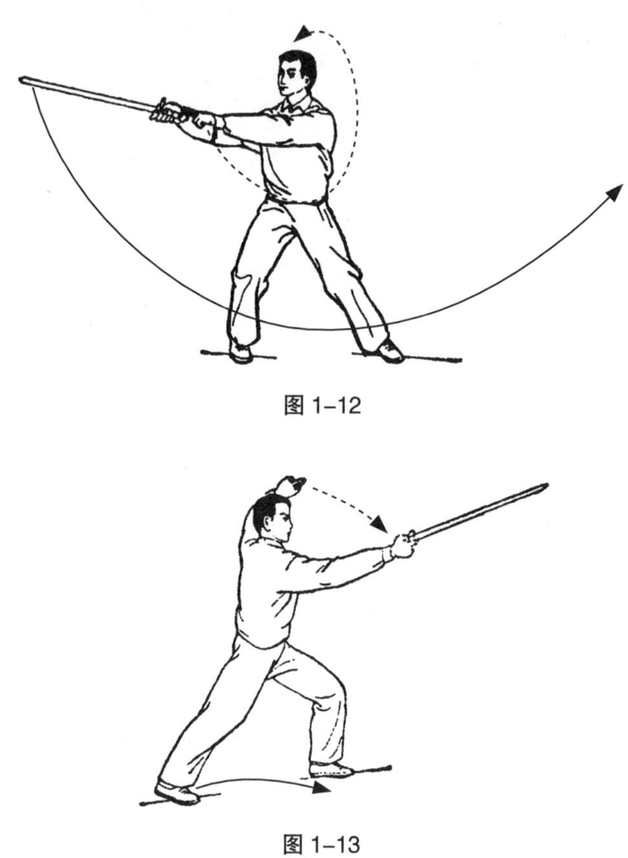

图 1–12

图 1–13

要点：由仆步变成弓箭步时，身体重心的移动必须徐徐前移，要和前面的动作速度协调一致；扫剑时，把法的变化必须随扫剑之势由满把变为螺把，不要到右臂已停于身前时陡然一变；成弓箭步时，左手剑指的肘臂必然屈成半圆，右手握剑的肘臂必须与剑身顺直，剑尖高与眼齐，身体保持正直。

（四）弓步右格带剑（右拦扫）

1. 右腿屈膝提起使右脚向前经左脚内侧移动，同时左手剑指由身前落下附于右腕，手心朝下；眼视剑尖（图 1–14）。

2. 上动未停，右脚继续向前、向右弧形移动，在右前斜方落步，右腿屈膝，左腿伸直，成右弓箭步；同时，右手握剑臂内旋使手心朝下，屈肘满把将剑向右、向后平摆抽格带回，剑身扁平，剑尖朝前；左手剑指仍附于右腕；眼随剑尖（图 1–15）。

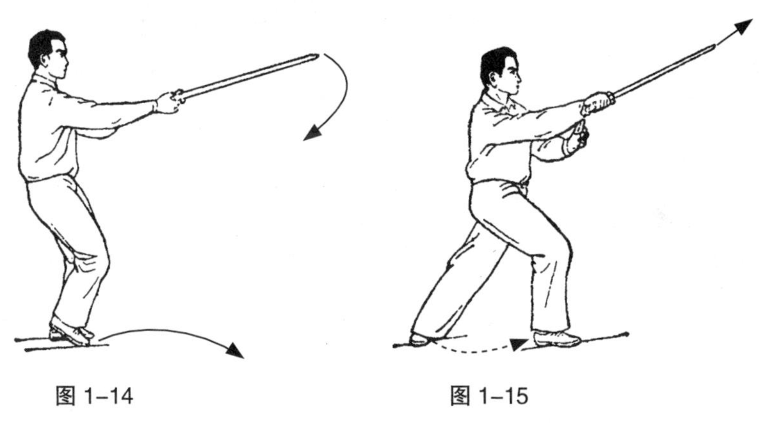

图 1–14　　图 1–15

要点：右脚向前移动经过左脚内侧时不要点地，成弓箭步时两脚宽度同肩；格剑时要与弓箭步的形成协调一致，带回之后右手高与肋平、剑尖高与肩平。

（五）弓步左格带剑（左拦扫）

1. 左腿屈膝提起使左脚向前经右脚内侧移动，同时右手握剑向前伸，左手剑指不变；眼随剑尖（图 1–16）。

2. 上动未停，左脚继续向前、向左弧形移动，在左前斜方落步，左腿屈膝，右腿伸直，成左弓箭步；同时，右手握剑臂外旋使手心朝上，屈肘满把将剑向左、向后平摆抽格带回，剑身扁平，剑尖朝前；左手剑指直臂向左、屈肘向上弧形绕行举起，架于头顶上方，手心朝前，剑指朝右；眼随剑尖（图 1–17）。

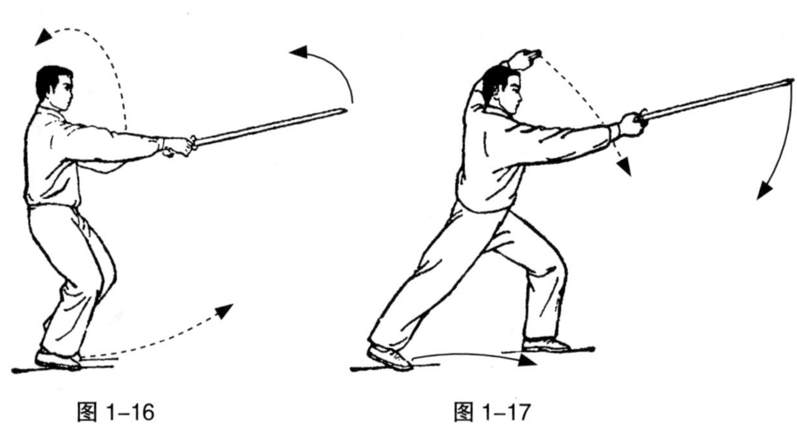

图 1–16　　图 1–17

要点：同（四）弓步右格带剑。

（六）提膝独立劈剑（探海势）

1. 右腿屈膝提起，使右脚向前在左脚内侧以脚尖点地，左手剑指由身前落下；右手握剑下沉，臂内旋使手心朝左，剑柄靠近腹部，剑尖朝前，刃分上下；眼随剑尖（图 1–18）。

2. 上动未停，右脚向前上步以脚跟着地；同时，身向左转，右手握剑臂内旋转腕使剑尖向下、向左弧形绕行，随即屈肘由左臂外面经左侧向上将剑满把提起（图 1–19）。

图 1–18

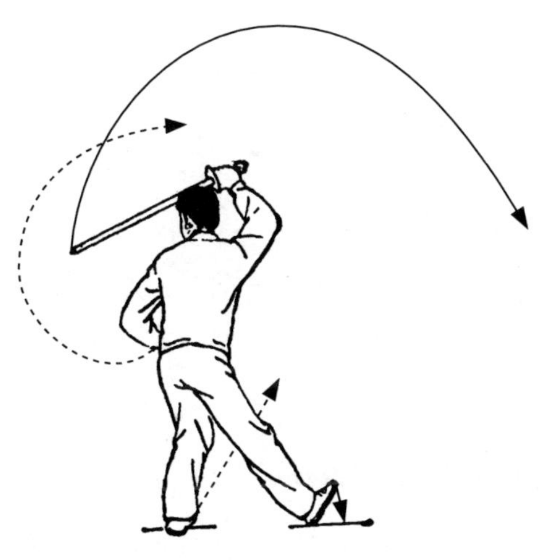

图 1–19

3. 上动未停，右脚着地踏实，右腿伸直站立，左腿屈膝在身前提起，左脚脚尖下垂，成独立步；与此同时，身向右转，右手握剑用剑刃前段直臂螺把向前劈击，剑柄高与肋齐，剑尖斜朝下，肘臂与剑身成斜直线；左手剑指随之直臂向下、向左屈肘向上弧形绕行，举于头顶上方，手心朝前，剑指朝右；眼视剑尖（图 1–20）。

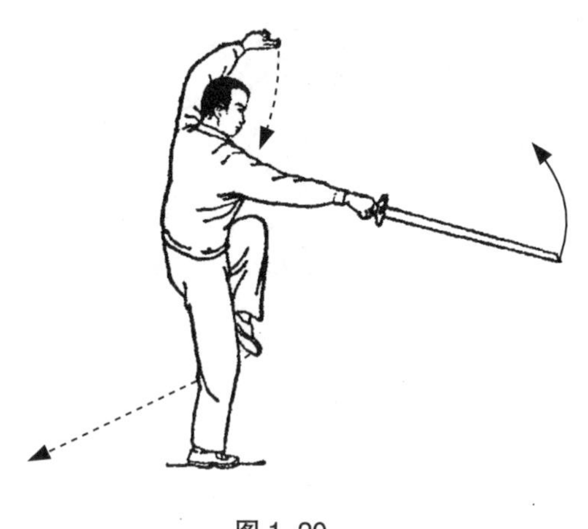

图 1–20

要点：两臂绕行的动作要配合和谐。当右手握剑向上提起时，左手剑指则直臂向下；右手握剑向前时，左手剑指则向左绕行；右手握剑下劈时，左手剑指则屈肘上举；成独立步劈剑时，身躯可以配合剑的下劈微向前倾。

（七）虚步抱剑（怀中抱月）

左脚向后落步，左腿屈膝，身体重心移于左腿，右脚随之撤半步以脚尖虚点地面，右腿屈膝，成右虚步；同时，右手握剑臂外旋将剑收抱于胸前，剑柄靠近左肋，手心朝里，刃分上下，剑尖斜朝前上方，高与眉齐；左手剑指则由身前落下附于右腕上面，手心朝下，两臂屈圆环抱；眼视剑尖（图 1–21）。

图 1–21

要点：两腿虚实要分清，肩要沉，背要直，腰胯要松，臂要抱圆。

（八）提膝独立上洗剑（宿鸟投林）

身躯微向右转，右脚向前上步，右腿伸直站立，左腿屈膝在身前提起，左脚脚尖下垂，成独立步；同时，右手握剑手心朝上将剑向前上方直臂斜伸洗刺，变为螺把，剑身扁平，刃分左右，剑尖高与眉齐；左手剑指仍附于右腕；眼视剑尖（图 1–22）。

图 1–22

要点：两肘微屈，提膝高过腰部，支撑腿自然直立，站立要稳固。

第 二 段

（九）虚步按切（乌龙摆尾）

1. 左脚向身后落步，左腿屈膝，身躯随之左转；同时，左手剑指屈肘收于左腰侧，手心朝上；右手握剑将剑向左摆动，眼随剑尖（图 1–23）。

2. 上动未停，身躯右转朝向正东前方；右手握剑随身躯右转之势使剑尖摆至正北方向，臂内旋使手心朝下将剑由身前向右、向下抽带，变满把按切收住，剑柄近靠右胯侧旁，手心朝里，剑尖斜前下垂，刃分上下；与此同时，左手剑指继续直臂向下、向左后、屈肘向上绕行，举于头顶上方，手心朝前，剑指朝右；重心后坐，右腿屈膝，右脚以脚尖虚点地面，成为右虚步；眼向右前方注视（图 1–24）。

图 1–23　　图 1–24

要点：左脚向后落步要稍向左偏，不是直线向后落步；剑的摆动、抽带要柔和连贯，要体现出“摆尾”的意味；身躯的转动和剑的摆动抽带，要以腰为主形成一个整体，腰、身、肩、肘、腕、臂、剑层次要清。

（十）弓步洗剑（青龙出水）

1. 右手握剑使剑尖向东北斜前方直臂螺把伸出、向上平挑抄起，手心朝左；左手剑指由身前落下附于右腕里侧，手心朝下；同时，右脚离地，右腿屈膝提起准备向后退步；眼视剑尖（图 1–25）。

2. 上动未停，右脚向西南斜方后退落步，右腿屈膝，左腿伸直，身躯右转向南；与此同时，右手握剑臂内旋使手心朝外、随转身之势屈肘将剑由脸前向身体右侧平带抽回；左手剑指仍附于右腕；眼随剑尖（图 1–26）。

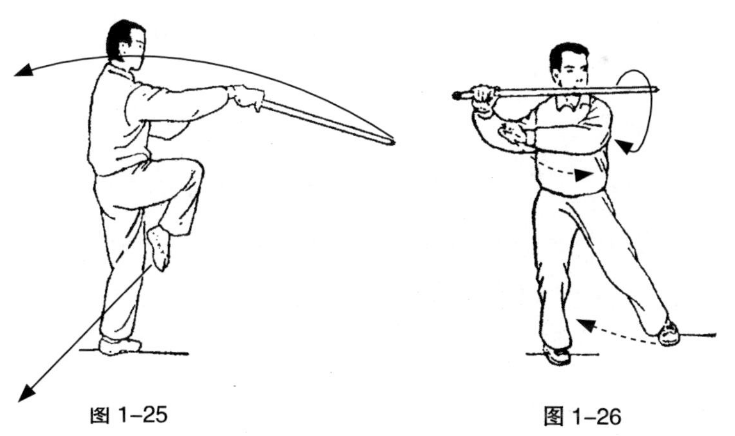

图 1–25　　图 1–26

3. 上动未停，身躯左转向东，左腿屈膝使左脚离地，提于右脚里侧；同时，右手握剑臂外旋使剑向下翻卷，剑柄贴近右腰侧，手心朝里；左手剑指则屈肘收于右肋前，臂外旋使手心朝上（图1–27）。

4. 上动未停，左脚向前上步，左腿屈膝，右腿伸直，成左弓箭步；右手握剑继续臂外旋使手心朝上，将剑向前直臂平伸洗刺，剑身扁平，刃分左右，剑尖朝前高与眼齐；左手剑指随之直臂向下、向左、屈肘向上绕行上举，横架于头顶，手心朝前，剑指朝右；眼视剑尖（图1–28）。

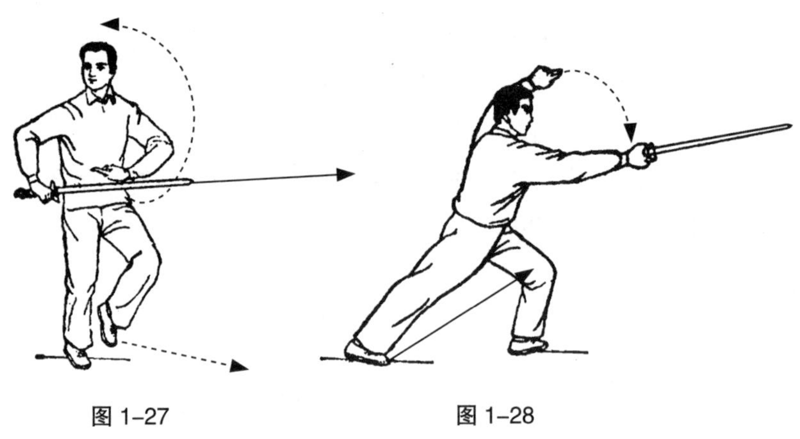

图1–27　　图1–28

要点：此动是将剑成螺旋形活步向前洗刺，因此要注意剑的上挑、抽带、翻卷、螺旋刺出，中间不可有涩滞的现象；提步、退步、再提步、上步，更要和剑的动作配合一致，脚步轻灵活便。

（十一）转身斜抹（风卷荷叶）

1. 身体重心后移，左脚尖里扣，身向右转；右手握剑顺转身之势屈肘收于胸前，左手剑指由身前落下附于右腕上面，手心朝下；至此，身体重心移于左腿，右腿屈膝使右脚在左腿内侧提起；

眼视剑尖（图 1–29）。

2. 上动不停，身向右转面对正西方向，右脚向前落步，右腿屈膝，左腿伸直，成右弓箭步；与此同时，右手握剑臂内旋使手心朝下，将剑尖稍向上翘起，高与眼齐，随转身之势用剑刃向身体右侧外抹斜带；左手剑指仍附于右腕上面，两臂均略屈；眼随剑尖（图 1–30）。

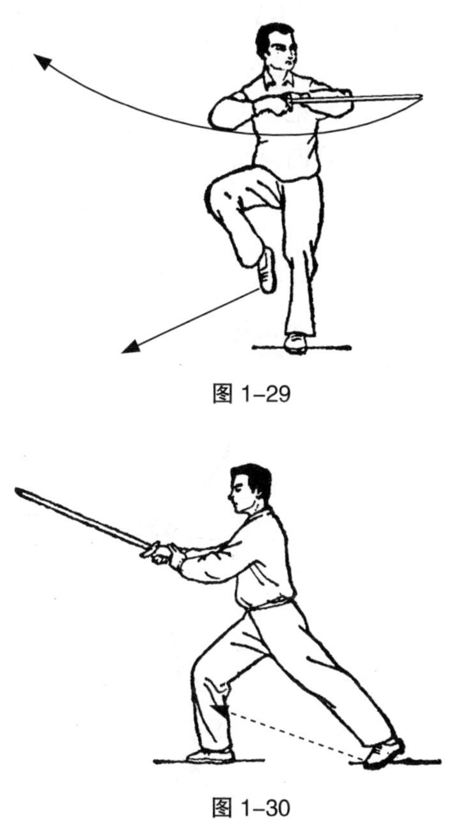

图 1–29

图 1–30

要点： 左脚尖里扣，必须使脚尖扣向正南，为下一动转身做好准备；右脚提起时，左腿屈膝并不伸直；成弓箭步时，腰胯必须向下松沉，身躯不要过分前倾，两手与胸下齐平。

（十二）缩身斜格（狮子摇头）

1. 左腿屈膝使左脚离地提于右脚内侧；右手握剑稍向前伸，左手剑指附于右前臂；眼视剑尖（图 1–31）。

2. 上动不停，左脚向后落步于原位，身体重心移于左腿，左腿屈膝，右脚随之移于左脚内侧以脚尖虚点地面；同时，右手握剑臂外旋使手心朝上，剑尖上翘与眼齐平，随身后移之势用剑刃向身体左侧外格斜带，变为满把；左手剑指则从身前直臂向下、向左后、屈肘向上、经左耳侧向前绕行一周，附于右腕上面，手心朝下；眼视剑尖（图 1–32）。

图 1–31

图 1–32

要点： 剑向左侧外格斜带时，身躯略向左转，用转腰之势来带动剑身；斜带之后，注意沉肩坠肘、松腰沉胯，身躯保持正直，防止臀部凸出。

（十三）提膝独立捧剑（虎抱头）

1. 右脚向后退一步，左脚微撤以脚尖点地，两腿均屈膝；同时，右手握剑臂内旋使手心朝下，与左手剑指一起从身前向左右平行分开；眼向前方注视（图 1–33）。

2. 上动未停，左脚微进，左腿伸直站立，右腿向身前屈膝提起，右脚脚尖下垂，成独立步；与此同时，两臂均外旋使手心朝上，在腹前两手相合，左手剑指放开捧于右手背下面，两手将剑稍向前捧出，剑身扁平，刃分左右，剑尖微高；眼视前方（图 1–34）。

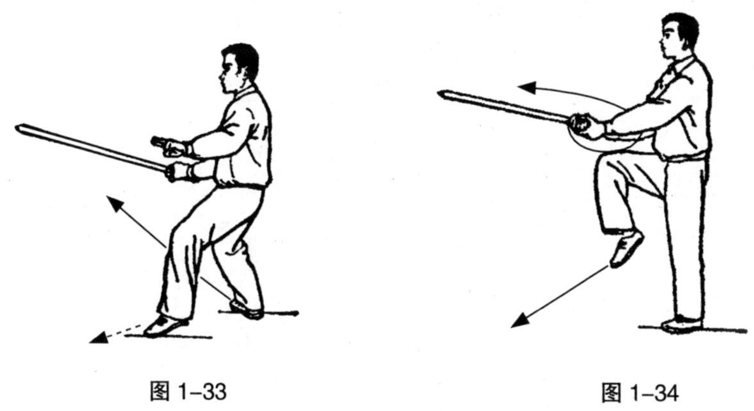

图 1–33　　图 1–34

要点： 两手向两侧分开时，要先使两手向前稍伸，然后由前向两侧分开往后划回，再接做两手捧剑的动作；两手捧剑，剑柄贴近右膝上面，站立要稳，身要正直。

（十四）跳步平洗剑（野马跳涧）

1. 右脚向前落步，两手捧剑从腹前收回、向上由胸前直臂平伸洗刺，身体重心随之向前移于右腿（图 1–35）。

2. 上动未停，右脚蹬地跳起，左脚向前跃进一步；在跃进的同时，左手握成剑指，与右手一起臂内旋使手心朝下，由前向左右分开，成平行弧形划回于两胯侧旁，剑指与剑尖均朝前（图 1–36）。

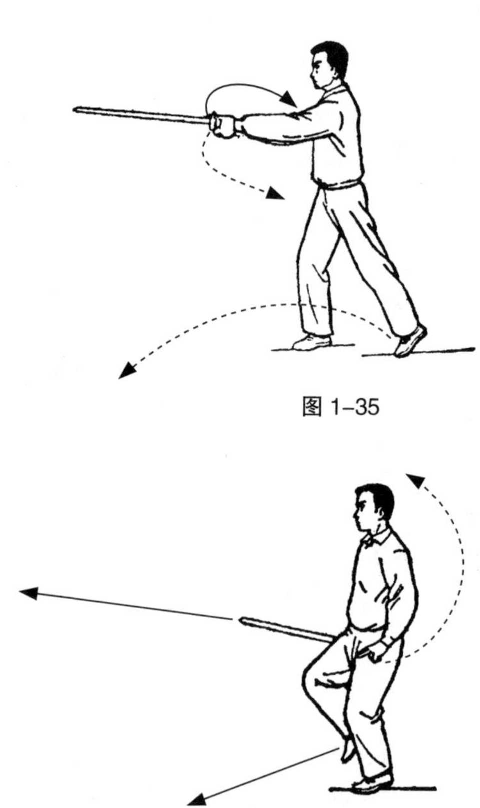

图 1–35

图 1–36

3. 上动未停，右脚向前落步，右腿屈膝，左腿伸直，成右弓箭步；右手握剑臂外旋向前直臂螺把平伸洗刺，手心朝上，剑身扁平，刃分左右；左手剑指臂外旋向后、向上弧形绕行，屈肘举于头顶上方，手心斜朝上；眼视剑尖（图 1–37）。

图 1–37

要点：跳跃动作要轻灵、自然，右脚蹬地起跳不必很高，左脚向前跃步也不必过远；弓箭步时，左手剑指上举要使肘臂屈圆，右手握剑洗刺要使剑尖与胸齐平。

（十五）虚步撩剑（小魁星势）

1. 身体重心移于左腿，左腿屈膝，身向左转，右腿屈膝，右脚收于左脚内侧以脚尖点地；在转身的同时，右手握剑屈肘使剑向上、向后弧形绕行，剑柄绕附于左肋处，变满把使剑尖斜向后上方；左手剑指随之附于右腕上面，手心朝下；眼随剑尖（图1–38）。

2. 上动未停，右脚向前上半步，脚尖外展，左脚随之向前上步以脚尖虚点地面，两腿屈膝成左虚步；与此同时，右手握剑用剑刃前段屈肘向下、向前、向上弧形绕行撩挑，满把使剑柄停于额前，剑尖在前微低；左手剑指仍附于右腕随剑转动，身随上步之势向右转；眼视前方（图1–39）。

图 1–38　　图 1–39

要点：以上两个分解动作必须连贯起来，使剑的绕行成为一个圆形，剑要绕圆，步要灵活。

（十六）弓步撩剑（海底捞月）

1. 右手握剑用剑刃前段直臂向上、向后弧形绕行，左手剑指随剑绕行收于右肘侧旁；眼随剑转（图1–40）。

2. 上动未停，左脚向前半步，身向左转，右脚随之向前上步，右腿屈膝，左腿伸直，成右弓箭步；在上步的同时，左手剑指从后直臂向下、向前、屈肘向上弧形绕行上举，手心斜朝上，剑指朝右；右手握剑用剑刃前段直臂满把向下、向前、螺把向上弧形绕行撩挑，平举于身前，肘稍屈，剑柄与胸平齐，剑尖微向下；眼视前方（图 1–41）。

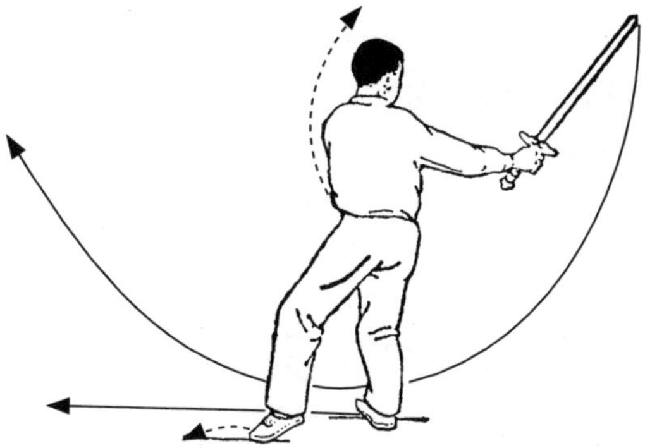

图 1–40

图 1–41

要点：剑向后绕行时，眼和身躯要随着向后转动；左手剑指的向前绕行，要与步法协调起来，当左脚向前半步时剑指即绕行至前方，当右脚上步时剑指即绕行至上方举起；右手握剑的向前绕行撩挑，也须与步法配合，左脚上半步时右手握剑绕行至下方，右脚上步时则绕行至前方变螺把向上撩挑。

第 三 段

（十七）转身虚步抽剑（射雁势）

1. 重心后移，左腿屈膝，右腿伸直，右脚尖里扣，身向左转；同时，右手握剑方位不变屈肘钳把将剑向胸前收回，手心朝里，剑柄与肩平齐；左手剑指落下附于右腕里面，拇指一侧朝下；眼视剑尖（图 1–42）。

图 1–42

2. 上动未停，左脚尖外展，身躯继续左转向东，形成左弓箭步；与此同时，右手握剑用剑刃前段直臂螺把向上、向身前正东方向弧形绕行平劈；左手剑指不变；眼随剑尖（图 1–43）。

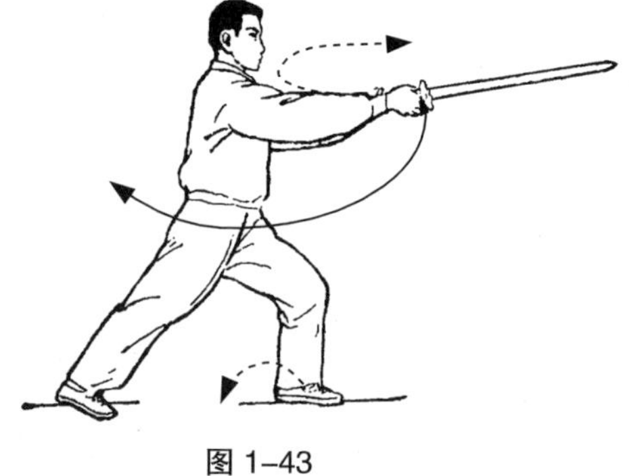

图 1–43

3. 上动未停，身体重心移于右腿，右腿屈膝；左脚微撤以脚尖虚点地面，成左虚步；同时，右手握剑满把将剑向右胯侧旁抽回，肘微屈，剑身横平；左手剑指随剑抽回之后向上经右肩向前直臂平伸指出，屈腕使剑指朝上，高与眉齐；眼视剑指（图 1–44）。

图 1–44

要点：在身体向左转动时，必须保持剑的方位不变，第一动的收剑、第二动的劈剑都须如此，要做到边转边收、边转边劈，不可使剑变换方位随身转动；左手剑指的前指，一定要随剑抽回之后再向上提起由右肩处向前指出，不可一边抽剑、一边指出。

（十八）并步洗刺（白猿献果）

左脚前移踏实，右脚向前与左脚靠拢并步，两腿伸直；右手握剑螺把臂外旋用剑尖直臂向前螺旋形平伸洗刺，手心朝上，剑身扁平，刃分左右，剑尖稍高；左手剑指放开，臂外旋使手心朝上，捧于右手下面；眼视前方（图 1–45）。

图 1–45

要点：刺出时一定要注

意使臂徐徐外旋，将剑成螺旋形洗出；洗出后两臂肘要微屈，不可过直；身体自然，不要故意挺胸。

（十九）左弓步托拦（迎风掸尘）

1. 右手握剑臂内旋使拇指一侧朝下，屈肘将剑向右胸处收回，剑柄近胸，剑尖在前高与额齐；左手握成剑指随剑收回附于右腕里面；在收剑的同时，身躯顺势右转（图 1–46）。

2. 上动未停，左脚向左前方上步，左腿屈膝，右腿伸直，成左弓箭步；同时，左手剑指从右胸前直臂向下、向前、屈肘向上弧形绕行上举，手心朝前，剑指朝右；右手握剑随之用剑刃前段屈肘向上、向后、直臂满把向下、屈肘螺把向前、向上绕行一周挑拦托起，剑柄高与额齐，剑尖微朝下；身躯随托拦之势左转向东；眼视前方（图 1–47）。

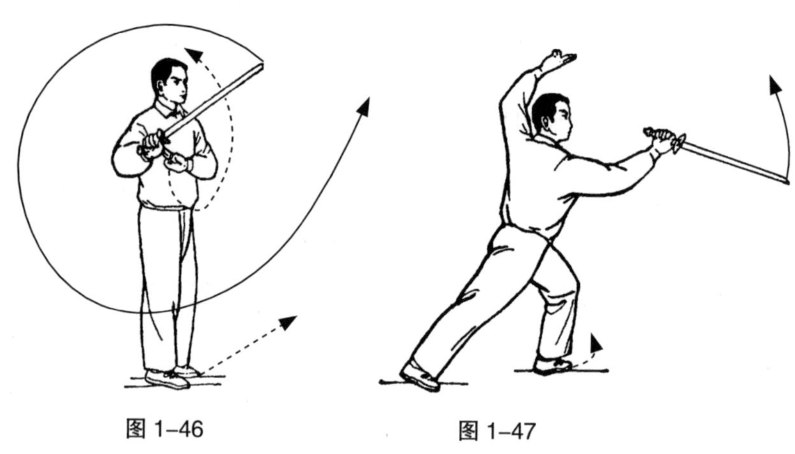

图 1–46　　图 1–47

要点：剑要绕圆，步要轻稳，防止耸肩、缩颈，保持两脚与肩同宽的宽度。

（二十）右弓步托拦（迎风掸尘）

1. 身体重心后移，右腿屈膝，左腿伸直，左脚尖离地外展，身躯左转（图 1–48）。

图 1–48

2. 上动未停，左脚尖外展着地，右脚向右前方上步，右腿屈膝，左腿伸直，成右弓箭步；同时，右手握剑用剑刃前段屈肘满把向上、向后，剑柄经左肩处向下、螺把向前、向上绕行一周挑拦托起，剑柄高与额齐，剑尖微朝下；左手剑指在剑柄绕经左肩时附于右腕，然后随右手绕行；身躯随托拦之势右转向东；眼视前方（图 1–49）。

图 1–49

要点：同（十九）左弓步托拦

（二十一）左弓步托拦（迎风掸尘）

1. 身体重心后移，左腿屈膝，右腿伸直，右脚尖离地外展，身躯右转（图 1–50）

图 1–50

2. 上动未停，右脚尖外展着地，左脚向左前方上步，左腿屈膝，右腿伸直，成左弓箭步；同时，左手剑指直臂向下、向前、屈肘向上弧形绕行上举，手心朝前，剑指朝右；右手握剑随之用剑刃前段屈肘向上、向后，直臂满把向下，屈肘螺把向前、向上绕行一周挑拦托起，剑柄高与额齐，剑尖微朝下；身躯随托拦之势左转向东；眼视前方（图 1–51）。

图 1–51

要点：同（十九）左弓步托拦。

（二十二）进步反刺（顺水推舟）

1. 右脚向前上步，脚尖外展，右腿伸直；右手握剑腕下屈钳把使剑尖向下经右腿外侧向后弧形绕行，左手剑指由身前落下附于右腕上面（图 1–52）。

2. 上动未停，右手握剑变螺把用剑尖直臂向后平伸直刺，拇指一侧朝上，剑臂与肩平；与此同时，身躯顺势右转，两腿形成前后交叉；左手剑指则向身体左侧直臂平伸指出，手心朝下；眼视剑尖（图 1–53）。

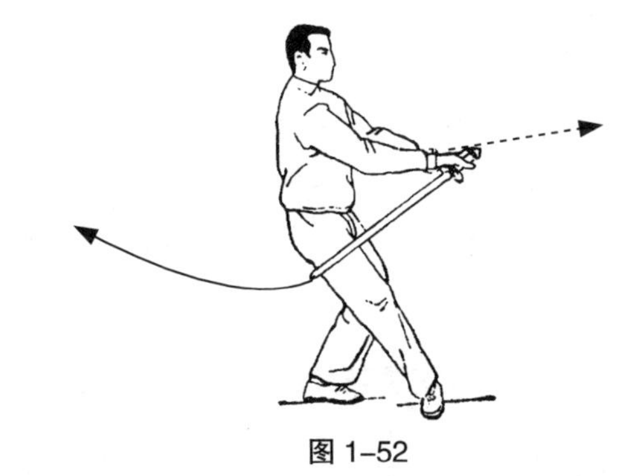

图 1–52

图 1–53

3. 上动未停，身向左转，左脚向前上步，左腿屈膝，右腿伸直，成左弓箭步；在转身上步的同时，右手握剑屈腕满把使剑尖向上挑起，由头顶右上方向前反手螺把刺出，肘稍屈，剑柄高与额齐，剑尖微朝下；左手剑指屈肘附于右腕里面；眼视剑尖（图 1–54）。

图 1–54

要点：向后直刺时要使剑身平面贴近右腿刺出，后刺之后剑身要与两臂成水平直线，两肩在后刺时要防止耸起；向前反刺时要先屈腕使剑尖挑起接近头部，而后向前反手直刺；身法、步法、剑法要协调一致、上下相随。

（二十三）反身回劈（流星赶月）

1. 重心后移，左脚尖里扣，身体从右向后转；右手握剑方位不变，左手剑指收于左肋前；至此，重心移于左腿，左腿微屈站立，右腿屈膝使右脚向左腿内侧提起（图 1–55）。

2. 上动未停，右脚向西北斜方上步，右腿屈膝，左腿伸直，成右弓箭步；右手握剑用剑刃前段从上向身前直臂螺把平劈，剑高与肩平；左手剑指则从左肋前直臂向下、向后、屈肘向上弧形绕行举起，手心斜朝上；眼视剑尖（图 1–56）。

要点：转身要注意身体重心的两次转移，转身之后注意右脚向西北斜方上步；劈剑要注意由满把变为螺把，这样才能使剑刃着力，劈出之后才能使剑身与腕臂平直。

图 1–55　　图 1–56

（二十四）虚步点剑（天马行空）

1. 右腿直起，左腿屈膝使左脚向右腿内侧提起；左手剑指从上屈肘向右肩前绕行（图 1–57）。

图 1–57

2. 上动未停，身躯左转面向正南，左脚在身前落步以脚跟着地，右腿屈膝；与此同时，右手握剑方位不变，臂外旋手心朝上，满把屈肘将剑在身后向上举起，剑柄高过头部；左手剑指随之臂外旋使手心朝上，继续屈肘向下绕行（图 1–58）。

3. 上动未停，身体重心移于左腿，左脚踏实，左腿屈膝，右脚向前以脚尖虚点地面，成右虚步；与此同时，右手握剑用剑尖直臂螺把向身前点击；左手剑指继续屈肘向左、向上、经右肩向前绕行附于右腕，手心朝下；眼视剑尖（图 1–59）。

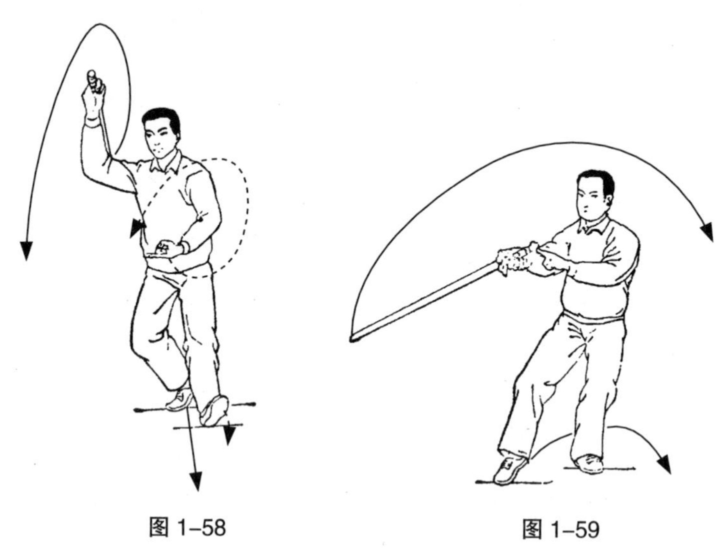

图 1–58　　图 1–59

要点：此动要注意转身的方向是对向正南，左手剑指的绕行要与右手点剑的动作协调一致，点剑时虽用直臂，但肘部还是带有微屈。

第四段

（二十五）提膝独立托剑（挑帘势）

1. 身躯稍向左转，右脚从身后向左插步，两腿交叉；与此同时，右手握剑屈肘在身前转腕，使剑尖从下向右、向上、向左绕环，至左侧方时直臂将剑柄收至左腰前，手心朝里；左手剑指随右手绕环仍附于右腕；眼随剑尖（图 1-60）。

2. 上动未停，右手握剑用剑刃从左直臂向下、向右弧形绕行，屈肘向上撩挑托起举于头前上方，剑身托平，刃分上下，剑尖朝西；左手剑指附于右腕不变；在剑绕行的同时，以两脚掌碾地为轴使身体右转向西；当剑向上托起时，右腿伸直站立，左腿屈膝在身前提起，左脚脚尖下垂，成独立步；眼视前方（图 1-61）。

图 1-60

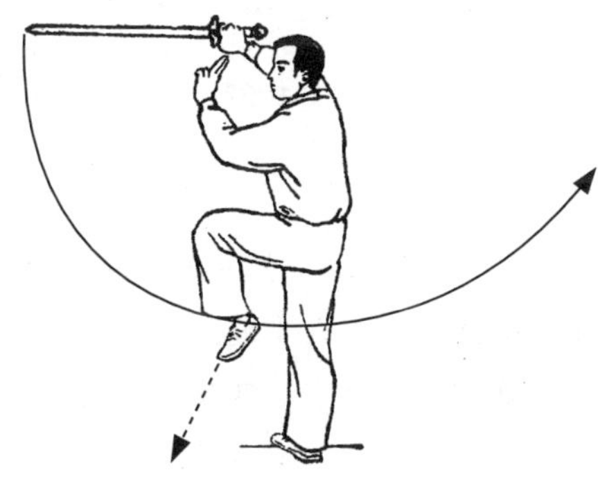

图 1-61

要点：插步与剑的绕环，转身与剑的绕行，提膝与剑的托举，都须在同一时间内一起完成，不可有先后之分；剑的绕环、绕行、托举，是一个完整的动作，进行中间不可有割裂的现象，插步、转身、提膝也如此。

（二十六）弓步劈剑（左车轮剑）

1. 左脚向前落步，脚尖外展；右手握剑与左手剑指一起将剑尖向下、由左腿外侧向后绕行伸出，满把手心朝里；与此同时，身向左转，两腿交叉；眼视剑尖（图 1–62）。

图 1–62

2. 上动未停，身向右转，右脚向前上步；右腿屈膝，左腿伸直，成右弓箭步；与此同时，右手握剑臂内旋将剑从后提起，用剑刃前段向上、向前弧形绕行劈击，变螺把直臂平举；左手剑指则直臂向下、向后、屈肘向上弧形绕行举起，手心斜朝上，剑指朝右；眼视剑尖（图 1–63）。

图 1–63

要点： 向后伸剑时，要使剑贴近左腿伸出，不要离身体过远，落步、转身都须随剑的后伸之势自然完成；成弓箭步时，要先将右脚伸出上步，然后身躯的右转须与劈剑、剑指绕行的动作同时做。

（二十七）虚步劈剑（右车轮剑）

1. 右手握剑用剑刃前段直臂满把向下、经右腿外侧螺把向后弧形绕行反臂撩起；与此同时，重心后移，右脚尖外展，身向右转，两腿交叉；左手剑指随转身之势向右肩前屈肘落下，手心朝右，剑指朝上；眼随剑尖（图 1–64）。

图 1–64

2. 上动未停，右手握剑臂外旋使手心朝上，屈肘钳把将剑从后向上举起；身躯随之左转向西，左脚向前上步；左手剑指仍附于右肩前；眼向前方注视（图 1–65）。

3. 上动未停，重心前移，右脚向前上步以脚尖虚点地面，两腿屈膝成右虚步；与此同时，左手剑指直臂向下，屈肘向左后、向上绕行，右手握剑用剑刃前段直臂螺把向前劈下，斜举于前，剑柄高与腰齐；此时，左手剑指向前绕行附于右前臂里面，手心朝下；眼视剑尖（图 1–66）。

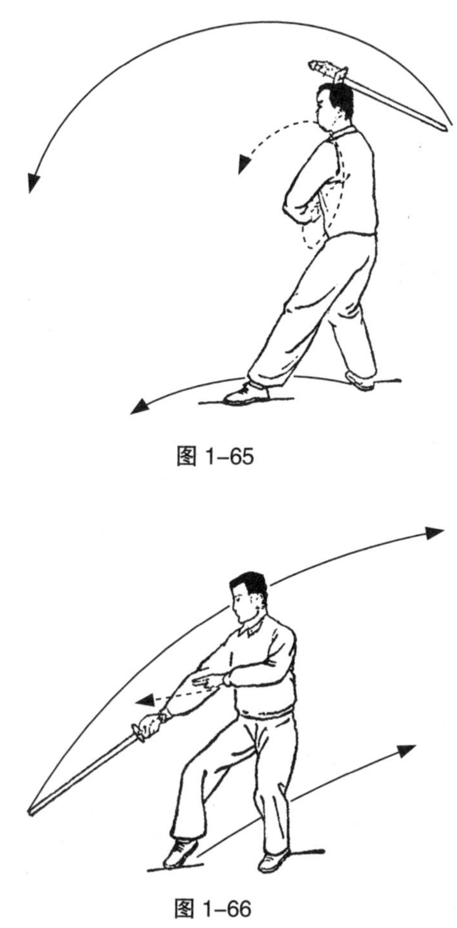

图 1–65

图 1–66

要点：以上三动必须连贯起来做，身法、步法、手法、剑法协调一致；成虚步劈剑时，特别注意左手剑指与劈剑动作的配合。

（二十八）撤步横击（大鹏展翅）

右脚提起向东北斜方撤步，身体随之从右向后转，右腿屈膝，左腿伸直，成右弓箭步；在转身的同时，右手握剑臂外旋使手心朝上，用剑刃前段从前下方向后上方斜挑横击，剑尖高与头齐；左手剑指向左后下方直臂分开斜举，手心朝下，与腰齐平；眼视剑尖（图 1–67）。

图 1–67

要点：向后横击时，最好在右手心朝上之后先屈肘将剑横收于身前，右腕向小指一侧屈拢，而后凭借腰的转动再将剑直臂、直腕击出，这样劲力才能贯注剑刃前段；横击时虽说直臂，肘仍须稍屈。

（二十九）弓步洗刺（黄蜂入洞）

1. 右腿直起，左腿屈膝使左脚提起；同时，右手握剑臂内旋使剑尖从身体右侧向前、向左弧形平摆，变满把手心朝下，将剑横于右胸前；左手剑指从身体左侧屈肘向上经脸前向右弧形绕行附于右肩前，手心朝右，剑指朝上（图 1–68）。

2. 上动未停，身左转向西，左脚向前落步；右手握剑臂外旋屈肘将剑收于右腰侧，剑柄贴腰，手心朝上；然后，右脚向前上步，右腿屈膝，左腿伸直，成右弓箭步；与此同时，左手剑指直臂向下、向左、屈肘向上弧形绕行上举，手心朝前，剑指朝右；右手握剑用剑尖直臂螺把向前平伸洗刺，剑身扁平，刃分左右；眼向前方注视（图 1–69）。

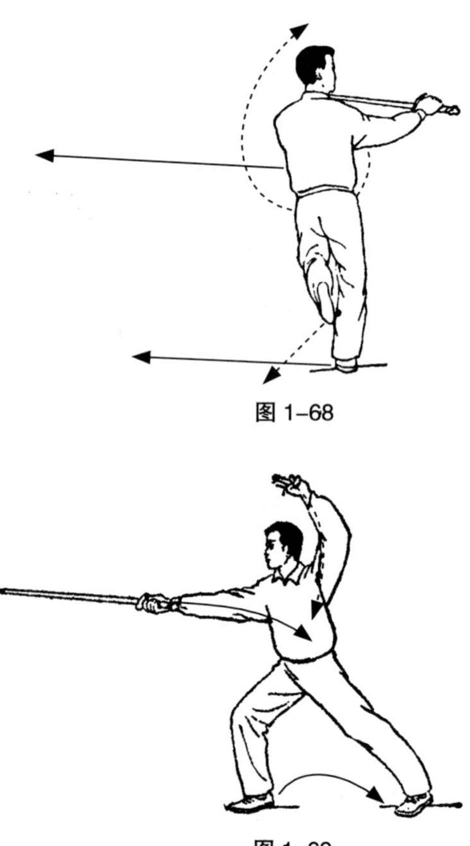

图 1–68

图 1–69

要点：剑臂与胸齐平，左手肘臂要屈圆，防止两脚拔跟。

（三十）丁步抱剑（怀中抱月）

身体重心移于左腿，右脚收回在左脚内侧以脚尖虚点地面，两腿屈膝成右丁步；同时，右手握剑使剑尖翘起，臂外旋屈肘将剑钳把收抱于身前，剑柄贴近左肋，手心朝里，剑尖高与额齐；左手剑指随之附于剑柄上面，手心朝下；眼视剑尖（图 1–70）。

图 1–70

要点：两肩要松沉，手臂要抱圆，腰背要正直，两脚虚实要分清。

（三十一）旋转平抹（风扫梅花）

1. 右手握剑臂内旋满把使剑尖向上、向左弧形绕行，将剑横于胸前，手心朝下；左手剑指附于右腕里面，手心朝下，两臂在胸前环抱；同时，右脚脚尖外展向前上步；眼视剑身（图 1–71）。

图 1–71

2. 上动不停，身体从右向后转，两手带剑随身转动平抹，左脚顺势向右脚前上步，脚尖里扣，两脚尖相对形成内八字（图 1–72）。

3. 以左脚掌碾地为轴身体继续右转向南，右脚随之向身后正北方撤步，右腿屈膝，左脚移向身前以脚尖虚点地面，成左虚步；在转身时，两手仍带剑随身转动平抹；在成虚步时，两手从胸前向左右两侧斜下方分开，高与胯齐，两肘稍屈，手心均朝下，左手剑指朝前，右手剑尖朝前微向里扣，眼向正南前方注视（图 1–73）。

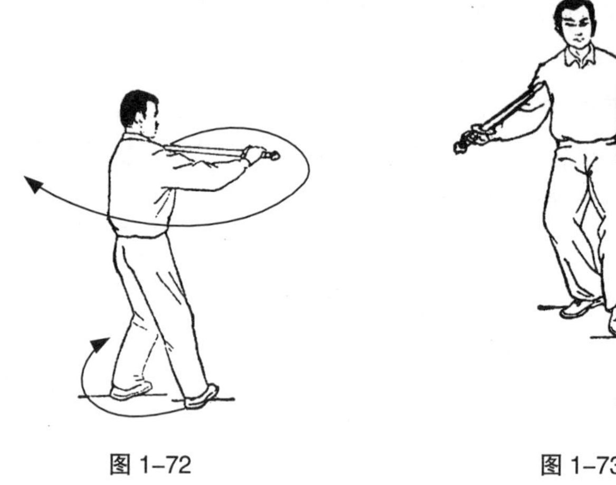

图 1–72　　图 1–73

要点：步法要轻灵，转身要圆活，抹剑要平稳，注意速度的均匀，避免身体上下波动。

（三十二）弓步直刺（指南针）

左脚向前上步，左腿屈膝，右腿伸直，成左弓箭步；同时，右手握剑臂外旋用剑尖直臂螺把向前平伸直刺，手心朝左，刃分上下；左手剑指则附于右腕内侧，手心朝下；眼视前方（图 1–74）。

图 1–74

要点：向前直刺时，左脚先提起向后微收，此时两手收近于两腰侧，然后再向前上步，两手也同时伸出；身体保持正直，剑高与胸齐。

结束动作

收　势

1. 重心后移，右腿屈膝，左腿伸直，身向右转；同时，右手握剑屈肘将剑向后收回，剑柄靠近右肩前，手心朝里，刃分上下；左手剑指放开，手心朝外，附于剑柄里面准备接剑；眼看剑柄（图1–75）。

2. 重心前移，身躯左转向南，右脚向前与左脚开步站立，两腿伸直；与此同时，左手反把接剑，直臂向下经身前向左绕行收于左侧，剑身贴于臂后上下垂直，刃分左右；右手握成剑指，直臂向下、屈肘向后、向上、由右耳侧直臂向下绕行，收于右侧，至此剑指放开变掌，还原；眼向前方注视（图1–76）。

要点：与预备势同。

图1–75

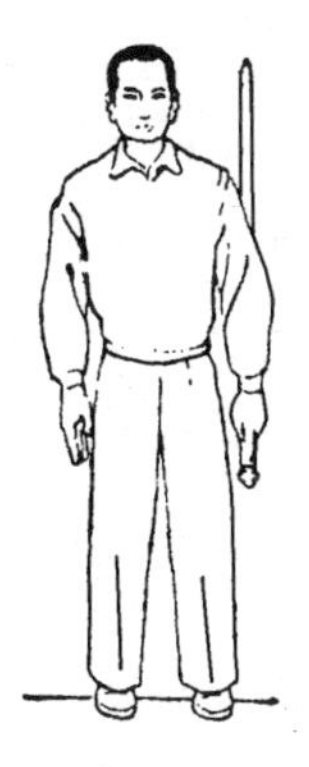

图1–76

第二节　七星剑（工剑体）

一、七星剑动作名称

预备动作

预备势
提膝抱剑

第　一　段

（一）提膝独立前刺
（二）左右撩削举腿架剑
（三）弓步后劈剑
（四）提膝独立抱剑
（五）马步抱剑弓步下刺
（六）上步回身劈剑
（七）挽花马步提剑
（八）左右挂剑歇步上架

第　二　段

（九）跳步回身刺剑
（十）翻身虚步点剑

（十一）马步切剑

（十二）挽花弓步劈剑

（十三）探海平衡下刺剑

（十四）回身弓步横击

（十五）提膝独立举剑

（十六）叉步下势推剑

第 三 段

（十七）虚步抱剑

（十八）弓步前上刺剑

（十九）仆步扫剑

（二十）挽花歇步反撩

（二十一）退步直刺

（二十二）提膝独立劈剑

（二十三）虚步抱剑

（二十四）马步提剑

（二十五）回身前点虚步提剑

第 四 段

（二十六）点步上刺

（二十七）歇步下斩

（二十八）提膝独立抱剑

（二十九）前跃歇步下切

（三十）翻身弓步劈剑

（三十一）提膝独立直刺

结束动作

并步持剑

收势

二、七星剑动作图解

预备动作

预备势

面向南，两脚并步站立；左手反握剑柄，使剑贴靠前臂垂立于左臂后面，剑尖朝上；右手五指并拢贴靠右腿侧，掌指朝下，两肘微屈；立正姿势站好；眼向身体前方注视（图 2–1）。

要点：头正，项直，肩沉，两肘微向前牵引；挺胸，直背，收腹，两腿靠紧，膝要挺直，五趾抓地。

图 2–1

提膝抱剑

1. 右脚向身前上步，右腿屈膝，左腿伸直，成右弓箭步；同时，右手握成剑指屈肘收至右腰侧，直臂向前平伸指出，手心朝左，剑指朝前；左手持剑不变；眼视剑指（图 2–2）。

2. 上动未停，右脚跟外转，右腿伸直站立，身躯左转，左腿屈膝向身前提起，左脚脚面绷平，脚尖朝下，成独立步；同时，左手持剑屈肘将剑柄提至胸前上方，拇指一侧朝下，剑尖朝东，刃分上下；右手剑指放开，屈肘握向剑柄外侧，手心朝里与左手手心相对，将剑抱住准备换手接剑；两臂与肩平齐；眼向剑尖前方注视。（图 2–3）。

图 2–2　　图 2–3

要点：弓箭步前指时，右腿在前，大腿要屈平，脚尖与膝上下垂直，膝盖不可超过脚尖，而且脚尖与膝盖必须正对前方；左腿在后，膝要挺直，脚跟要向后蹬劲；两脚防止掀脚或拔跟；身体保持正直，腰要有塌劲，胯要有沉劲。

第 一 段

（一）提膝独立前刺

右手接过剑柄正握，用剑尖向前直臂螺把平伸直刺，手心朝左，刃分上下；左手将剑交于右手后握成剑指，在刺剑的同时屈肘收附于右肩前，手心斜朝下，肘臂平举，下肢不变；眼视剑尖（图 2–4）。

图 2–4

要点：前刺时独立步须站立稳固，不可摇晃；剑刺出时右肩要随势向前伸出，剑身与肩平齐，剑尖可以稍高过肩。

（二）左右撩削举腿架剑

1. 右手握剑屈肘以剑身后段贴近右肩外侧，转肘转腕使剑尖从前向上、向后、向下、向前绕行一周削肩撩起，手心朝上（图 2–5）。

2. 上动未停，右手握剑继续屈肘以剑身后段贴近左肩外侧，转肘转腕使剑尖从前向上、向后绕行，用剑刃向后下削，手心朝右（图 2–6）。

3. 上动未停，右手握剑继续使剑尖向下、向前绕行，右臂上举将剑向上满把架起，肘微屈；与此同时，右脚跟里转，身躯右转，左腿伸直向东平举蹬出，左脚脚尖朝上勾紧；左手剑指随即从右肩前向东直臂平伸前指，手心朝右；眼视剑指（图 2–7）。

图 2–5

图 2–6

图 2–7

要点：削剑须使剑身贴近两肩，左右削剑均要削中带撩，但又不可将削撩分割开来，应贯穿一气；举腿架剑，左腿须高过腰部，两腿均要挺膝伸直，右手剑柄举于头顶右上方，肘臂微屈成弧形；削、撩、架、举，整个动作要快速连贯，站立稳固。

（三）弓步后劈剑

1. 右手握剑向下沉臂使剑尖从东向上、向西、向下直臂螺把弧形绕行，臂随势内旋手心朝向身后；左手剑指随之从东向上、向西屈肘弧形绕行附于右肩前，手心朝右，剑指朝上，肘尖下垂，与此同时，左腿屈膝提于身前，左脚脚面绷平，脚尖斜朝下；眼视剑尖（图 2–8）。

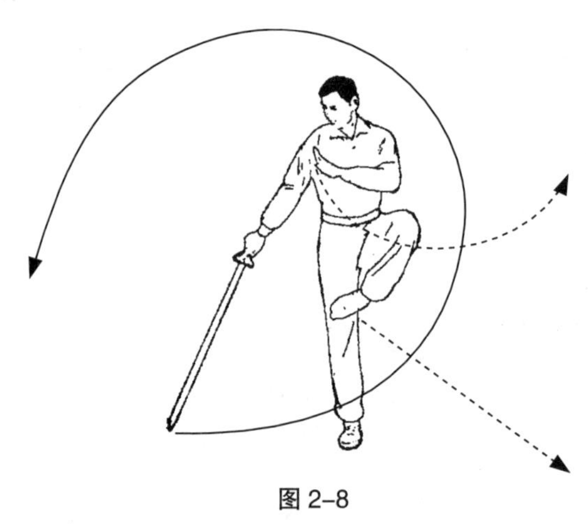

图 2–8

2. 上动未停，左脚向东落步，左腿屈膝，右腿伸直，成左弓箭步；同时，右手握剑继续使剑尖从下向左、向上弧形绕行，臂内旋屈肘将剑提起，用剑刃向右后方直臂螺把平劈，刃分上下，剑尖朝西；左手剑指则从右肩前向下、向东直臂弧形绕行平举，拇指一侧朝上；回头眼视剑身（图 2–9）。

图 2-9

要点：抡臂回环劈剑，在右臂从左向上提剑时应注意臂内旋屈肘变为满把，向后平劈时则又变为直臂螺把；眼神应随着剑身，提剑时要注视着剑身后段；弓箭步要点同前。

（四）提膝独立抱剑

右手握剑，用剑刃前段直臂满把向下、向前弧形绕行撩起；左腿随之伸直，身躯从左向后转，左手剑指屈肘向上环举；此时，右腿屈膝向身前提起，右脚脚面绷平，脚尖斜朝下；右手握剑屈肘将剑柄钳把收至胸前上方，手心朝后，剑尖朝右，刃分上下，肘尖外撑；眼视正东前方（图 2-10）。

图 2-10

要点：转身与剑绕行前撩的动作是同一时间内进行的，要注意在转身时剑尖的方位不变；独立步提膝的小腿要向里侧斜伸，使脚尖斜朝左下方；抱剑须注意两肩向下松沉，腰背要挺直。

（五）马步抱剑弓步下刺

1. 右脚向右侧落步，两腿屈膝半蹲成马步；同时，右手握剑将剑柄下沉于腹前，使剑尖斜朝右上方，高与头齐；左手剑指随之下沉附于右腕里面，手心朝前，两肘屈圆如抱物；眼视剑尖（图 2–11）。

2. 上动略停，右脚尖外展，左脚跟外转后蹬，右腿屈膝，左腿伸直，成右弓箭步；同时，右手握剑用剑尖向前下方直臂螺把斜伸直刺，手心朝左；左手剑指向后上方直臂斜伸举起，手心朝左；身躯稍向前探；眼视剑尖（图 2–12）。

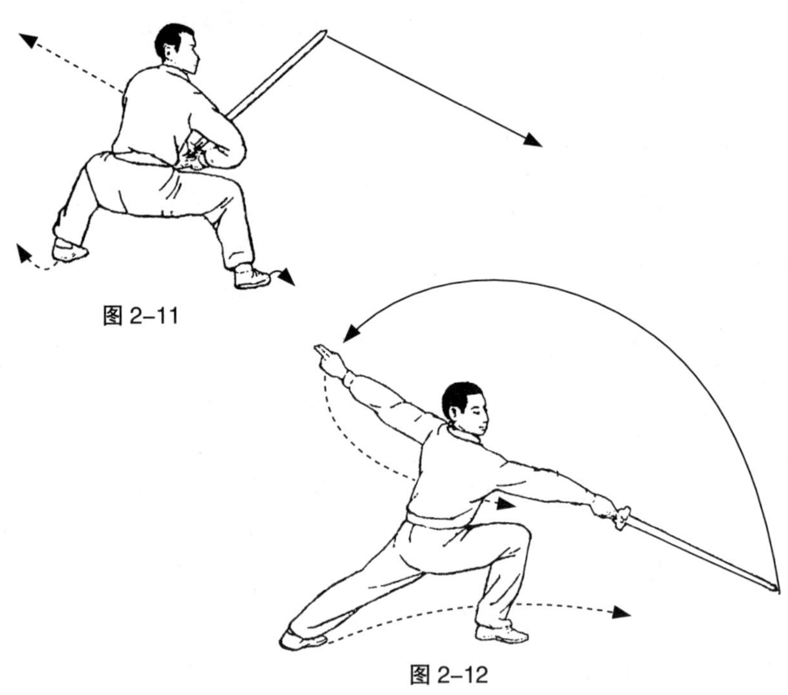

图 2–11

图 2–12

要点： 马步，两脚尖须有向里内扣的劲，脚尖正对身前，不可外撇成八字；两大腿要屈平，膝盖不可超出脚尖向前跪倾；两脚中间距离约与两肩同宽，腰背要直，腰须有塌劲，两腿须有夹劲。由马步变弓步刺剑时，须将左腿的蹬劲通过腰部贯穿于剑身，蹬与刺的动作应在同一时间内完成。

（六）上步回身劈剑

1. 右腿直起，左脚向前上步，右手握剑臂外旋手心朝上，用剑刃后段屈肘满把从前向上、贴左肩外侧向后、向下绕行削剑；同时，左手剑指从后直臂向下、屈肘向前弧形绕行至右腋下面，手心朝右，剑指朝上；眼随剑身（图 2–13）。

图 2–13

2. 上动未停，右手握剑继续用剑刃向后、向下、向前、向上抡臂绕行举起；身躯随之右转，右脚从左腿后面向东插步，两腿形成交叉；左手剑指不变（图 2–14）。

3. 上动未停，身躯继续右转向西，两腿成左弓箭步；同时，右手握剑用剑刃前段向上、向前、向下弧形绕行螺把劈砍；左手剑指直臂向下、向后弧形绕行举起，两手拇指一侧均朝上；身向前探；眼视前下方（图 2–15）。

要点： 回劈后剑指与剑尖上下成一斜形直线。

图 2–14

图 2–15

（七）挽花马步提剑

1. 右手握剑臂内旋手心朝右，屈腕臂下沉满把使剑尖向下、由左腿外侧向后弧形绕行抄挂；左手剑指附于右腕上面，手心朝下；眼视剑尖（图 2–16）。

2. 上动未停，右手握剑屈肘螺把使剑尖继续向上、向前绕行，将剑柄捧于胸前，手心朝上；左手剑指附于右腕不变；与此同时，左脚向后退步，左腿屈膝；眼随剑尖（图 2–17）。

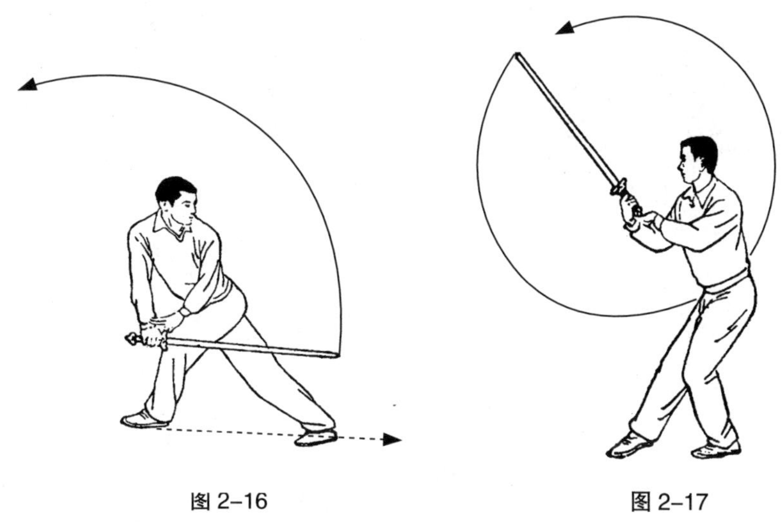

图 2–16　　图 2–17

3. 上动未停，右手握剑以腕关节为轴，转腕使剑尖从前向下、由右腿外侧向后、向上绕行挽花（图 2–18）。

4. 上动未停，右手握剑将剑柄向下由右腿外侧向后直臂满把弧形绕行提起，剑尖下垂，臂平举；左手剑指随势屈肘收于右肩前，手心朝右，剑指朝上；与此同时，右脚向后退步，身躯右转向北，两腿屈膝成马步；眼视剑柄（图 2–19）。

5. 左手剑指直臂向左平伸指出，拇指一侧朝上；眼视剑指（图 2–20）。

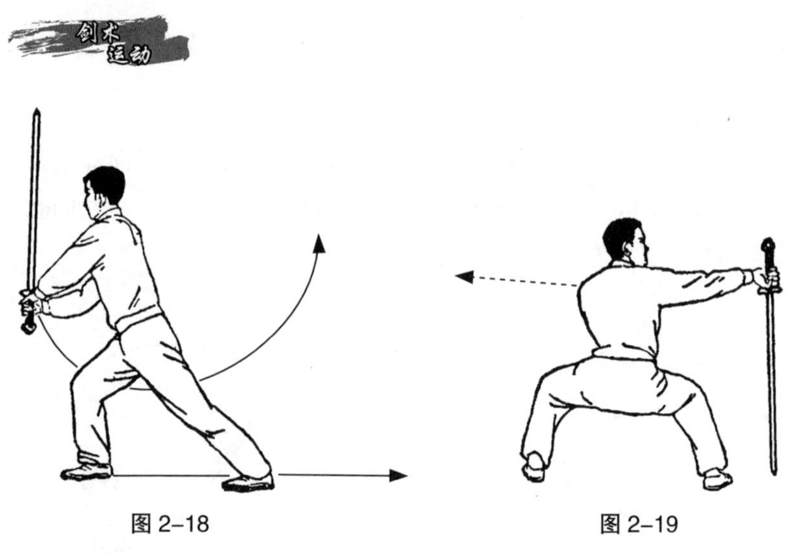

图 2–18　　图 2–19

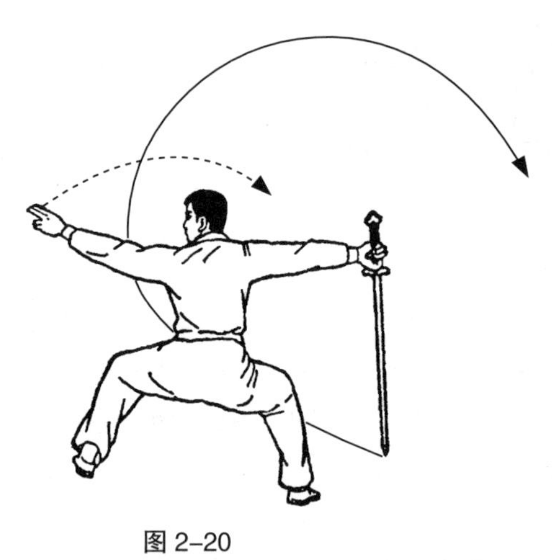

图 2–20

要点：挽花必须使手腕位于胸前中间，不可向左右摆动，剑身要贴近身躯两侧，不可离身太远；马步要点同前述，两臂要成水平直线。

（八）左右挂剑歇步上架

1. 右手握剑臂下沉向里、向上回环，屈肘满把使剑尖从下由身前向左、向上、向右绕行抄挂；左手剑指在剑尖绕行至上方时屈肘附于右腕上面，拇指一侧朝下；与此同时，身向右转，左腿伸直；眼视剑尖（图 2–21）。

2. 上动未停；右手握剑继续使剑尖直臂向下，由右腿外侧向后、向上、向前绕行抄挂；左手剑指在剑尖绕行至下方时屈肘附于右腋下；在剑尖向上、向前绕行的同时左脚向前上步，左腿屈膝，右腿伸直；眼随剑尖（图 2–22）。

图 2–21　　　　图 2–22

3. 上动未停，右手握剑继续臂回环使剑尖直臂向下，由左腿外侧屈肘向后、向上、向前绕行抄挂；左手剑指在剑尖绕行至后方时屈肘附于右腕上面；在剑尖向上、向前绕行的同时右脚向前上步（图 2–23）。

图 2–23

4. 上动未停，右手握剑继续臂回环使剑尖直臂向下，由右腿外侧向后、向上、向前绕行抄挂；与此同时，身躯右转向南，两腿右前左后交叉屈膝全蹲成左歇步；左手剑指在剑尖绕行至下方时屈肘收至右肩前，在剑尖绕行至前方成歇步时直臂向前下方斜伸下指，拇指一侧朝上；眼视剑指（图 2–24）。

图 2–24

要点：左右挂剑要贴近身体绕行；架剑时肘须微屈，剑身斜向下使剑尖朝下，身躯微向左倾；歇步两腿须要绞劲，右腿跨在左腿上面，右脚尖外展，左脚跟离地掀起仅以前脚掌着地，臀部坐于左小腿上面；两脚方位，右脚在东南，左脚在西北，斜线交错。

第 二 段

（九）跳步回身刺剑

1. 两腿直起，以两脚脚掌碾地为轴身躯从左向后转至正西方向；右手握剑随身转动，在头顶上方臂外旋使剑尖平云绕行一周半，至剑尖朝向正西方向时直臂螺把使剑尖向下插伸；左手剑指随身转动，向左后上方直臂举起；在剑尖向下插伸的同时，右腿屈膝，左腿伸直；身躯向后倚靠，重心移于右腿（图 2–25）。

图 2–25

2. 上动未停，身躯直起，重心前移，左脚向前移步蹬地跳起，右脚在后向上离地摆起；与此同时，右手握剑臂向后、向上回环使剑尖从前下方由右腿外侧向后、向上、向前直臂绕行；身躯随之从右向后旋转；左手剑指在剑尖向后绕行时从上向前绕行，在剑尖向上、向前绕行时则向下、向后绕行（图 2–26）。

3. 在空中，右手握剑继续使剑尖向下、向后直臂绕行，左手剑指向上、向前直臂绕行；与此同时，身躯继续右后旋转朝向北方，右脚先落地，左脚后落地，两腿屈膝成马步；至此，右手握剑直臂平刺，举于右侧，刃分上下，剑尖朝东；左手剑指平举于左侧，拇指一侧均朝上；眼视剑尖（图 2–27）。

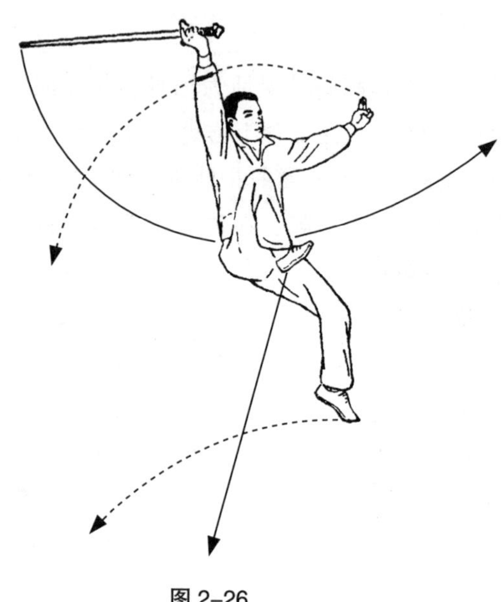

图 2–26

图 2–27

要点：剑尖剑指的绕行，身躯的旋转，跳步落步的起落，必须身剑步三者合一，做到协调和谐。

（十）翻身虚步点剑

1. 右手握剑臂外旋屈肘将剑柄向上，由脸前向左弧形绕行至左肩前，剑身垂直，剑尖朝上，手心朝向身后；同时，左手剑指随之直臂向下，由腹前屈肘向右弧形绕行至右腋下，手心朝右，剑指朝上；两腿直起，右脚从身后向左插步；眼视剑身（图 2–28）。

2. 上动未停，右手握剑臂向下、向右回环，直臂将剑柄向下、向右弧形绕行提起；与此同时，身躯前俯从右向后上翻转，剑尖随着臂回环和翻身之势从上向西、向下、向东绕行转动，剑柄绕行至上方；左手剑指在翻身向上时从右腋下直臂向下、向东弧形绕行（图 2–29）。

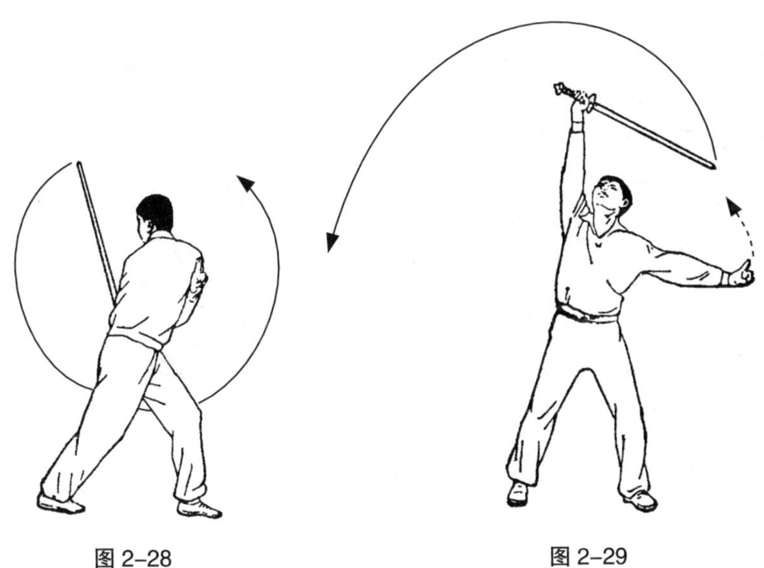

图 2–28　　图 2–29

3. 上动未停，身躯直起半面右转，右手握剑直臂螺把用剑尖向西、向下绕行点击；身稍前倾，左手剑指随之向上斜举；同时，左腿屈膝半蹲，右腿屈膝以右脚脚尖在身前虚点地面，成为右虚步；眼视剑尖（图 2–30）。

要点：虚步点剑时重心全在左腿，右脚只是虚点，要虚实分明，左手剑指与剑尖成一斜直线。

图 2–30

（十一）马步切剑

1. 右手握剑臂内旋使手心朝右，满把使剑尖由左腿外侧向下、向后绕行，开始挽花；同时，左手剑指从上向前附于右腕上面，手心朝下（图 2–31）。

图 2–31

2. 上动未停，右手握剑以腕关节为轴，屈肘转腕臂外旋使剑尖继续从后向上、向前、向下绕行挽花，小指一侧翻转朝上；左手剑指附于右腕不变（图 2–32）。

3. 上动未停，右手握剑继续屈肘转腕，臂内旋使剑尖由右腿外侧向后、向上绕行挽花；左手剑指仍附于右腕不变；与此同时，身体重心前移，左脚向前摆起，右脚蹬地跳起，身体腾空（图 2–33）。

4. 左脚先向前落地，身躯左转向南，右脚随之在身体右侧落地，两腿屈膝成马步；在形成马步的同时，右手握剑用剑刃中段向右腿外侧直臂满把斜伸下切，剑身横平，刃分上下，剑尖朝向身前；左手剑指由身前向上屈肘举起，手心斜朝上，剑指朝右；眼视剑身（图 2–34）。

图 2–32

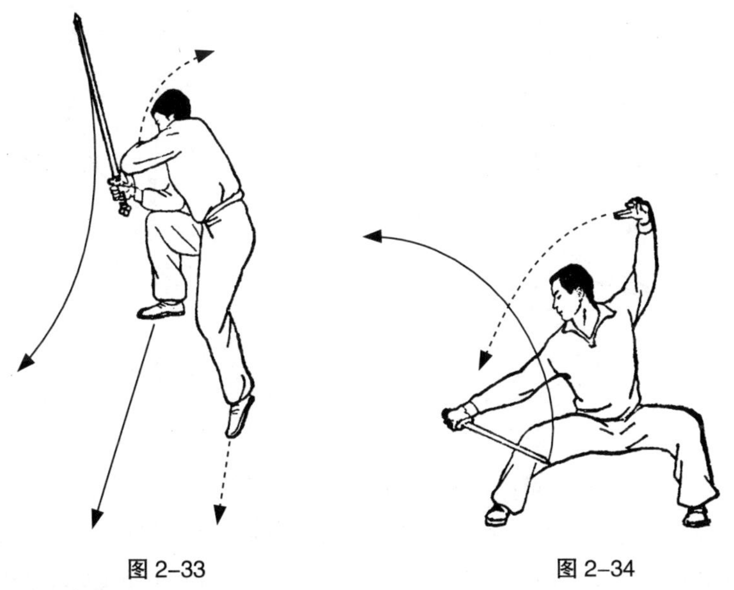

图 2–33

图 2–34

要点：跳步向前不必远跃，只跃进一步的正常距离即可；马步切剑，右臂斜伸成 45° 角，左手剑指位于左肩上方，肘微屈；两肩须向后张展，腰背要直，马步要点同前述。

（十二）挽花弓步劈剑

1. 右手握剑屈肘，使剑尖伸向左侧，臂外旋由左向上、向右绕行开始挽花；左手剑指屈肘向下附于右腕上面，手心朝下；在剑尖绕向右侧方的同时，身躯右转向西，两腿稍直起，重心移于左腿，右脚以前脚掌虚着地面；眼视剑尖（图 2–35）。

2. 上动未停，右手握剑继续转腕挽花使剑尖向下刁把绕行（图 2–36）。

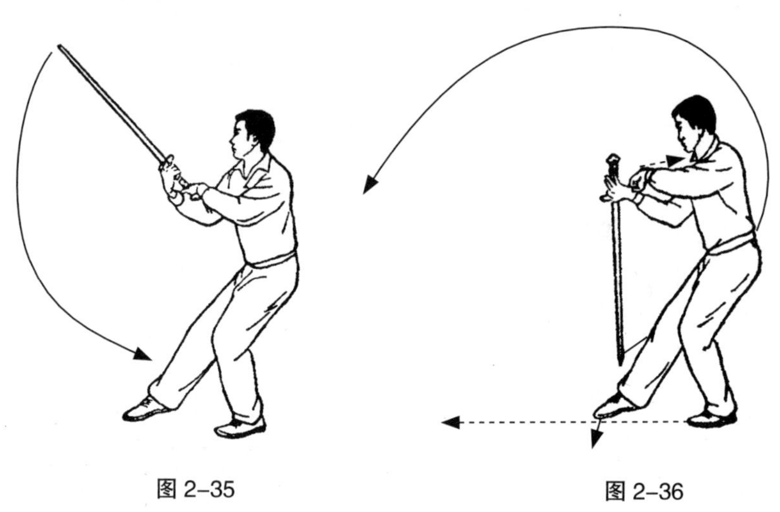

图 2–35　　图 2–36

3. 上动未停，重心前移，右脚踏实，左脚向前上步，左腿屈膝，右腿伸直，成左弓箭步；同时，右手握剑继续转腕，臂内旋使剑尖由右腿外侧向后、向上绕行挽花，用剑刃前段向前直臂螺把平劈，手心朝左；左手剑指顺右臂里侧屈肘收于右肩前，手心朝右，剑指朝上；眼视剑身（图 2–37）。

图 2–37

要点：剑的挽花和转身动作要协调一致，转身时剑的绕行方位不可变动；劈剑须用向前甩臂的动作将剑劈出，剑臂与肩齐平。

（十三）探海平衡下刺剑

1. 右脚向前与左脚靠拢并步，左脚即以脚尖虚点地面，两腿均屈膝；同时，右手握剑直臂满把将剑柄下沉，使剑尖在前向上翘起，高与头齐；左手剑指伸向右腕，身躯前俯；眼视剑身（图 2–38）。

2. 上动微停，右腿伸直站立，左腿伸直向后举起至水平部位，左脚脚面绷平，脚尖朝后；右手握剑用剑尖向前下方直臂螺把斜伸直刺；左手剑指直臂向下，由左腿外侧向后、屈肘向上弧形绕行环举于头顶上方；身躯随势向上翻转以右侧朝下；眼视剑尖（图 2–39）。

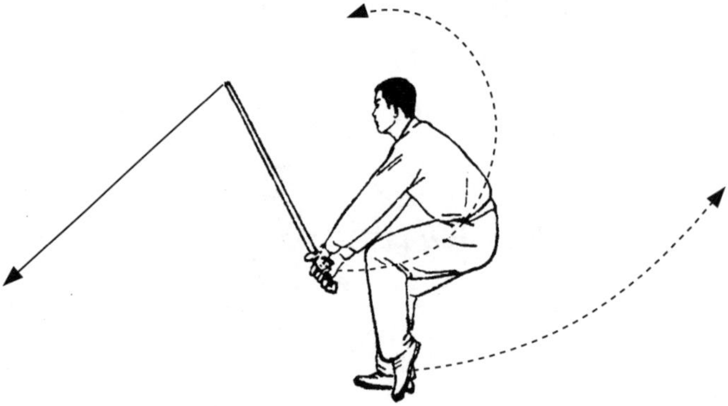

图 2–38

图 2–39

要点：探海势的左腿要高过水平部位，两腿均须挺膝伸直，站立要坚持 2 秒钟以上，不可摇动；身躯腰背要平直，左臂肩肘须向后张展，右手剑臂斜伸 45° 角。

（十四）回身弓步横击

1. 身躯俯下，左脚落步与右脚并拢，右脚即将脚跟掀起仅以前脚掌着地，两腿均屈膝；同时，左手剑指向前附于右腕上面，手心朝下（图 2–40）。

2. 上动未停，右脚向身后退步，身躯从右向后转朝向东方；在转身的同时，右手握剑臂外旋手心朝上，用朝向虎口一侧的剑刃最前段随身转动向正东前下方直臂斜摆，甩腕螺把横击；左手剑指斜伸于左后上方，拇指一侧朝上；右腿随势屈膝，左腿伸直，成为右弓箭步；眼视剑尖（图 2–41）。

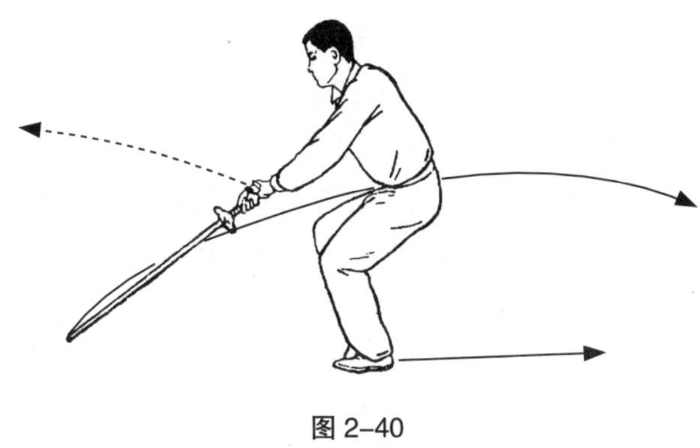

图 2–40

图 2–41

要点：回身横击，须先使腕关节向小指一侧侧屈，臂肘横向身体左侧，随身躯后转之势摆臂甩腕将剑向前横击，不可没有屈腕和甩腕的动作，否则横击就缺乏力量。

（十五）提膝独立举剑

1. 右腿直起，左脚前移；右手握剑以腕关节为轴，转腕使剑尖从前向上，由右肩外侧向后、向下、向前直臂绕行一周挽花；同时，左手剑指从后向下，由左腿外侧向前屈肘弧形绕行，附于右前，拇指一侧贴身，剑指朝上；眼随剑尖（图 2–42）。

2. 上动未停，右手握剑直臂螺把向上举起；同时，身躯从左向后转朝向西方，右脚跟外转，左腿在身前屈膝提起，左脚脚面绷平，脚尖朝下，成独立步；左手剑指在转身提膝之后直臂向身前平伸指出，小指一侧朝前，剑指朝上；眼视剑指（图 2–43）。

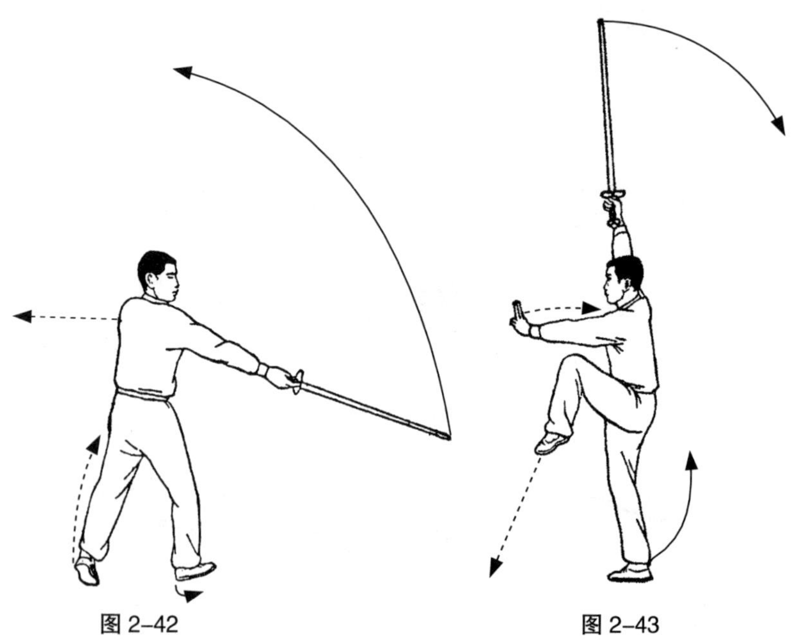

图 2–42　　图 2–43

要点：举剑和转身的动作须边向上举剑边向后转身，不要将剑举起之后再转身；上举之剑手心朝左，剑臂垂直；提膝须高过腰部，小腿向右侧下方斜伸，支撑腿要伸直，站立稳健。

（十六）叉步下势推剑

1. 左脚向前落步，右脚在身后离地，右腿屈膝提起；右手握剑屈腕满把使剑尖向身后下沉，横于头顶上方；左手剑指屈肘收于右肩前，手心朝右，剑指朝上；与此同时，剑尖方位不变身向左转（图 2–44）。

2. 上动未停，右手握剑屈肘将剑柄从上向左，由左肩前向下、向右侧绕行收住，剑尖横向身躯前方，手心朝下，剑身扁平，刃分左右；左手剑指随之从右肩前直臂向下、向左、屈肘向上绕行，环举于头顶上方，手心斜朝上，剑指朝右；与此同时，右脚向西摆起，左脚蹬地跳起伸向右腿后面，身体腾空；眼视身体右侧下方（图 2–45）。

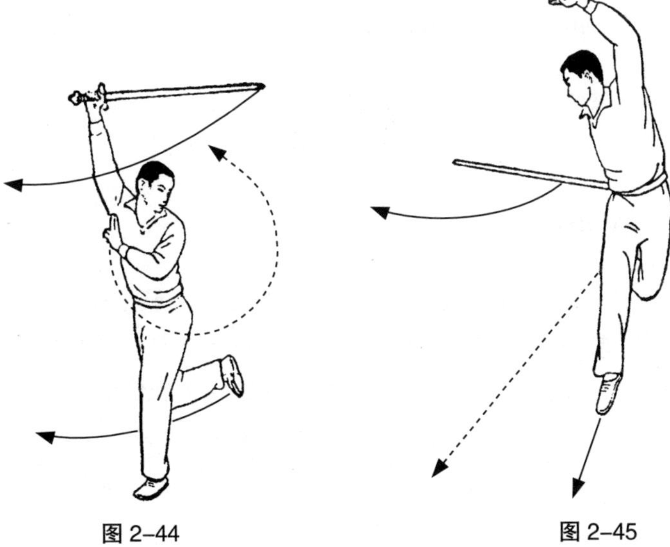

图 2–44　　　　图 2–45

3. 右脚先落地，右腿屈膝半蹲，左脚随之从右腿后面向右插步伸出着地，左腿伸直；同时，右手握剑用剑刃中段向左下方直臂斜伸推铲，手心仍朝下；眼视剑身（图 2–46）。

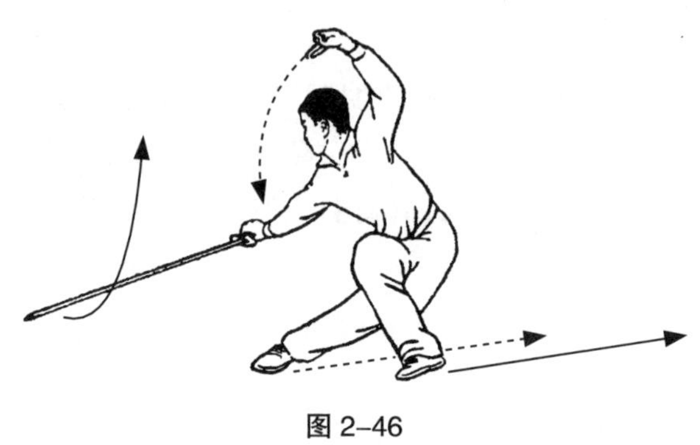

图 2–46

要点：叉步下势的左腿要伸得远一些，左脚尖尽量外展，左脚内侧允许掀起，但须有向下踩蹬的劲力；身体要向右侧探伸，剑身高与腰齐；剑的推出要带有铲的意识。

第 三 段

（十七）虚步抱剑

1. 右腿直起，左脚向东迈步，右脚随之由左脚前也向东迈步；同时，右手握剑螺把使剑尖摆向身躯右侧正西方向，臂外旋手心朝上将剑从右向身前上方平摆绕行，肘微屈；左手剑指由脸前向下屈肘附于右腕上面，手心朝下；眼随剑身（图 2–47）。

2. 上动未停，左脚向东再迈一步，身向左转；同时，右手握剑随身转动向东平摆绕行，将剑柄屈肘收近腹前，剑尖斜向前上方稍高过头；左手剑指仍附于右腕不变；重心后移，右腿屈膝，左脚以脚尖虚点地面，成左虚步；眼视剑尖（图 2–48）。

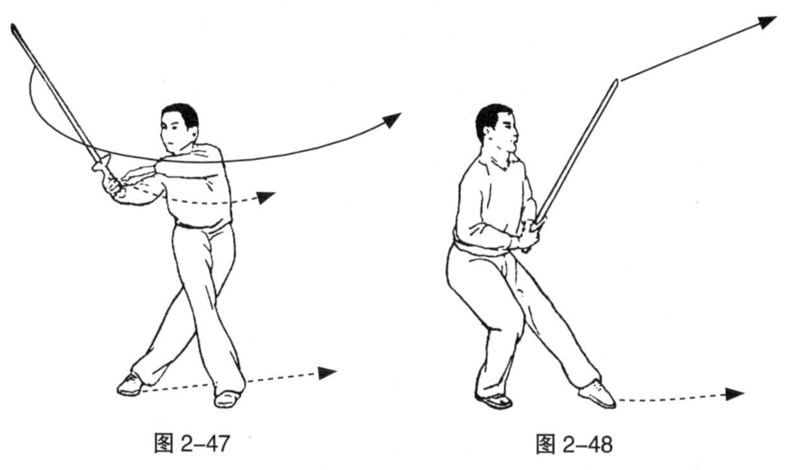
图 2–47　　图 2–48

要点：剑的平摆绕行，剑尖须向前上方翘起使剑身成斜坡形；虚步须虚实分明，防止左脚尖踏实、臀部凸起。

（十八）弓步前上刺剑

左脚向前上步，左腿屈膝，右腿伸直，成左弓箭步；右手握剑与左手剑指一起用剑尖向前上方直臂斜伸螺把直刺，剑尖高与头齐；眼视剑尖（图 2–49）。

要点：由虚步变弓步刺剑时，须将右腿的蹬劲通过腰部贯穿于剑身，蹬与刺的动作应在同一时间内完成。

图 2–49

（十九）仆步扫剑

右手握剑用朝向虎口一侧的剑刃直臂向右、向后下方斜摆绕行扫刈，剑身扁平，刃分前后；同时，身躯右转，右腿平铺近地，左腿屈膝全蹲，成右仆步；左手剑指直臂举于左侧斜上方，拇指一侧朝上；眼视剑身（图 2–50）。

图 2–50

要点：仆步，左腿须做全蹲，膝向外展含有绷劲，防止向里跪膝；右腿须贴近地面伸直铺出，脚尖尽量里扣使脚跟向外含有蹬劲；两髋下沉，脚跟和脚外侧不可离地拔跟或掀脚。扫剑须快速，转身要随剑势的快速而加快。

（二十）挽花歇步反撩

1. 两腿站起，左脚跟外转，身躯右转向西，右脚移近半步，两腿稍做屈膝；在转身的同时，右手握剑屈肘刁把臂外旋将剑柄向胸前提起，剑尖从前向下直垂，手心朝上；左手剑指屈肘从上向前附于右腕上面，手心朝下；眼视剑柄（图 2–51）。

2. 上动未停，右手握剑以腕关节为轴，转腕使剑尖由右腿外侧向后、向上绕行挽花，变为满把（图 2–52）。

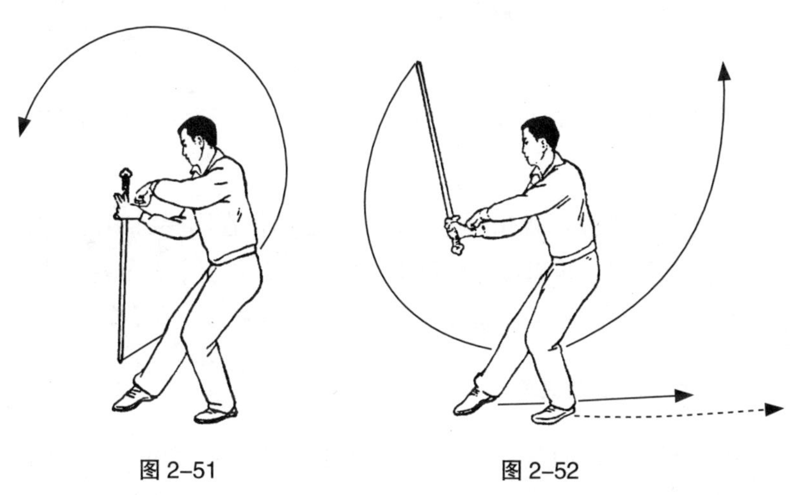

图 2–51　　图 2–52

3. 上动未停，右脚向后退步，身躯右转向北，左脚从身后向东插步，两腿屈膝成左歇步；与此同时，右手握剑用剑刃前段向西、向下、向东、向上直臂绕行螺把反撩；左手剑指屈肘收于右肩前，手心朝右，剑指朝上；身躯向右拧腰；回头眼视剑尖（图2–53、图2–53附图）。

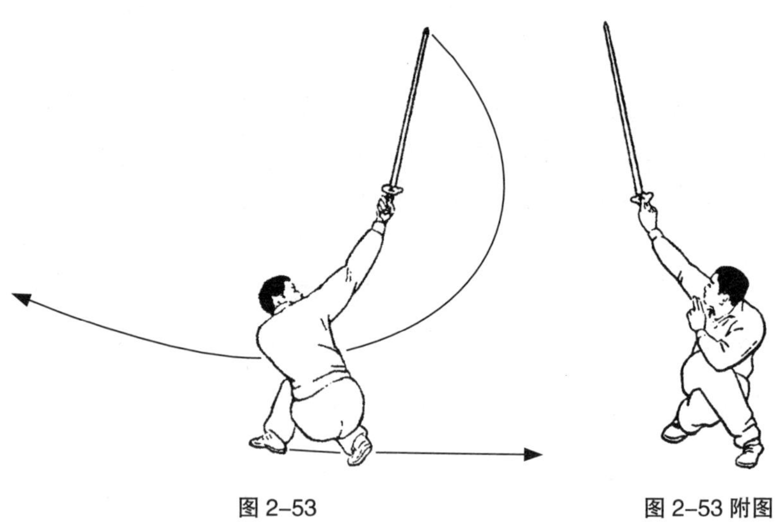

图2–53　　图2–53附图

要点：反手撩剑要和两腿屈膝下蹲的动作在同一时间内进行，不要形成歇步之后再做反撩；反手撩剑是反臂斜上举，不要做成正臂；歇步时身躯须稍向前俯并向右拧腰，不要做成直体右转。

（二十一）退步直刺

身躯直起左转向西，同时右手握剑直臂满把转腕使剑尖从上向东、向下绕行；此时，右脚向身后退步，右腿伸直，左腿在身前屈膝，成为左弓箭步；右手握剑屈肘使剑尖绕向右腰侧，由右腰侧向前直臂平伸螺把刺出，手心朝左；左手剑指仍附于右肩前不变，眼视剑尖（图2–54）。

图 2–54

要点： 刺剑必须与退步的动作前后合一，使腿的后退蹬劲与剑的前刺之力贯串起来。

（二十二）提膝独立劈剑

1. 左脚向后退步，身躯半面左转；右手握剑臂内旋手心朝右；直臂使剑向下绕行；左手剑指随势移向右腕；眼随剑尖（图 2–55）。

2. 上动未停，右手握剑屈肘使剑尖由下向后绕行抄挂，臂内旋将剑柄向上经左肩前提起，用剑刃向前直臂劈砍，剑臂平举，手心朝左；左手剑指随势屈肘收至右肩前，手心朝右，剑指朝上；与此同时，身躯半面右转，左腿伸直站立，右腿屈膝在身前提起，右脚脚面绷平，脚尖朝下；眼视剑身（图 2–56）。

图 2–55

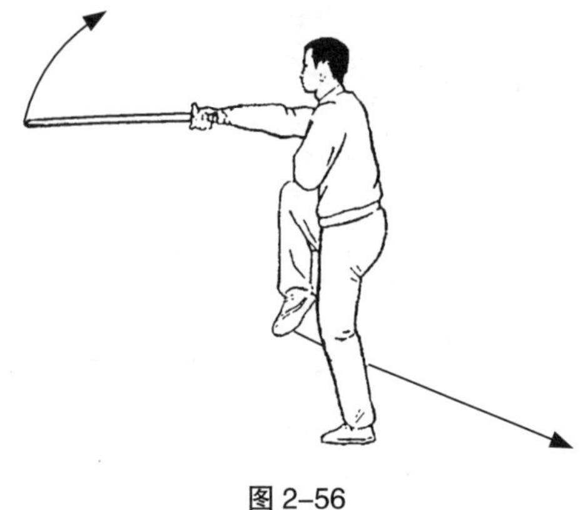

图 2–56

要点：提膝须高过腰部，小腿向左侧下方斜伸，左腿支撑要伸直，站立稳固；右手握剑向左上抄挂时，臂要内旋弯曲，向前劈砍力达剑身前段，剑臂成一直线。

（二十三）虚步抱剑

图 2–57

1. 左腿屈膝，右脚向后落步，右腿伸直；同时，右手握剑屈肘满把使剑向上竖起，手心仍朝左；左手剑指向前屈肘移至右腕上面，手心朝下（图 2–57）。

2. 上动未停，左脚尖里扣，身躯从右向后转，重心后移，右脚尖外展虚着地面，成右虚步；右手握剑与左手剑指一起随身转动，将剑柄稍下沉与腰平齐；眼随剑身（图 2–58）。

图 2–58

要点：同（十七）虚步抱剑。

（二十四）马步提剑

1. 左脚向前上步，身躯右转，两腿屈膝成马步；与此同时，右手握剑将剑柄向下、向右弧形绕行提起，剑尖下垂，臂内旋平举；左手剑指随势屈肘收于右肩前，手心朝右，剑指朝上；眼视剑柄（图 2–59）。

2. 左手剑指直臂向左平伸指出，拇指一侧朝上；眼视剑指（图 2–60）。

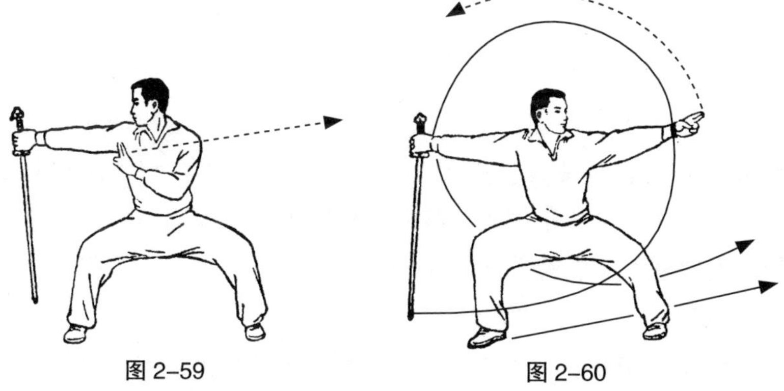

图 2–59 图 2–60

要点：同（七）挽花马步提剑。

（二十五）回身前点虚步提剑

1. 右手握剑臂由下向左、向上回环，使剑尖直臂向左、向上、向右、向下，由两腿后面向左抡臂绕行；在剑尖由两腿后面向左绕行时，右脚随之从身后向左插步，左手剑指直臂上举，身躯从右向后转；眼随剑尖（图 2–61）。

图 2–61

2. 上动未停，剑尖方位不变，右脚跟外转，身躯左转向西，左腿屈膝，右腿伸直；同时，右手握剑从身体右侧屈肘将剑举起，随着转身之势用剑尖向身前直臂下点，剑身斜下伸；左手剑指从上向前附于右腕上面，手心朝下，两臂均与肩平，眼视剑尖（图 2–62）。

3. 上动微停，右手握剑直臂满把将剑柄向下，由右腿外侧向后抽回，提于身后，剑尖朝前斜下垂；同时，重心后移，右腿屈膝，左脚后移以脚尖虚点地面，成为左虚步；左手剑指随即直臂向前平伸指出，拇指一侧朝上；眼视剑指（图 2–63）。

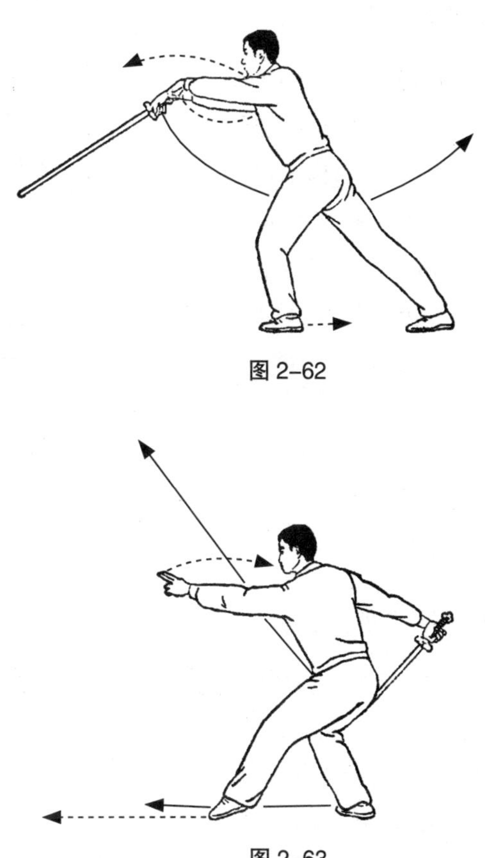

图 2–62

图 2–63

要点：剑的绕行须贴近身体，点剑须使螺把腕要下屈，抽剑时又须变为满把，剑柄向下时须剑尖翘起而后向后抽提，剑指须在虚步完成时向前指出。

第四段

（二十六）点步上刺

图 2–64

两腿直起，右脚向前上步，左脚随之也向前上步以脚尖虚点地面；同时，右手握剑屈肘使剑柄经过右腰侧，用剑尖由身前直臂向上螺把穿刺，手心朝后，剑身直竖，刃分左右；左手剑指屈肘收于右肩前，手心朝右，剑指朝上；抬头眼视剑尖（图 2–64）。

要点：剑向上穿刺时必须注意先要屈肘使剑柄经过右腰侧，不可直接地直臂向上穿刺。

（二十七）歇步下斩

图 2–65

1. 左手剑指从右肩前直臂向下、向左、向上弧形绕行斜举；右手握剑屈肘将剑柄收至腹前使剑尖向左绕行，手心朝下，剑身扁平，刃分前后；眼视前下方（图 2–65）。

2. 上动未停，两腿屈膝全蹲成歇步；右手握剑用剑刃向前下方直臂斜摆横斩，手心仍朝下；左手剑指斜举于左后上方，拇指一侧朝上；眼视剑身（图 2–66）。

图 2–66

要点：左手剑指与剑尖须形成斜直线，两肩要松沉，身向前探，腰背要直，两腿要有绞劲。

（二十八）提膝独立抱剑

两腿直起，左腿伸直站立，右腿屈膝向身前提起，右脚脚面绷平，脚尖朝下；同时，右手握剑臂外旋手心朝上，屈肘刁把将剑柄向上提至左耳侧，剑尖斜朝前下方，手心转向朝里，剑身斜伸，刃分上下；左手剑指屈肘附于右腕里面，手心朝外，拇指一侧朝下；眼视前下方（图 2–67）。

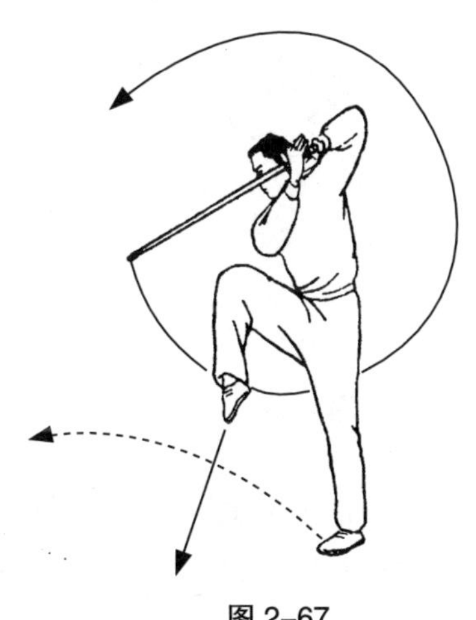

图 2–67

要点：右肘下垂，左肘上抬，剑柄离耳约 20 厘米。

（二十九）前跃歇步下切

1. 右脚向前落步，右手握剑直臂使剑尖向下，由右腿外侧向后，满把向上、向左绕行转动；左手剑指顺势屈肘收至右肩前；在剑尖向上绕行的同时，左脚向前跃进，右脚蹬地跳起从身后伸向左侧，身体腾空（图 2–68）。

2.左脚先落地，右脚随之在左侧落地，两腿前后交叉屈膝全蹲成歇步；同时，右手握剑臂外旋用反向虎口一侧的剑刃在身前向左切下，左手剑指趁势伸向右腋下，手心朝右，剑指朝上；身前俯，头左转眼视剑尖（图 2–69）。

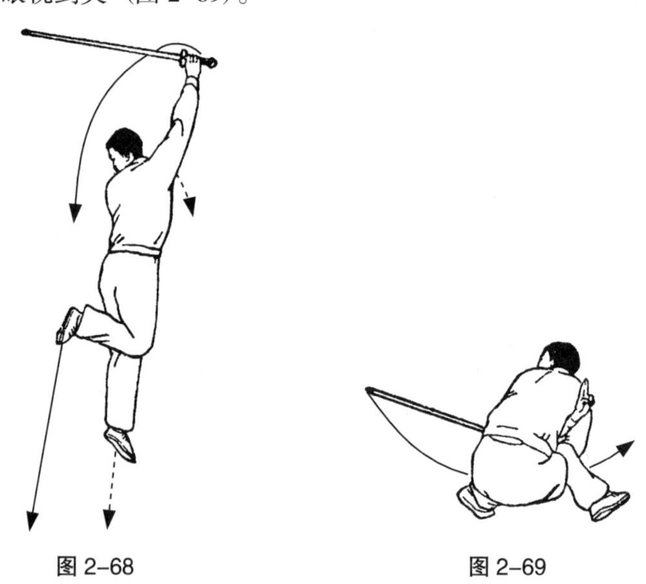

图 2–68　　图 2–69

要点：前跃须远一些，纵跳不必太高；歇步两腿须有绞劲，左腿要叠在右腿上面；切剑须注意用剑刃向下平齐铡切，不能做成劈剑或砍剑。

（三十）翻身弓步劈剑

1. 身躯前俯，右手握剑将剑柄向右直臂拉开，左手剑指则直臂向左拉开；同时，两腿站起（图 2–70）。

2. 上动未停，身躯从右向后上翻转，右脚随之向西上半步，右腿屈膝，左腿伸直，成右弓箭步；与此同时，右手握剑随身翻转，从上向前直臂螺把平劈，手心朝左；左手剑指随身翻转，从左后向上屈肘环举于头顶，手心朝上，剑指朝前；身躯向后上翻后，在成弓箭步时直起半面右转向西；眼视剑身（图 2–71）。

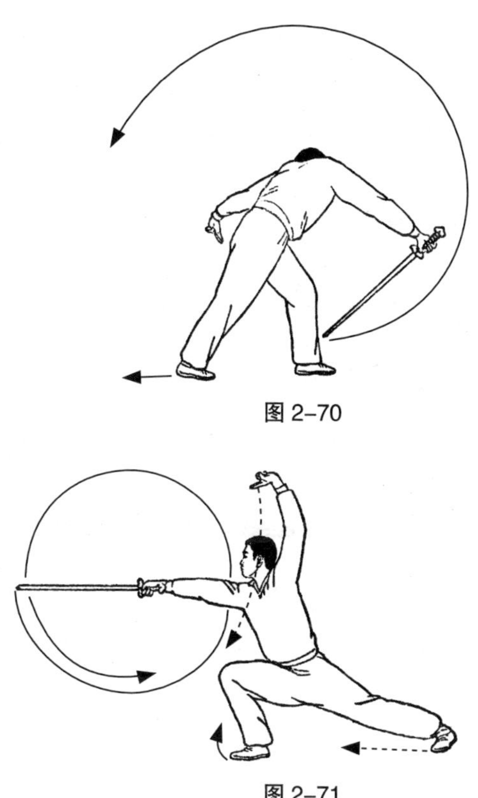

图 2–70

图 2–71

要点：翻身与转身的动作须贯串一气，劈剑要平，左臂肩肘须向后张展，两肩防止耸起，腰背防止拱起。

（三十一）提膝独立直刺

1. 右手握剑以腕关节为轴，转腕使剑从前向下，由右腿外侧向后、向上、向前圆形绕行一周挽花，屈肘将剑柄收向右腰后；左手剑指屈肘附于右腕上面，手心朝下；与此同时，右脚尖外展，左脚向前移进半步，两腿相交屈膝全蹲成左歇步；身躯随收剑之势右转向北；回头眼视右侧后方（图 2–72）。

2. 上动微停，左脚向西上步，左腿伸直站立；右腿屈膝向前提起，右脚脚面绷平，脚尖朝下；与此同时，右手握剑用剑尖向前直臂平伸螺把刺出，手心朝左；左手剑指直臂由身前向左后平摆绕行，手心朝下；眼视剑尖（图 2–73）。

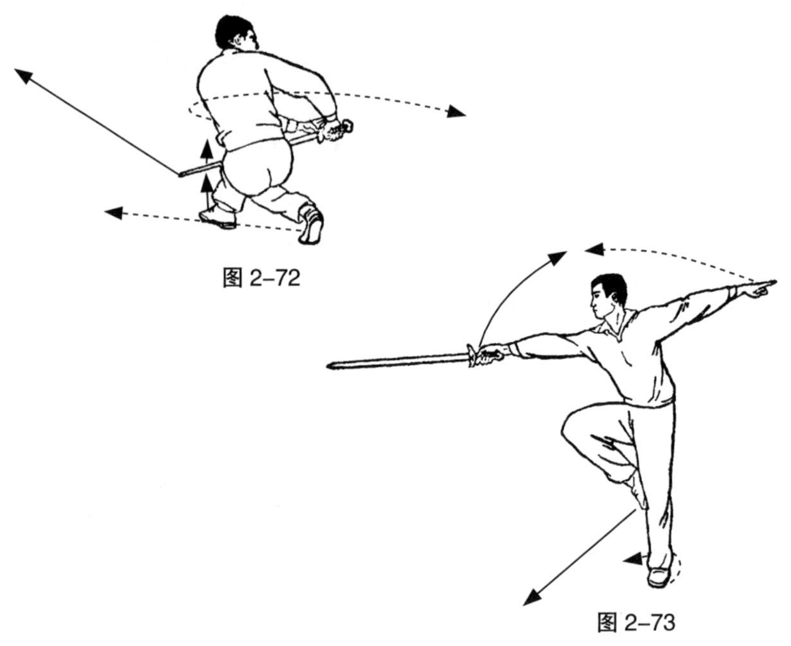

图 2–72

图 2–73

要点：挽花时，右手不可左右摇摆，剑身须贴近身体绕行转动；收剑须与歇步的动作一起完成，不可先收剑再做歇步，或先歇步再做收剑；歇步收剑之后要稍作停息，而后上步提膝将剑刺出；提膝刺剑须站立稳固，两臂要平，两肩要沉，腰背要直，左腿要挺膝，右腿要提高，五趾要抓地。

结束动作

并步持剑

1. 左脚跟里转，身躯半面向左转；右脚向西落步，脚尖里扣；左腿屈膝全蹲，右腿伸直平铺，成右仆步；与此同时，右手握剑臂外旋手心朝上，将剑柄向头顶上方提起；左手剑指向上举起准备接剑，两肘均微屈；抬头眼视剑柄（图 2–74）。

2. 上动未停，左手剑指放开，反手将剑柄接握过来直臂向上提起，使剑尖下垂从右经身前向左、向后弧形绕行；右手握成剑指从上向左、向下直臂绕行；眼随剑指（图 2–75）。

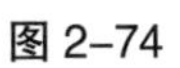
图 2–74

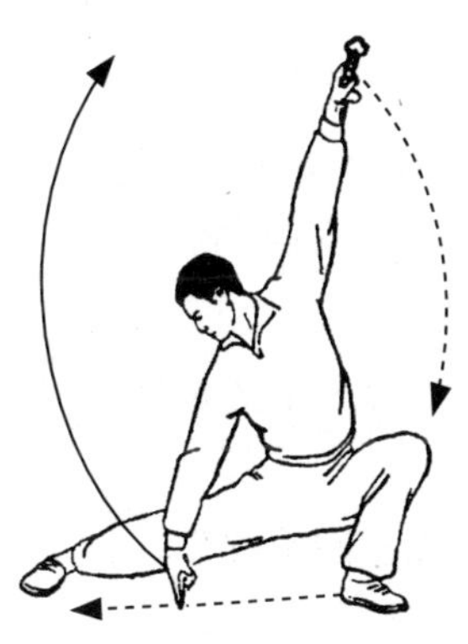
图 2–75

3. 上动未停，左手持剑使剑柄从上向左、向下弧形绕行，剑身靠于左臂后面，剑尖朝上；右手剑指则从下向右、向上弧形绕行，屈肘环举于头顶上方，手心朝上，剑指朝左；与此同时，两腿直起，左脚向右脚靠拢并步；头左转，眼视左侧前方（图 2–76）。

图 2–76

要点：仆步时要防止掀脚、拔跟、翻臀，并步时要注意沉肩、直背、塌腰，两腿须并拢；两肘均朝侧方，不可朝向前后方。

收　势

右手剑指放开，从上向右、向下弧形绕行下垂，变掌贴靠于右腿侧，两肘自然微屈；头转正，眼视正前方，立正姿势站好（图 2–77）。

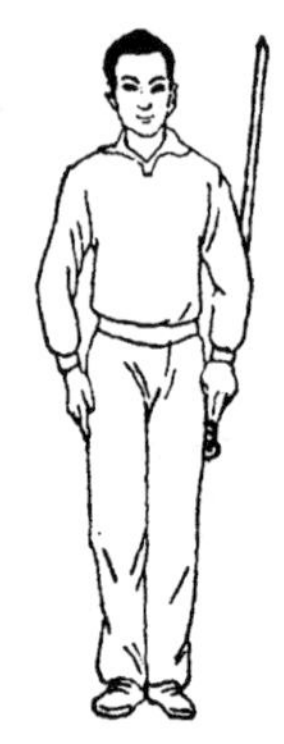

图 2–77

要点：同预备势。

第三节 盘龙剑（工剑体）

一、盘龙剑动作名称

预备动作

预备势

（一）虚步持剑前指（出势跨虎）

（二）提膝独立平举剑（罗汉上殿）

（三）弓步持剑前指（仙人指路）

（四）虚步抱剑（袖藏青蛇）

第 一 段

（五）弓步直刺（弩箭穿心）

（六）叉步下点（孔雀顾影）

（七）弓步平斩（玉带拦腰）

（八）弓步反撩（海底采珠）

（九）云剑提膝平斩（乌云盖顶）

（十）歇步后刺（金蛇伏穴）

（十一）挂剑转身弓步直刺（猛虎掉尾）

（十二）虚步提撩（童子献书）

第 二 段

（十三）左右抄挂（左右插花）
（十四）屈腿后举探海前指（蝎子翘尾）
（十五）点步下格（柳桩拴马）
（十六）抹剑弓步前洗（白蛇吐信）
（十七）弓步劈剑（吴刚伐桂）
（十八）云剑盘腿平斩（乌龙摆尾）

第 三 段

（十九）撩剑提膝独立上架（黄莺上架）
（二十）挂剑叉步下刺（织女掷梭）
（二十一）翻身弓步劈剑（泰山压顶）
（二十二）反崩弓步下刺（黑龙入洞）
（二十三）提膝独立绞剑下击（子陵钓鱼）
（二十四）盖步点剑（凤凰点头）
（二十五）翻身架剑（银蟒翻身）
（二十六）抄挂歇步抱剑（怀抱琵琶）

第 四 段

（二十七）跃步崩剑后举腿平衡（凤凰还巢）
（二十八）仆步云剑下压（银针落地）
（二十九）弓步直刺（弩箭穿心）
（三十）左右虚步撩剑（左右挎篮）

(三十一) 坐盘反撩 (盘弓射雁)

结束动作

虚步持剑 (收势跨虎)
收势

二、盘龙剑动作图解

预备动作

预备势

面向南，两脚并步站立；左手反握剑柄，使剑贴靠前臂垂立于左臂后面，剑尖朝上；右手五指并拢贴靠右腿侧，掌指朝下，两肘微屈；立正姿势站好；眼向身体前方注视 (图 3–1)。

要点：头要正，项要直，顶要平，肘要微向前引，胸要挺，背要直，腰要塌，腹要收，膝要挺，腿要靠紧，五趾要抓地。

图 3–1

(一) 虚步持剑前指 (出势跨虎)

1. 左腿屈膝半蹲，右脚向身后退步，右腿伸直；右手屈肘向胸前托起，手心朝上，掌指朝左，肘尖朝下；左手持剑在左侧将剑稍向上、向外提起，手心朝后；眼视左前斜方 (图 3–2)。

2. 上动微停，身体重心后移，右腿屈膝半蹲，左脚以脚尖虚点地面；右手臂内旋使手心朝下，从胸前屈肘向左、直臂向前、向右平摆弧形绕行，屈肘收于右腰侧，握成剑指，手心朝上；左手持剑不变；眼随右手（图 3–3）。

3. 两腿成左虚步，右手剑指从右腰侧向身前直臂平伸指出，手心朝左，剑指朝前；左手持剑不变；眼向左前斜方注视（图 3–4）。

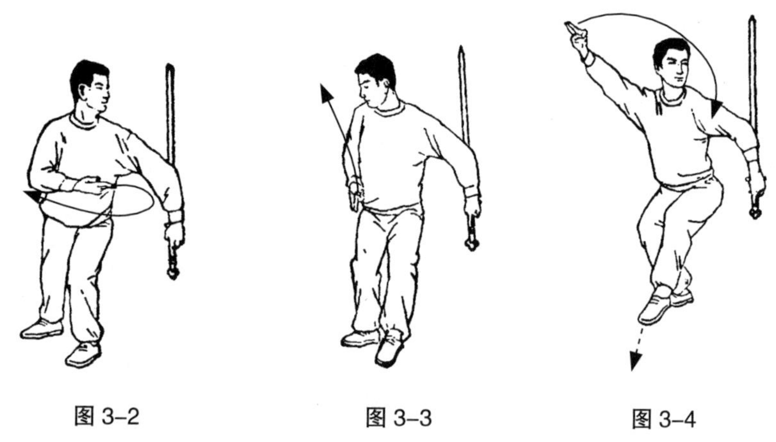

图 3–2　　图 3–3　　图 3–4

要点：退步与托掌的动作须同时进行，不可分为先后；右手平摆绕行与重心后移的动作也须同时进行，不可分为先后；成虚步前指时，右腿须屈平，两脚虚实要分清，身躯不可过分前倾，左臂屈肘要成弧形，右臂要伸平，两肩须下沉，腰须下塌，背须挺直，胸须挺出。

（二）提膝独立平举剑（罗汉上殿）

1. 右腿直起，左脚向身前上步，重心前移，左腿屈膝；同时，右手剑指屈肘以前臂回环从前向上，经脸前向左绕行转动，手心朝左，剑指朝上；左手持剑不变（图 3–5）。

2. 上动未停，右手剑指臂外旋直腕手心朝上，从左继续直臂向下、向右绕行转动，手心朝前，剑指朝右；左手持剑随之臂外旋手心朝右，从下直臂向左，屈肘向上经脸前向右绕行转动，将剑柄绕至胸前，手心朝前，剑柄朝右；与此同时，右脚向前上步，右腿屈膝，左腿伸直；眼视剑指（图 3–6）。

3. 上动未停，右腿伸直站立，左腿屈膝向身前提起，左脚脚面绷平，脚尖朝下，成独立步；同时，左手持剑肘尖向左撑出，将剑贴靠前臂举平，剑尖朝左，刃分上下；右手剑指向上绕行屈肘环举于头顶上方，手心朝上，剑指朝左；眼视左侧前方（图 3–7）。

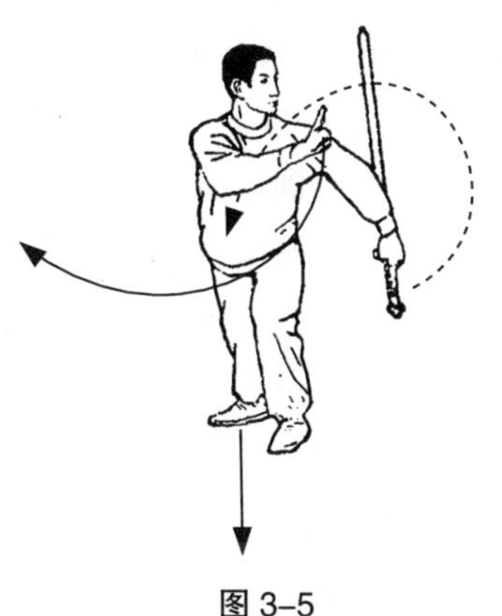
图 3–5

图 3–6

图 3–7

要点： 上步、提膝与两臂绕环的动作须配合一致；提膝独立须站立稳固，支撑腿要伸直，提膝要高过腰部，小腿斜向右下方，脚尖斜朝下；右臂肘须屈成半圆弧形，左臂肘须平，两肩松沉稍向后张，胸要挺，腰背要直。

（三）弓步持剑前指（仙人指路）

左脚向东落步，身躯左转，左腿屈膝，右腿在后伸直，成左弓箭步；在落步的同时，左手持剑将剑柄从身前向下、向左弧形绕行提于左腿外侧方，肘稍屈，手心朝后，剑尖朝上，剑身贴靠臂后；右手剑指从上向下经右耳侧向前直臂平伸指出，手心朝前，剑指斜朝上；眼视剑指（图 3–8）。

图 3–8

要点： 左手提剑须离身约 10 厘米，肘要稍屈，剑要垂直；右手剑指臂须举平，剑指高不过眉；前腿要屈平，后腿要蹬直，腰要塌劲，胯要沉劲，两脚不可掀脚拔跟。

（四）虚步抱剑（袖藏青蛇）

1. 右手剑指臂外旋直腕使手心朝上，从前直臂向下，由右腿外侧向后弧形绕行摆动，身躯随势半面右转，两肩后张；眼视剑指（图 3–9）。

2. 上动微停，右手剑指拇指一侧朝上，左手持剑臂内旋拇指一侧朝下，两手一起从后向上由平举部位向胸前绕行屈肘环抱，至胸前时，左手持剑在里，右手在外剑指放开握于剑柄外面，准备换手握剑，两肘尖分向左右，剑身横平，刃分上下；与此同时，重心后移，右腿屈膝半蹲，左脚以脚尖虚点地面，成左虚步；头左转，眼视左侧前方（图 3–10）。

图 3–9　　图 3–10

要点：向前抱剑，两肘须平，两手离胸约 10 厘米，剑刃上下要分清，两脚虚实要分清，腰背须直，防止耸肩、拱背、弯腰、翻臀。

第 一 段

（五）弓步直刺（弩箭穿心）

右手将剑接过正握，左手握成剑指；重心前移，左脚向前上半步，左腿屈膝，右腿伸直，成左弓箭步；与此同时，右手握剑用剑尖向前直臂平伸螺把直刺，手心朝左；左手剑指向左后方直臂平伸指去，拇指一侧朝上；眼视剑尖（图 3–11）。

要点：两臂与肩平，剑身平直，刺出要有力，动作须迅速，右肩须随前刺之势稍向前顺，左肩引后，身法保持正直，右脚防止在身后向外移动。

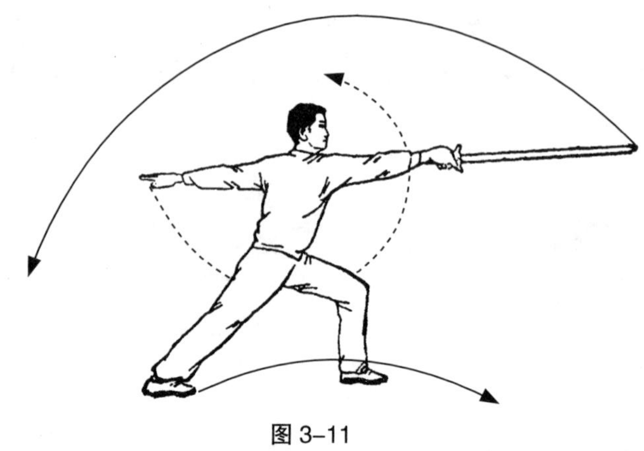

图 3–11

（六）叉步下点（孔雀顾影）

右脚向前上步，脚尖外展，右腿屈膝；左脚跟随之外转，左腿伸直；右手握剑臂内旋使手心朝右，屈肘将剑柄满把向上提起，剑尖下垂；身躯在向上提剑时右转向南，左手剑指随之从身后直臂向下绕行；而后，右手握剑用剑尖从上向右、向下直臂弧形绕行螺把点击，臂平举，剑身斜下 45° 角；身躯随势向右折腰；左手剑指从下向左、向上弧形绕行，屈肘环举于头顶上方，手心朝前，剑指朝右；两腿成交叉步；眼视剑尖（图 3–12）。

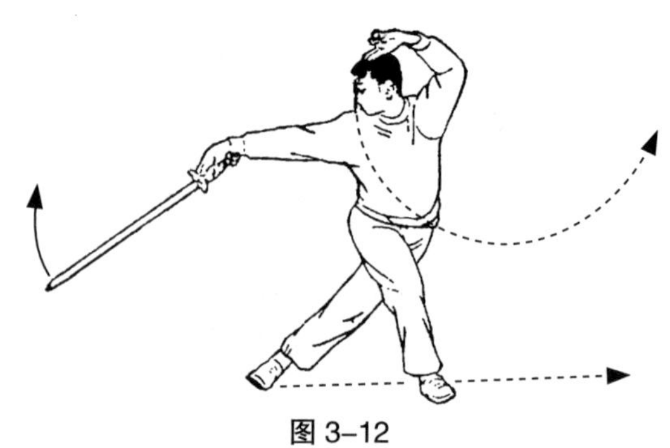

图 3–12

要点：上步、提剑和转身三者必须合一同时完成，点剑、折腰、剑指环举，这三者也必须合一同时完成；整个动作又须完整一气，不可前后分割。叉步点剑要防止两肩耸起、身向前俯。

（七）弓步平斩（玉带拦腰）

1. 左脚从身后向左迈步，左腿伸直，右腿屈膝半蹲，重心下降；左手剑指随之从上向前经右肩向下，臂外旋向后、向上直臂弧形绕行至平举部位，拇指一侧朝上；同时，右手握剑臂外旋使手心朝上，满把将剑尖摆向右后方，剑身成扁平；眼视剑身（图3–13）。

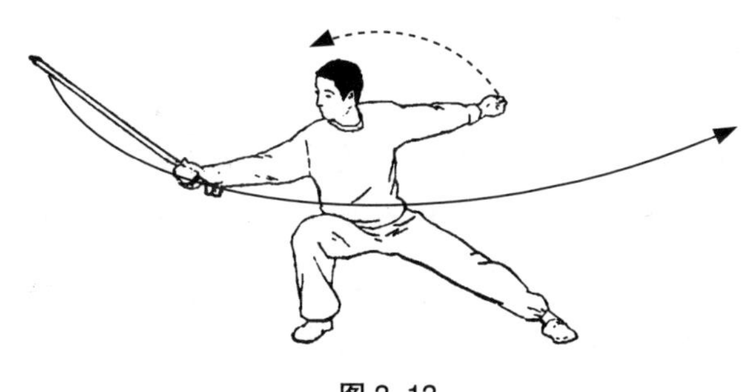

图 3–13

2. 上动未停，重心向左移动，身躯左转向东；右手握剑用剑刃从右向前直臂平摆绕行螺把斩伐，剑身扁平高与肩平，刃分左右，剑尖朝前；左手剑指则向上屈肘环举于头顶上方，手心朝前，剑指朝右；与此同时，左腿屈膝，右腿伸直，成左弓箭步；眼视剑身（图 3–14）。

图 3–14

要点：斩剑前必须使剑尖摆向右后，满把握柄，腕向拇指一侧侧屈，使斩剑的角度增大，斩伐才有力；斩伐时右肩要稍向前伸，右脚要固定位置，防止右脚移向右外侧；剑身须平，剑尖可以稍高一些。

（八）弓步反撩（海底采珠）

1. 右手握剑臂外旋，用剑刃屈肘向上、向后、由左耳侧向下弧形绕行、满把贴左肩削下，手心转朝里；左手剑指在剑刃向上绕行时即屈肘向前附于右腕里面；与此同时，身躯左转朝向西北，右脚向东南上步；眼视剑身（图 3–15）。

2. 上动未停，身躯右转，右腿屈膝，左腿伸直，成右弓箭步；同时，右手握剑臂内旋用剑刃前段直臂向下、向东南前方反臂绕行螺把反撩，拇指一侧朝下；左手剑指仍附右腕不变；身前探；眼视剑身（图 3–16）。

图 3–15

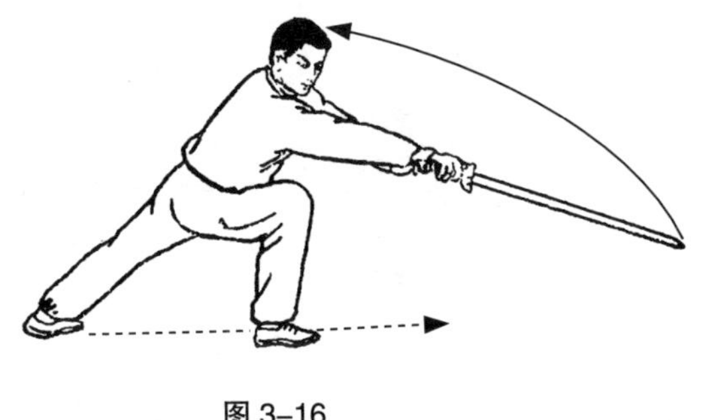

图 3–16

要点：身须向前探伸，剑臂成一斜直线，防止拱背、翻臀、掀脚、拔跟。

（九）云剑提膝平斩（乌云盖顶）

1. 右腿直起，左脚向正东前方上步，抬头身向后仰；右手握剑将剑柄收至腹前，以腕关节为轴转腕使剑尖从前下方向左，由脸上向后上方绕行转动；左手剑指不变（图 3–17）。

2. 上动未停，右手握剑继续使剑尖向右绕行，至右侧方时，身直起，左腿伸直站立；右腿屈膝向身前提起，右脚脚面绷平，脚尖朝下，成独立步；右手握剑臂外旋用剑刃从右向前直臂绕行螺把平斩，剑身扁平高与肩齐，刃分左右，剑尖朝前；左手剑指随之直臂向下、向左、向上弧形绕行，屈肘环举于头顶上方，手心朝前，剑指朝右；眼视剑身(图 3–18)。

图 3–17

图 3–18

要点：云剑须使剑贴近身体，云和斩要连成一个整体边云边斩。

(十) 歇步后刺 (金蛇伏穴)

右脚向前落步，脚尖外展；右手握剑臂外旋手心朝上使剑刃分为上下，屈肘刁把将剑柄向上提起高与眼齐，剑尖下垂；左手剑指此时屈肘向下附于右腕上面，手心朝下；随即右手握剑用剑尖向下，由右腿外侧向后直臂绕行螺把平伸直刺，左手剑指则向前直臂平伸指出；与此同时，两臂方位不变，身躯右转向南，两腿相交屈膝全蹲成左歇步；眼视剑尖（图 3–19）。

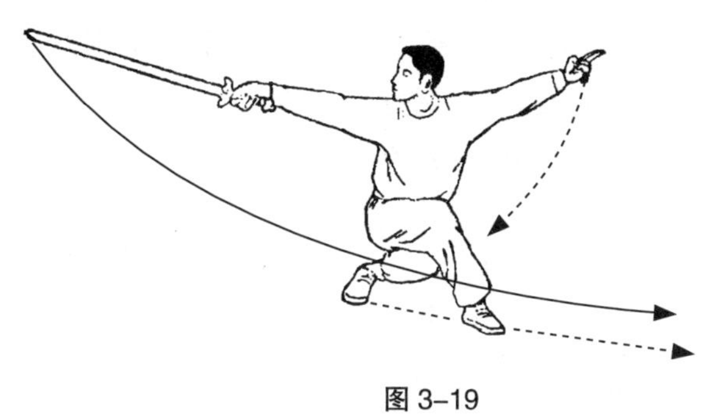
图 3–19

要点：剑和右臂与肩平齐，左手剑指稍高于水平线；剑向下绕行后刺时须注意使剑贴近右腿外侧，不要离身太远；歇步要点同前述。

（十一）挂剑转身弓步直刺（猛虎掉尾）

1. 左脚从身后向左出步，左腿伸直平铺；同时，右手握剑臂内旋使剑尖从身体右侧向下、由身前贴近地面向左沉臂绕行抄挂；左手剑指从左向下附于右腕上面，手心朝下；眼视剑尖（图 3–20）。

图 3–20

2. 上动未停，右腿直起；右手握剑继续使剑尖由左向上，经额前向右、向下屈肘绕行抄挂；左手剑指附于右腕不变；在剑尖向右绕行时，身躯随之右转前俯，左脚跟外转，右腿屈膝在身前提起（图 3–21）。

3. 上动未停，以左脚掌碾地为轴，身体从右向后转；右手握剑随之用剑尖向东直臂螺把平伸刺出；右脚即向东落步，右腿屈膝，左腿伸直，成右弓箭步；左手剑指则向西直臂平伸后指，拇指一侧朝上；眼视剑尖（图 3–22）。

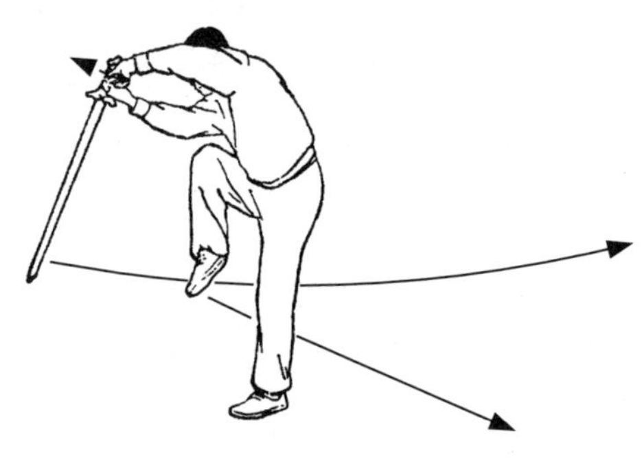

图 3–21

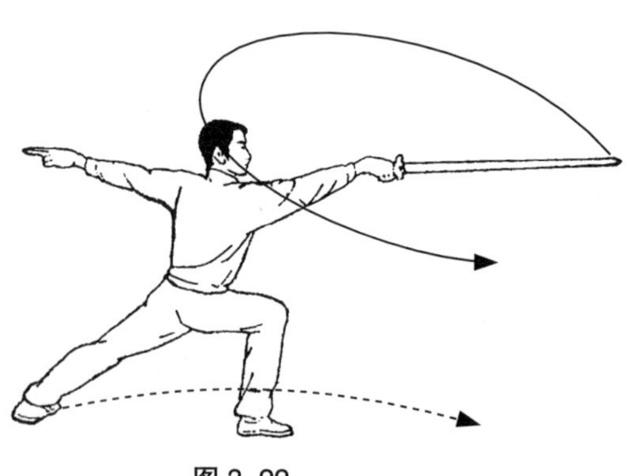

图 3–22

要点：抄挂绕行，剑的线路须圆须正，转身时不能使剑的绕行受到影响；转身须随着剑势迅速转动，应利用左脚前掌的碾地和抄剑转身的惯性；直刺剑要平直，弓箭步要注意向下沉胯。

（十二）虚步提撩（童子献书）

1. 右手握剑以腕关节为轴，转腕使剑尖从前向左、由头顶向后上、向右、向前下直臂斜面绕行转动一周，手心翻转朝上；同时，身躯稍向左转，左脚从身后向右插步，两腿交叉（图 3–23）。

2. 上动未停，身躯从左向后转；右手握剑随之用剑刃前段从东向下、向西、向上弧形绕行撩起，屈肘将剑柄提至额前上方，手心朝右，剑尖斜朝前下方；左手剑指屈肘附于右腕里面，手心朝左，拇指一侧朝下，肘向外撑；同时，左腿屈膝半蹲，右腿屈膝以右脚脚尖虚点地面，成右虚步；眼视前方（图 3–24）。

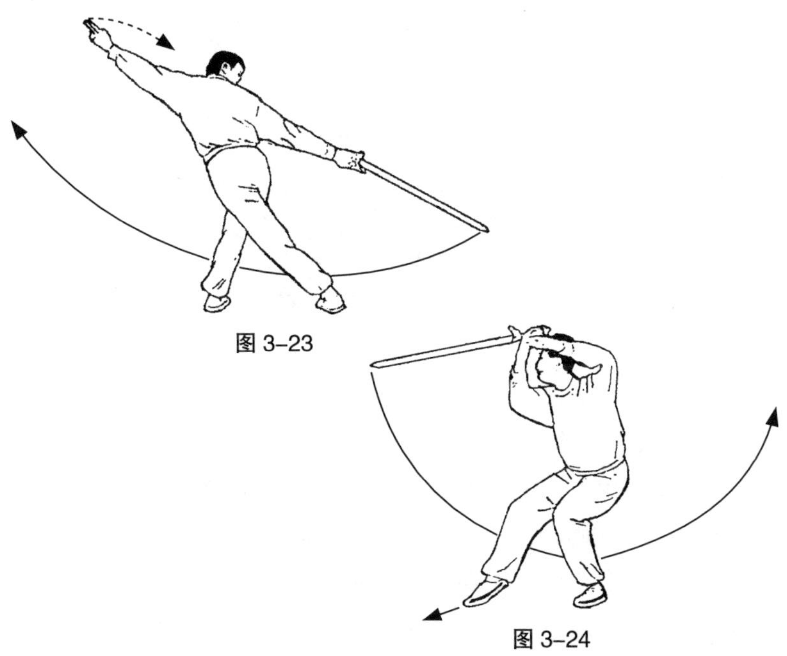

图 3–23

图 3–24

要点：剑的斜面绕行与转身提撩须前后贯穿一气，提撩的剑尖斜下垂约与肩平齐，两臂肘要屈圆，虚步要分清虚实。

第二段

（十三）左右抄挂（左右插花）

1. 右脚向前半步，重心前移，右腿屈膝，左腿伸直；右手握剑使剑尖从前直臂向下，由右腿外侧向后、向上弧形绕行，用剑刃抄挂；左手剑指在剑尖向后绕行时沿右臂收至右肩前；与此同时，身躯前倾半面右转，眼视剑尖（图 3–25）。

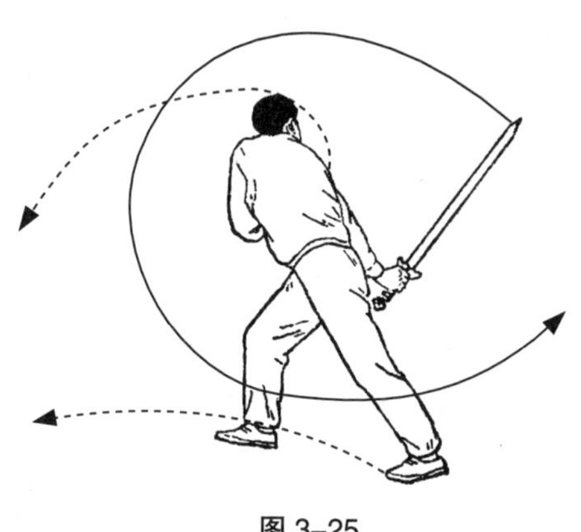

图 3–25

2. 上动未停，身躯半面向左转正，左脚向前上步，左腿屈膝，右腿伸直；与此同时，左手剑指从右肩前直臂向上、向前、向下弧形绕行；右手握剑随之使剑尖继续直臂向上、向前、向下，由左腿外侧向后、向上绕行，用剑刃抄挂；在剑尖向后绕行时，左手剑指肘微屈附至右腕上面，手心朝下；身躯随势半面左转；眼随剑尖(图 3–26)。

3. 上动未停，身躯半面向右转正，右脚向前上步，右腿屈膝，左腿伸直；与此同时，右手握剑使剑尖继续直臂向上、向前、向下、由右腿外侧向后、向上绕行，用剑刃抄挂；左手剑指随右腕转动，在剑尖向后绕行时沿右臂收至右肩前，拇指一侧贴身，剑指朝上；身躯半面右转；眼随剑尖（图 3–27)。

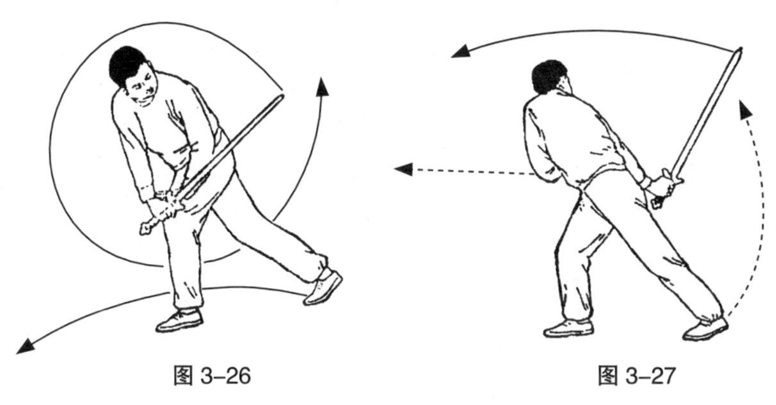

图 3–26　　图 3–27

要点：线路须走圆，剑身要近身；抄挂时使剑由小腿下面向后绕行，不能由大腿上面向后绕行。

（十四）屈腿后举探海前指（蝎子翘尾）

前动不停，身躯半面向左转正，前俯至水平部位；右手握剑在后向上直臂斜举，钳把使剑尖朝前将剑平举于上方，刃分上下，手心朝右；左手剑指直臂向前平伸指出，手心朝右，剑指朝上；同时，右腿伸直站立，左腿屈膝从身后向上举起，大腿举至水平部位，小腿竖起，左脚脚面绷平，脚尖朝上；抬头挺胸；眼视剑指（图 3–28)。

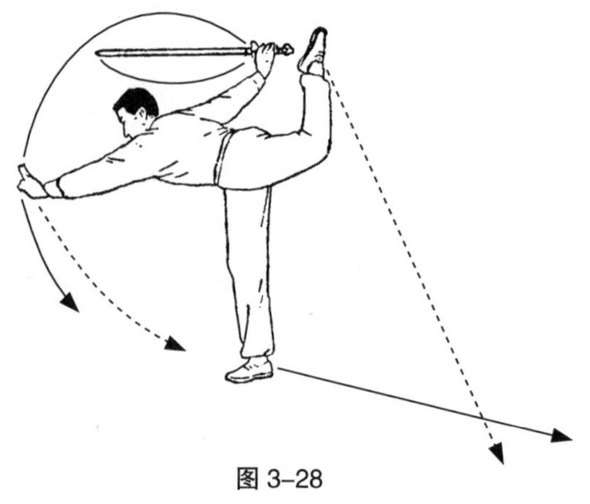

图 3-28

要点：站立要稳，身要水平，小腿要竖；右臂斜举使剑柄接近左脚平齐，剑身平举使剑刃分为上下；站立要坚持 2 秒钟以上。

（十五）点步下格（柳桩拴马）

左脚从后向东南方落步，身躯稍直起半面右转朝向西北；右手握剑使剑尖由头顶上方向左、向后盘旋绕行，左手剑指随身转动不变；随即，左腿屈膝下蹲，重心后移，右脚向后撤步以脚尖在左脚内侧虚点地面，右腿屈膝；右手握剑用剑刃从上向前、向下直臂满把绕行，钳把将剑柄向左腿外侧下方带回，用剑刃后段向后下方抽格，手心朝左，剑尖在前上翘；左手剑指顺势附于右腕上面，手心朝下，剑指朝右，两肘微屈，眼视剑身（图 3-29）。

图 3-29

要点：格剑是用剑刃从前向后抽拉，不要做成劈砍；点步屈膝下蹲时须注意敛臀，防止拱背。

（十六）抹剑弓步前洗（白蛇吐信）

1. 右脚从身前向左迈步，左腿伸直，右腿屈膝；同时，右手握剑臂内旋手心朝下用剑刃直臂从左向前、向右弧形磨转平抹；左手剑指则臂内旋拇指一侧朝下直臂向前、向左弧形平绕；眼视西北方（图 3–30）。

2. 上动未停，左脚从身后向左跨一步，右腿伸直，左腿屈膝，成左弓箭步；右手握剑与左手剑指一起分由两侧屈肘收于腰际，手心均朝下；剑身仍扁平，剑尖朝向西北；身躯也仍朝西北；眼视前方（图 3–31）。

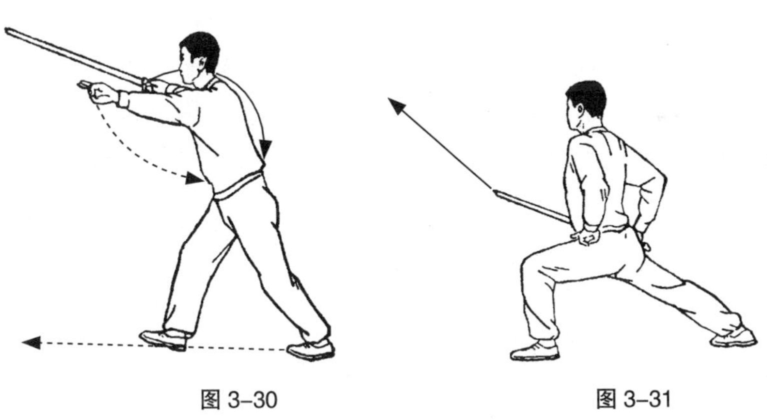

图 3–30　　图 3–31

3. 右手握剑用剑尖向西北方直臂平伸洗刺，剑柄稍高过肩，剑身扁平，刃分左右，剑尖斜朝上，手心朝下；左手剑指在洗刺的同时直臂前伸附于右腕里侧，手心朝下；眼视剑尖（图 3–32）。

图 3-32

要点：此动要注意身步与剑的方位，身与剑始终朝向西北，步法移动始终朝向西南；洗刺时意味着洗刺对方的咽喉，因之剑身与臂须稍向前上方斜伸。

（十七）弓步劈剑（吴刚伐桂）

1. 身躯半面右转向北，左腿直起，右脚从身前向左迈步，两腿前后交叉；与此同时，右手握剑使剑尖摆向左侧，臂内旋屈肘满把将剑柄向上提至额前，手心朝前；左手剑指仍附于右腕不变；眼视右侧下方（图 3-33）。

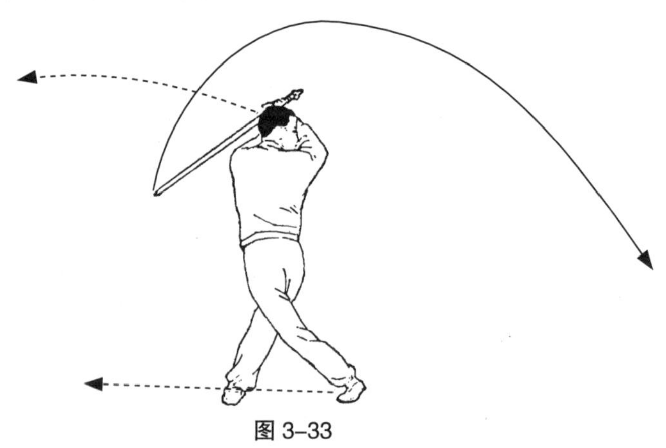

图 3-33

2. 左脚向左移步，身躯右转，左腿伸直，右腿屈膝，成右弓箭步；右手握剑用剑刃向上、向前、向下直臂弧形绕行螺把下劈，剑尖斜朝下；左手剑指向上、向后直臂弧形绕行斜举，剑指斜朝上；眼视剑身（图 3–34）。

图 3–34

要点： 身稍向前探，两臂成斜直线，肩松沉，腰塌劲，胯下坠，两脚踏实，劈剑有力。

（十八）云剑盘腿平斩（乌龙摆尾）

1. 右手握剑臂外旋手心朝上；右脚向后退步，身躯右转向南，两腿微屈膝；左手剑指随身转动；同时，右手握剑将剑柄收至左胸前（图 3–35）。

图 3–35

2. 上动未停，右手握剑摆动前臂使剑尖

从左向前、向右、转动手腕向后、偏身由右耳上面向左绕行盘旋(图 3–36)。

3. 上动未停，右手握剑臂内旋继续使剑尖向前，直臂向右绕行盘旋，用剑刃螺把横斩，手心朝下，剑身扁平，刃分前后，剑尖朝右；与此同时，身躯直起，右腿屈膝半蹲，左腿屈膝盘于右大腿上面，左脚脚面绷平，脚尖朝右，成盘腿半蹲平衡；左手剑指屈肘举于左耳侧，肘尖朝左，手心朝上，剑指朝右；眼视剑身（图 3–37)。

图 3–36

图 3–37

要点：盘腿平斩，右大腿须屈平，左腿以踝关节上端部位搁置于右腿上；身要正直，防止耸肩拱背；两肩须向后张展，防止缩胸；剑臂肘腕要平直。

第 三 段

（十九）撩剑提膝独立上架（黄莺上架）

1. 左脚向左侧落步，身体左转，左腿屈膝，右腿伸直；同时，右手握剑以腕关节为轴，转腕使剑尖从右向下，由身前向左、向上、向右绕行一周，直臂满把将剑柄沉向腹下，手心朝向身前；左手剑指在剑柄下沉时屈肘由身前向下附于右肘处，手心朝下，剑指朝右；眼视剑身（图 3–38）。

图 3–38

2. 上动未停，右手握剑直臂向前摆，用剑刃前端向下、向前弧形绕行螺把撩起，肘微屈，手心朝上，剑柄高与肩齐，剑尖斜向前下方；左手剑指仍附右肘不变；眼随剑身（图 3–39）。

3. 上动未停，右手握剑以肘关节为轴，转肘使剑刃前段继续向上，由左肩外侧向后、向下、向前绕行一周反撩，肘微屈，手心朝右，剑柄高与肩齐，剑尖斜向前下方；左手剑指不变；眼随剑身（图 3–40）。

4. 上动未停，右手握剑臂上举将剑满把向上平举架起，肘微屈；同时，身躯向右转，右腿伸直站立，左腿屈膝在身前提起，左脚脚面绷平，脚尖朝下，成独立步；左手剑指向左侧直臂平伸指出，手心斜朝右，剑指朝上；眼视剑指（图 3–41）。

图 3–39

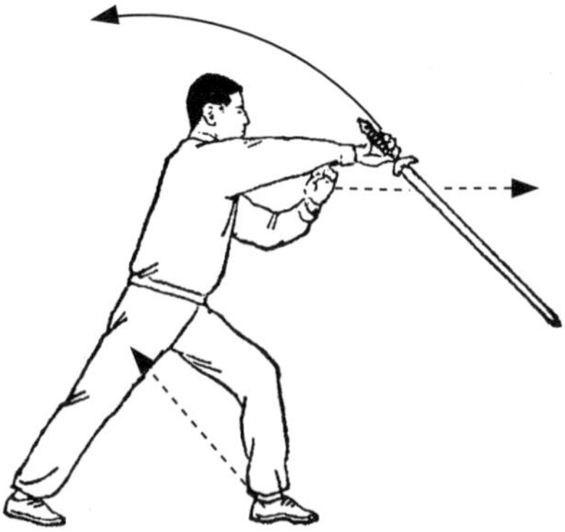

图 3–40

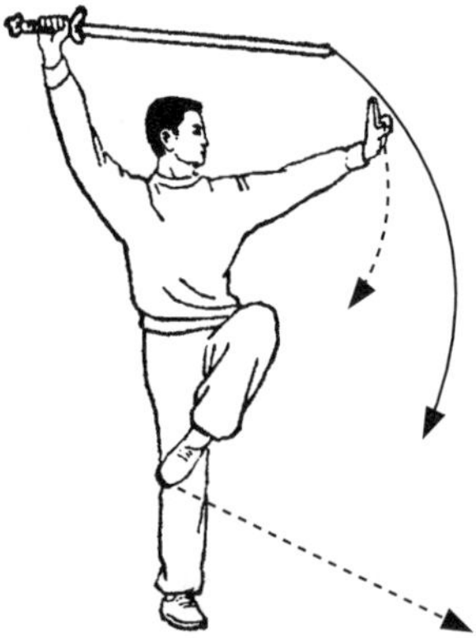

图 3–41

要点：撩剑向前绕行时，须注意使剑靠近身体；向上架剑，剑须横平，刃向上下分清；身法保持正直，站立须要稳固。

（二十）挂剑叉步下刺（织女掷梭）

1. 剑尖剑指方位不变，身躯向左转向前俯，左脚向身前落步；右手握剑使剑尖向前、向下绕行插伸；左手剑指方位不变；眼视剑尖（图 3–42）。

图 3–42

2. 上动未停，剑尖剑指方位不变，身躯左转向北，右脚向东跨步，两脚开立；左手剑指即附于右腕；右手握剑在右脚跨步转身时屈肘使剑尖从下向左、向上、向右绕行抄挂，将剑柄钳把提于左肩前，右肘肘尖下垂；此时左手剑指仍附右腕，肘尖向左撑起；左脚在剑尖向右绕行时从身后向右插步，两腿前后交叉，右腿屈膝，左腿伸直，成交叉步；眼随剑尖（图 3–43）。

3. 身微前俯向左倾斜；右手握剑臂内旋用剑尖向右侧下方直臂斜伸螺把下刺，手心朝向身前；同时，左手剑指向左侧上方直臂斜举，手心朝向身前；眼视剑尖（图 3–44）。

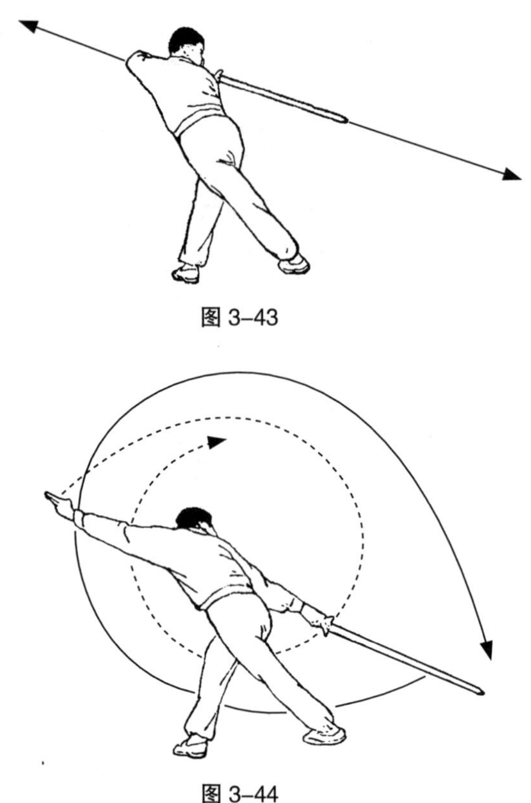

图 3–43

图 3–44

要点：此动是横向跨步，转身时须要注意剑与剑指的方位不能变动；叉步下刺时，身躯向左倾斜 45° ，左脚跟微离地面须有向下的蹬踩劲，两臂成斜形直线，背须挺，腰须塌。

（二十一）翻身弓步劈剑（泰山压顶）

身躯从左向后上翻转；与此同时，右手握剑满把使剑尖上翘从东向下、向西随身翻转绕行，左手剑指从西向上、向东随身翻转绕行；而后，身躯直起左转向东，左腿屈膝，右腿伸直，成为左弓箭步，同时，右手握剑从西屈肘将剑提起，用剑刃从上向前、向下直臂绕行，螺把劈砍，臂平举，手心朝左，剑尖斜向前下方；左手剑指则从东直臂向下，由左腿外侧向后、向上绕行，屈肘环举于头顶上方，手心朝前，剑指朝右；眼视剑尖（图 3–45）。

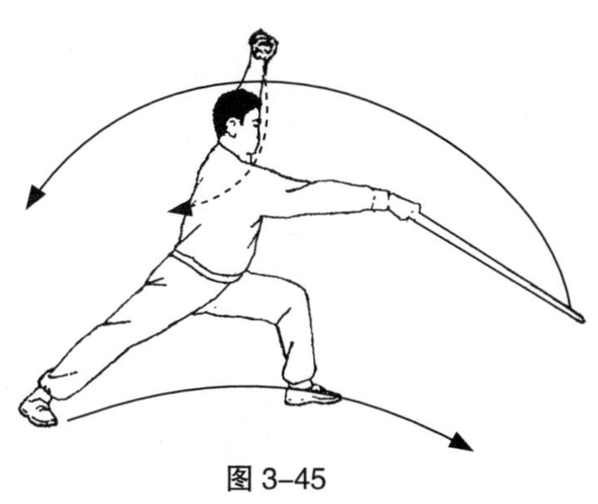

图 3–45

要点：翻身时须将腹挺出，身躯向后上翻起之后即转身，使翻与转接连一起；劈剑时左脚要微向前移步，弓箭步要点同前述。

（二十二）反崩弓步下刺（黑龙入洞）

1. 右手握剑用朝向虎口一侧的剑尖屈肘向上、向后弧形绕行，摆臂甩腕钳把反崩；与此同时，身躯从右后转随反崩之势向前略俯；左手剑指屈肘附于右腕上面，手心朝下，肘尖朝左；右脚即向东南迈步，两腿相交；在转身后，右手握剑使剑柄靠近于胸前，手心朝上；眼视剑尖（图 3–46）。

2. 左脚向东退步，右腿屈膝，左腿伸直，成右弓箭步；同时，右手握剑臂内旋用剑尖向前下方直臂斜伸螺把下刺，手心朝左；左手剑指向左上后方直臂斜伸举起，手心朝左；眼视剑尖（图 3–47）。

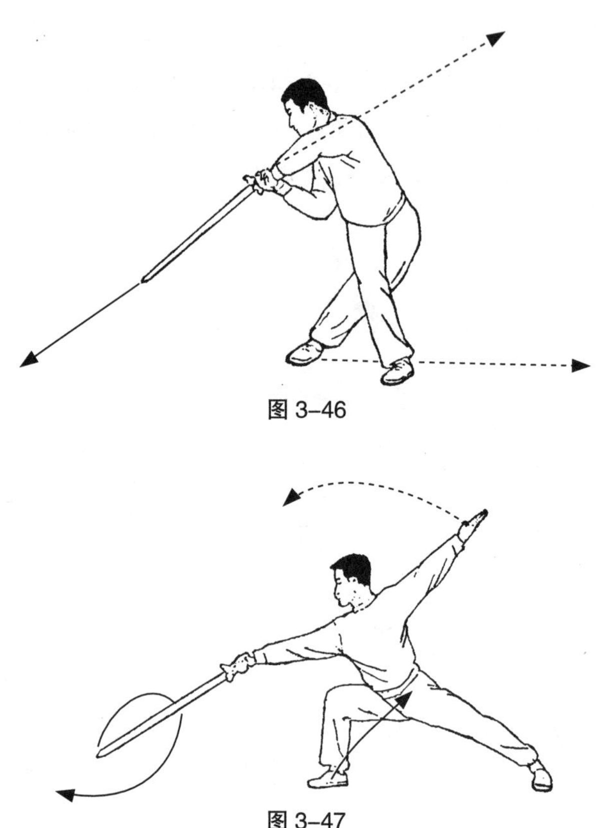

图 3–46

图 3–47

要点：反崩剑时一定要甩腕使剑尖向下敲击，剑尖高与腹齐，不要过低；下刺剑时须使下刺与退步的动作同时进行，不可有先后之分。

（二十三）提膝独立绞剑下击（子陵钓鱼）

右腿直起，重心后移，左腿伸直站立，右腿屈膝在身前提起，右脚脚面绷平，脚尖朝下，成独立步；与此同时，右手握剑臂外旋搅动肩肘使剑尖向右、剑柄向左、臂内旋剑尖向上、剑柄向下、剑尖向左后、剑柄向右前、成双锥形绞剑，随即手心朝下，用剑刃最前段从左后向左、向前下方直臂绕行下击，剑柄与肋相齐，剑身扁平，刃分左右，剑尖斜向前下方；左手剑指向上屈肘环举于头顶上方，手心朝前，剑指朝右；眼视剑尖（图 3–48）。

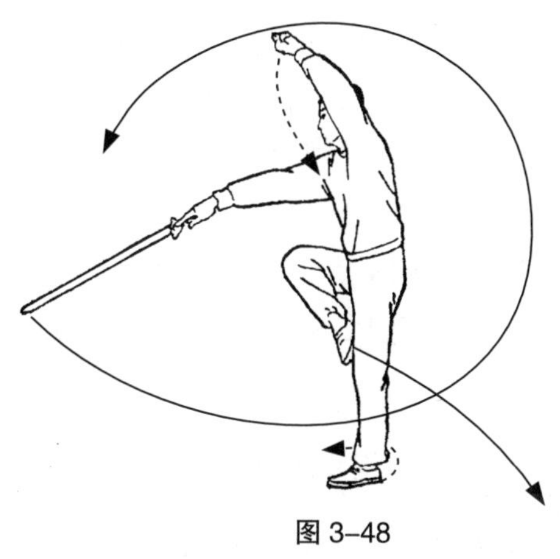

图 3–48

要点：绞剑须使剑尖与剑柄都要绕环，不可只搅动剑尖；击剑是紧接着绞剑的后面，不要使绞与击分割开来；提膝、下击、剑指上举这三部分须同时完成，不能先后进行。

（二十四）盖步点剑（凤凰点头）

左脚跟里转，右手握剑以腕关节为轴转腕使剑尖从前下方由左腿外侧向后、向上、向前直臂绕行螺把点击，手心朝左，臂上提平举稍高过肩；在绕行点击的同时，身躯左转向右折腰随剑势探倾，左手剑指从上由身前屈肘向下附于右肩前，右脚向左侧插伸盖步以脚尖虚点地面，左腿顺势略做屈膝；眼视剑尖（图 3–49）。

图 3–49

要点：点剑时右腕须向上吊起，剑尖约与胸齐平；身向右折腰探倾挺胸挺腹，身躯与右腿形成斜直线，点剑与折腰探倾、右脚盖步三者须合一。

（二十五）翻身架剑（银蟒翻身）

左脚掌碾地，剑尖方位不变，身躯从左向后上翻转；右手握剑随翻身之势使手心由朝南翻转为朝北，将剑平架；眼视剑尖(图3–50)。

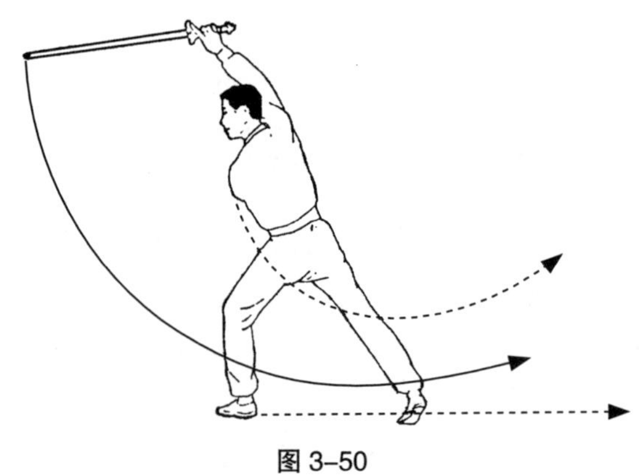

图 3–50

要点： 此动须与前动“盖步点剑”紧密衔接，要在右脚向左插伸时即做翻身的动作，翻身要依右臂、身躯和右腿构成的斜轴翻转，剑尖一定要保持方位不变，使身躯由右臂上面翻向右臂下面。

（二十六）抄挂歇步抱剑（怀抱琵琶）

1. 左脚向后退步，身体左转向南，左腿伸直，右腿屈膝下蹲；与此同时，右手握剑使剑尖从前向下，随左脚向后直臂绕行抄挂；左手剑指则从前向下、向后直臂绕行摆动，拇指一侧朝上；眼随剑尖（图 3–51）。

2. 上动未停，右脚从身后向左插步，两腿交叉屈膝全蹲成右歇步；同时，右手握剑向左摆臂屈肘使剑尖向左、向上、向右上方绕行，钳把将剑柄收于胸前，手背朝前，肘尖朝右，剑尖斜朝右上方稍高过头；左手剑指从左向上屈肘环举于头顶上方，手心朝上，剑指朝右；眼视剑身（图 3–52）。

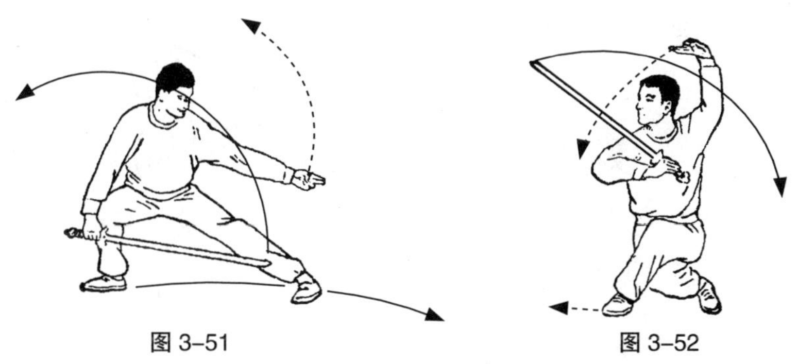

图 3–51　　图 3–52

要点： 左臂肘须屈成半圆弧形，右前臂须屈平，剑身成 45° 斜角，两腿叠紧，身法正直。

第四段

（二十七）跃步崩剑后举腿平衡（凤凰还巢）

1. 两腿站起，左脚向右移步；右手握剑直臂将剑柄向下伸向左腿前，满把使剑尖从右向上、向左绕行；同时，左手剑指从上向右绕行，肘向下沉，眼视剑尖（图 3–53）。

2. 上动未停，右手握剑向右摆臂转腕使剑尖从左向下、向右、臂外旋向上绕行崩挑，剑身竖直，手心朝前；左手剑指则从右向下、向左直臂绕行，屈肘向上环举于头顶上方，手心朝上，剑指朝右；与此同时，右脚向右侧摆起跃进，左脚蹬地跳起从身后伸向右侧，身体腾空；眼视剑身（图 3–54）。

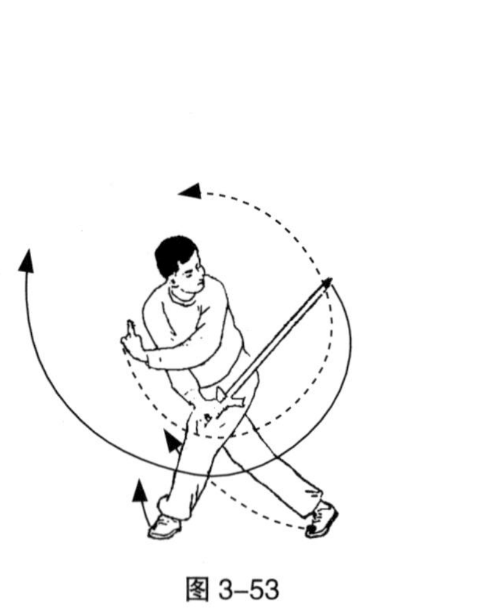
图 3–53

图 3–54

3. 右脚落地，右腿伸直站立，左腿在身后屈膝环举，左脚脚面绷平，身躯稍向前俯；右手握剑臂斜向右下方使剑柄高与腰齐，剑身竖直；左手剑指臂伸直斜向左上方，手心朝上，剑指朝右；抬头挺胸眼视剑身（图 3–55）。

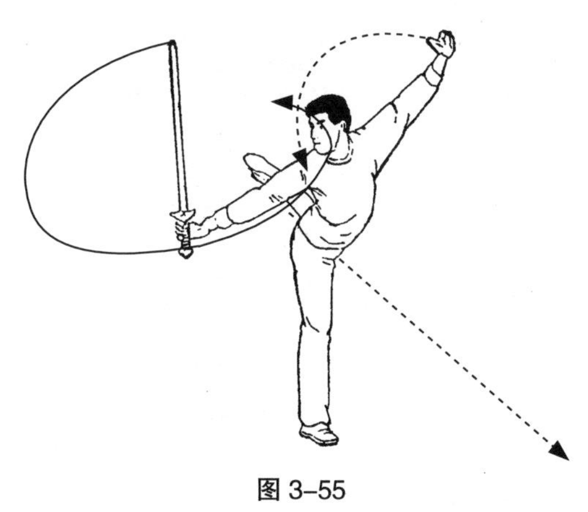

图 3–55

要点：剑的崩挑、剑指的绕行和跃步须在同一时间内做，落步要稳；左臂与右臂成斜形直线，身躯必须抬头挺胸；左腿在后要使小腿向右侧斜伸，大腿尽可能向上抬；右腿要挺膝伸直，站立稳固；时间持久 2 秒钟左右。

（二十八）仆步云剑下压（银针落地）

1. 左脚向左侧落地，左腿屈膝，右腿伸直；身躯向左偏，左手剑指屈肘向右、向下弧形绕行附于右肩前，手心朝右；与此同时，右手握剑螺把使剑尖从上向右、臂内旋手心朝下钳把向前、由右耳上面向左盘旋绕行；眼视剑身（图 3–56）。

2. 上动未停，右手握剑继续使剑尖向后、向右盘旋绕行，手心转向上，剑身扁平，屈肘用剑身平面向下按压，满把将剑柄收至裆前；左手剑指在剑柄回收时向下附于右腕上面，手心朝下，剑指朝右，同时，左腿屈膝全蹲，右腿平铺，成右仆步；眼视剑身（图 3–57）。

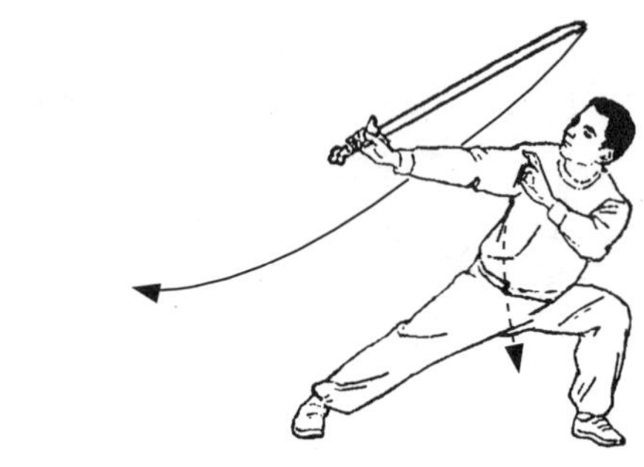

图 3–56

图 3–57

要点：云剑须以腕关节为轴，不要转肘关节；压剑时要边将剑柄回收、边下蹲、边压剑，三者不能分割开来；仆步须注意将右脚脚尖向里扣紧，髋向下沉，防止掀脚或拔跟。

（二十九）弓步直刺（弩箭穿心）

身躯半面右转，右脚尖外展，右腿屈膝，左腿伸直，成右弓箭步；同时，右手握剑用剑尖向前直臂螺把平伸刺出，手心朝左，剑身平直，刃分上下；左手剑指向后直臂平伸，手心斜朝上，眼视剑尖（图 3–58）。

图 3–58

要点：同（五）弓步直刺。

（三十）左右虚步撩剑（左右挎篮）

1. 右腿稍向上站起，左腿微屈膝；右手握剑臂外旋手心朝上，用剑刃从前屈肘满把向上、剑柄经左耳侧向后、剑柄经小腹左侧向下弧形绕行；左手剑指在剑柄经左耳侧时屈肘附于右腕，随右腕绕行；身躯在剑刃绕行的同时半面向左转；眼视剑身（图 3–59）。

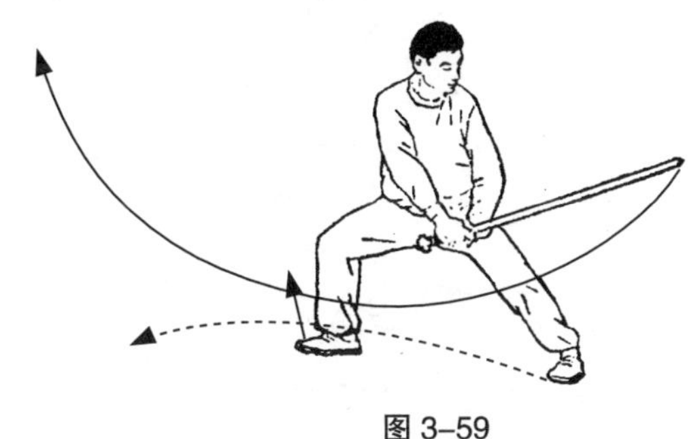

图 3–59

2. 上动未停，右手握剑继续用剑刃向前、向上弧形绕行螺把撩起，将剑柄收至额前上方；左手剑指仍附于右腕不变；与此同时，重心前移，身躯向右转；右脚向北横移小半步，右腿屈膝；左脚向西上步，屈膝以脚尖虚点地面，成左高虚步；眼视正西前方（图 3–60）。

3. 上动微停，左脚向西南斜移小半步。左腿屈膝，右腿随之伸直；同时，右手握剑用剑刃直臂向后、向下满把绕行，将剑柄收至右腿外侧；左手剑指则直臂向下、向前、屈肘向上弧形绕行举于左肩上方，拇指一侧朝下；回头眼视剑身（图 3–61）。

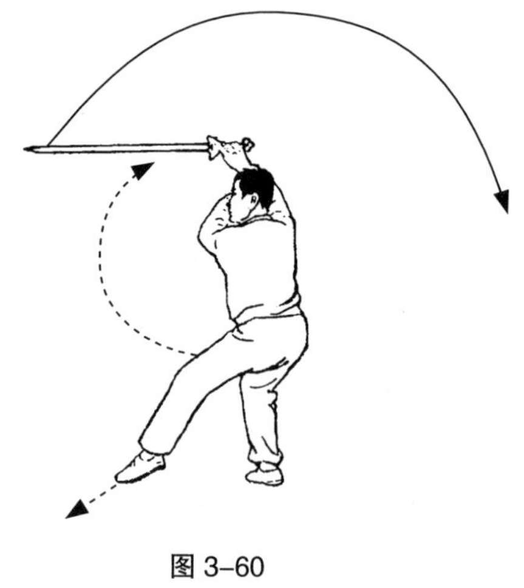

图 3–60

图 3–61

4. 上动未停，右手握剑继续用剑刃直臂向前、屈肘向上弧形绕行钳把撩起，将剑柄收至额前上方；左手剑指即附于右腕里面；在向前撩剑的同时，右脚向西上步，屈膝以脚尖虚点地面，成右高虚步；眼视前方（图 3–62）。

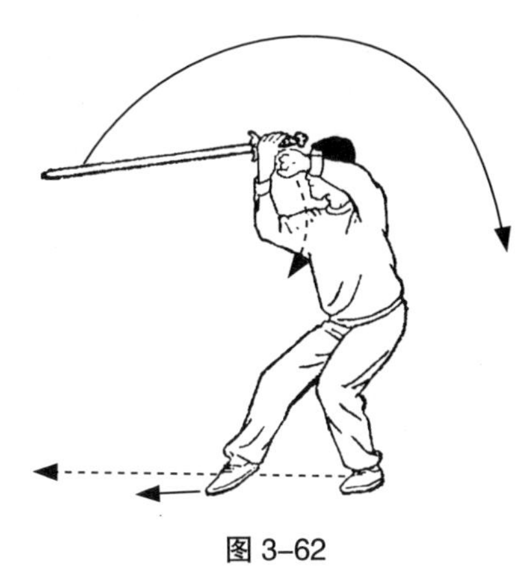
图 3–62

要点：左高虚步时右肘尖须向外撑，左肘尖要朝下；右高虚步时左肘尖须向外撑，右肘尖要朝下；左高虚步时剑指附于右腕朝手背的里面，手心朝右；右高虚步时剑指则附于右腕朝手心的里面，手心朝左；高虚步也须虚实分清，不可两脚均踏实。

（三十一）坐盘反撩（盘弓射雁）

1. 右脚向前移步，身躯半面左转向南，左脚随之从身后向右插步，两腿交叉；同时，左手剑指伸向右腋下，右手握剑用剑刃直臂满把向上、向左、向下弧形绕行，将剑柄经左肩向下绕环（图 3–63）。

2. 上动未停，右手握剑用剑刃继续向右、向上弧形绕行反臂斜举，螺把反撩，手心朝后；左手剑指则直臂向下、向左弧形绕行，屈肘向上收附于左耳侧旁，手心朝前，肘尖朝左；在剑向上反撩的同时，两腿屈膝下坐，左腿坐于地上，右腿盘于左腿上面，成坐盘步；身躯随反撩之势微向前倾向右拧腰；回头眼视剑尖（图 3–64）。

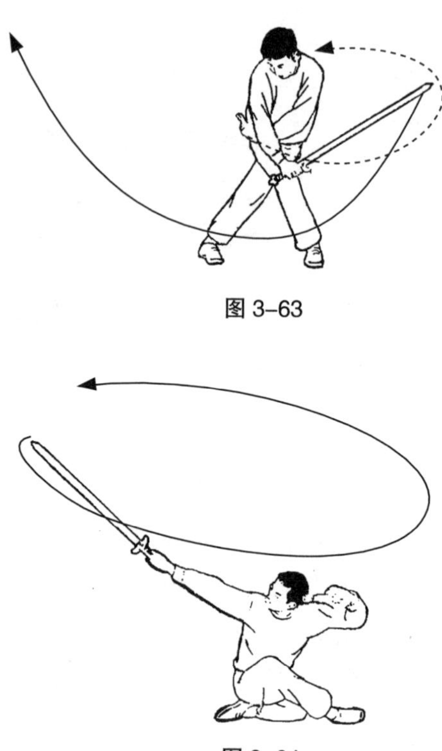

图 3–63

图 3–64

要点：两腿须盘紧，肩要松沉，胸要挺，背要直，腰要塌，左肘要撑。

结束动作

虚步持剑（收势跨虎）

1. 两腿站起，两脚掌碾地，身躯从左向后转；右手握剑随身转动，将剑柄从身体右侧向前、向左绕行；眼随剑尖

（图 3–65）。

2. 上动未停，身躯继续左转向西，抬头仰身；右手握剑在胸前上方以腕关节为轴使剑尖从西向南、向东绕行盘旋；左手剑指放开，手心朝上，托于剑柄下面准备接剑（图 3–66）。

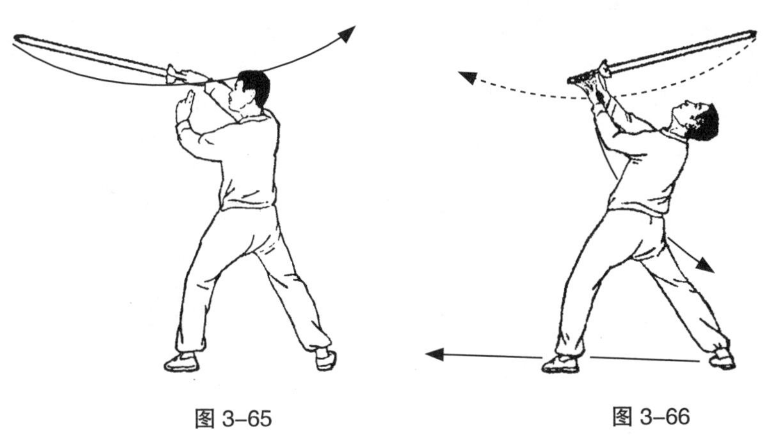

图 3–65　　图 3–66

3. 上动未停，左手将剑柄反握接住，以腕关节为轴转腕使剑尖继续向北、向西绕行盘旋；身躯直起，右脚向前上步，右腿屈膝，左腿伸直；右手握成剑指，从身前直臂向下绕行垂于身体右侧（图 3–67）。

4. 上动未停，左手持剑从身前向左腿外侧下垂使剑尖向下、向后，向上弧形绕行竖于左臂后面，与此同时，身躯左转向南，左脚随之从左侧提起向身前移步以脚尖虚点地面，两腿屈膝成左虚步，右手剑指从下直臂向右、向上弧形绕行，屈肘环举于头顶前上方，手心朝前，剑指朝左；眼视左前方（图 3–68）。

要点： 左手持剑使剑柄下垂、右手剑指向上环举和左脚前点要同时完成；成虚步时，右腿须屈平，两脚虚实要分明，身体不可过分前倾，两臂要成弧形。

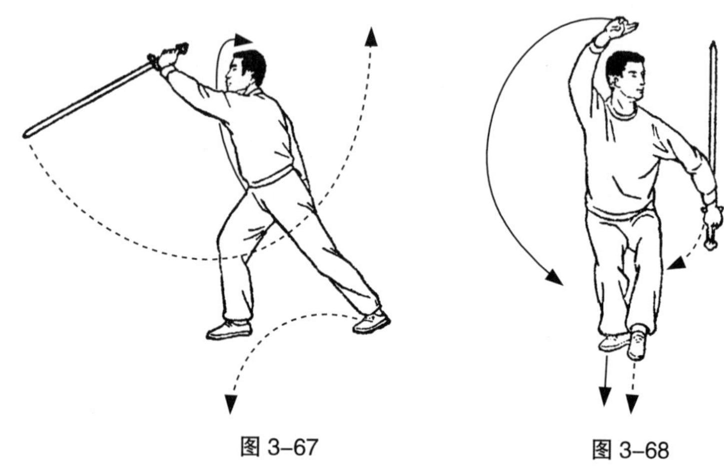

图 3–67　　图 3–68

收　势

右腿直起，左脚向前上步，右脚随之向前上步与左脚并拢靠齐；右手剑指放开，从上向右、向下弧形绕行直臂下垂，变掌贴靠于右腿侧；左手持剑使剑柄靠近左腿侧，手心朝后，剑身竖直，两肘自然微屈；头转正，眼视正前方，立正姿势站好（图 3–69）。

图 3–69

要点： 同预备势。

第四节 峨嵋剑（工剑体）

一、峨嵋剑动作名称

预备动作

预备势
（一）并步持剑举臂上指（苍松迎风）
（二）仆步持剑前视（蛰龙伏穴）
（三）并步持剑前指（仙人指路）
（四）弓步抱剑（胸前挂印）

第 一 段

（五）弓步斜斩（横剑斩纛）
（六）架剑燕势平衡（大鹏展翅）
（七）转身提膝独立托剑（关公挑袍）
（八）击步回刺踢腿撩剑（回马转锋）
（九）叉步反手下刺（海底捞月）
（十）提膝独立云剑（魁星仰斗）
（十一）撩挑架剑举腿平衡（白鹤亮翅）
（十二）后刺剑望月势平衡（鹭眠沙汀）
（十三）挽花抽格探身平衡直刺（青龙出洞）
（十四）叉步云剑反手上击（丹凤朝阳）

第 二 段

（十五）击步翻身砍剑（饿虎扑食）
（十六）背刺剑虚步抽格（金蝉脱壳）
（十七）云剑跃步横斩盘腿平衡（飞鸟投林）
（十八）踢腿平斩剑（童子拜佛）
（十九）提膝独立挑剑上举（举火烧天）
（二十）弓步劈剑（裁截昆仑）

第 三 段

（二十一）歇步抱剑（面壁中岳）
（二十二）仰身举腿后刺（怪蟒挺身）
（二十三）击步转身后退撩点剑（猛虎归洞）
（二十四）盖步回身反劈剑（白猿献果）
（二十五）下刺剑探海平衡（金龙探爪）
（二十六）挽花坐盘反手撩挑（犀牛望月）
（二十七）挽花翻身坐盘洗剑（老马卧槽）

第 四 段

（二十八）云剑绕背仰身后刺（银蛇缠身）
（二十九）跃步砍剑（飞虹掠日）
（三十）翻身挽花（梨花舞袖）
（三十一）撩挑架剑举腿平衡（白鹤亮翅）
（三十二）云剑提膝下击（金鸡独立）

(三十三）盖步点剑（蜻蜓点水）
(三十四）拧腰翻身（鹞子翻身）
(三十五）提膝独立下点（探海斩蛟）
(三十六）反手撩挑望月势平衡（回头望月）
(三十七）翻身仆步砍剑（灵猫扑鼠）
(三十八）踩脚马步格剑上架（霸王卸甲）

第五段

(三十九）弓步直刺（巧女纫针）
(四十）左右虚步格剑（湘子挎篮）
(四十一）跃步崩挑后举腿平衡（喜鹊登枝）
(四十二）云剑仆步下压（怀中抱月）
(四十三）提膝独立直刺（专诸刺僚）

第六段

(四十四）跃步翻身抄挂（哪吒闹海）
(四十五）跳步抄挂（燕子抄水）
(四十六）跳步抄挂（燕子抄水）
(四十七）跳步抄挂（燕子抄水）
(四十八）跳步提膝独立举剑（鹞子钻天）

第七、八段

(四十九）斩格洗刺击劈（散剑）
(五十）退步左右劃剑（游鱼摆尾）

（五十一）掷剑（飞龙腾起）
（五十二）反手接剑提膝独立（龙归沧海）

结束动作

（五十三）仆步持剑前视（蛰龙伏穴）
（五十四）并步持剑前指（仙人指路）
（五十五）并步持剑前视（固守门户）
收势

二、峨嵋剑动作图解

预备动作

预备势

面向南，两脚并步站立，左手反握剑柄，使剑贴靠前臂垂立于左臂后面，剑尖朝上，右手五指并拢贴靠右腿侧，掌指朝下，两肘微屈；立正姿势站好；眼向身体前方注视（4–1）。

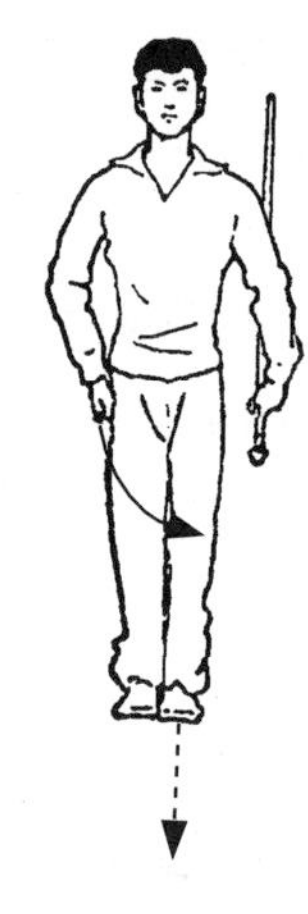
图 4–1

要点：两肩松沉，两肘微向前牵引，挺胸，直背，收腹，腿要靠拢，膝要挺直，五趾要抓地。

（一）并步持剑举臂上指（苍松迎风）

1. 左脚向前上一步，左腿屈膝，右

腿在后伸直；右手由身前向左摆动，手背朝前，左手持剑不变；眼视右手（图 4–2）。

2. 上动未停，右脚向前与左脚并步，两腿直起；右手握成剑指屈肘向左、直臂向上弧形绕行抄起直举，手心朝后，剑指朝上；左手持剑不变；头左转，眼向左侧前方注视（4–3）。

图 4–2

图 4–3

要点：剑指向上抄起直举的动作，必须与两腿直起的动作一起做，一起完成，不要先站直后再做举臂；右脚向前与左脚并步，膝要屈，然后两腿一同直起；直起时要慢慢地向上站起，身体要有向上拔的意味；并步举臂上指，头要向上顶，颈项要竖直，身法保持正直。

（二）仆步持剑前视（蜇龙伏穴）

1. 右手剑指臂外旋，从上屈肘向左、向下绕行，手心朝上；眼视右手（图 4–4）。

2. 上动未停，右手剑指继续直臂向下、向右绕行，拇指一侧朝上；与此同时，左手持剑臂外旋使手背朝后，从下直臂向左、屈肘向上、由面前向右绕行至右肩前，拇指一侧朝下；眼随右手（图4–5）。

3. 上动未停，两腿屈膝下蹲；随即左腿伸直，左脚擦着地面向左侧伸出，脚尖里扣，两腿成为左仆步；与此同时，左手持剑继续直臂向下、向左绕行至左脚处，拇指一侧仍朝下，剑身仍贴靠臂后；右手剑指则继续屈肘向上绕行至右耳侧，拇指一侧朝下；身稍左转，眼向前方注视（图4–6）。

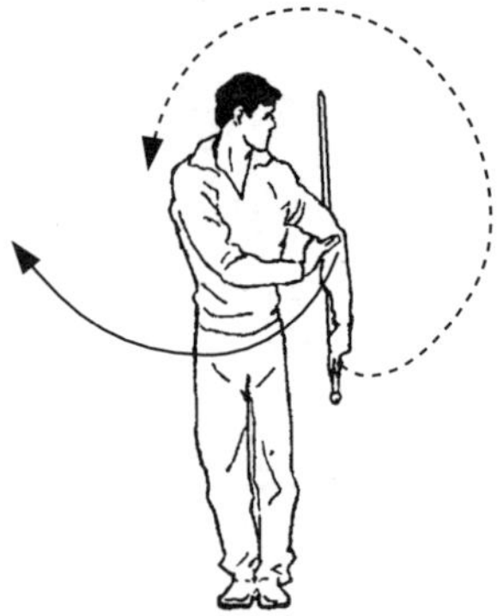

图 4–4

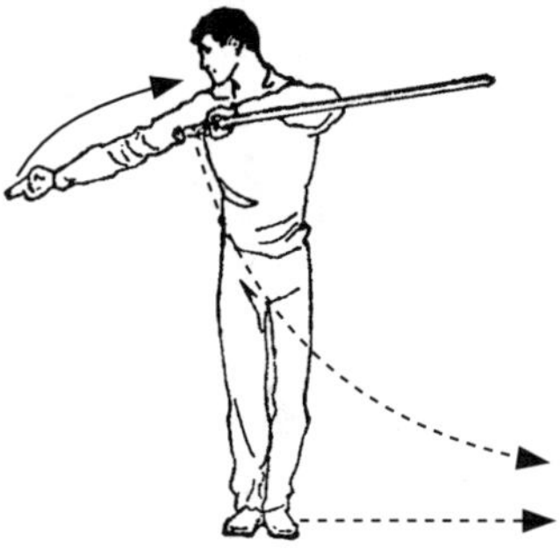

图 4–5

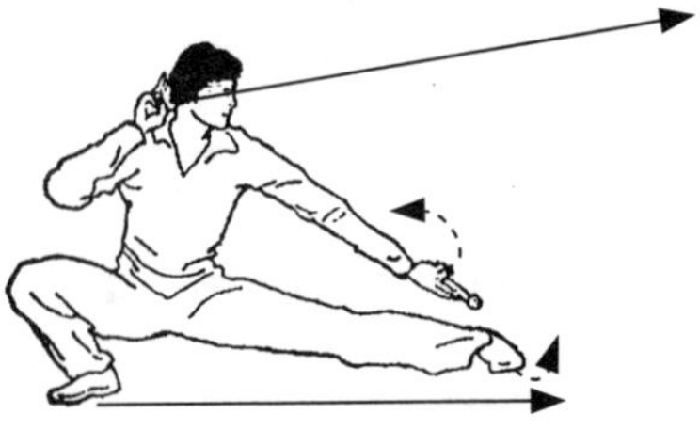

图 4–6

要点：右手剑指与左手持剑的绕行动作，两手绕行与两腿下蹲成仆步的动作，都要协调一致。左脚伸出时，一定要擦着地面较快地伸出；成仆步后，防止右脚跟和左脚外侧部位离地掀起，防止右腿膝部向下跪、臀部向上翻、背部向上拱的现象出现。

（三）并步持剑前指（仙人指路）

身向左转，重心向前移动，左脚尖外展朝东，左腿顺重心前移之势屈膝，右脚随之向前屈膝与左脚并步；然后两腿直起，左手持剑移至身体左侧垂立，剑尖朝上；右手剑指即从右耳侧直臂向前平伸指出，屈腕使剑指朝上，手心朝前；眼视右手剑指（图4–7）。

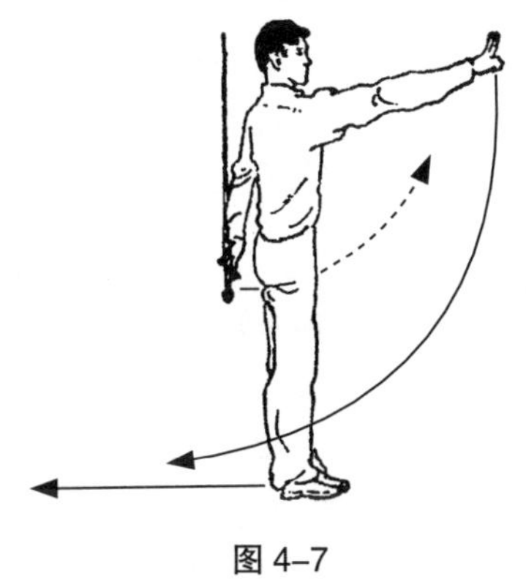
图4–7

要点：保持身法的正直，剑指高与眉齐。

（四）弓步抱剑（胸前挂印）

1. 左脚跟外展，身向右转，左腿屈膝下蹲，右脚向右跨步铺腿伸出，形成右仆步；与此同时，右手剑指臂外旋直腕使手心朝上，从身前屈肘向下，直臂向右弧形绕行至右脚处，拇指一侧朝上，剑指朝右；左手持剑在身体左侧向上平举，拇指一侧朝下，剑身仍贴靠臂后；眼随右手剑指（图4–8）。

2. 身体重心移右；右腿顺势屈膝，左脚向正南方向跨上一步，左腿屈膝，右腿此时伸直，成左弓箭步；与此同时，两臂向身前屈肘环抱，左手持剑拇指仍朝下，手心朝外，剑身平举，剑尖朝左；右手剑指放开，握于左手的外面准备接握剑柄，手心朝里；眼视左侧前方（图 4–9）。

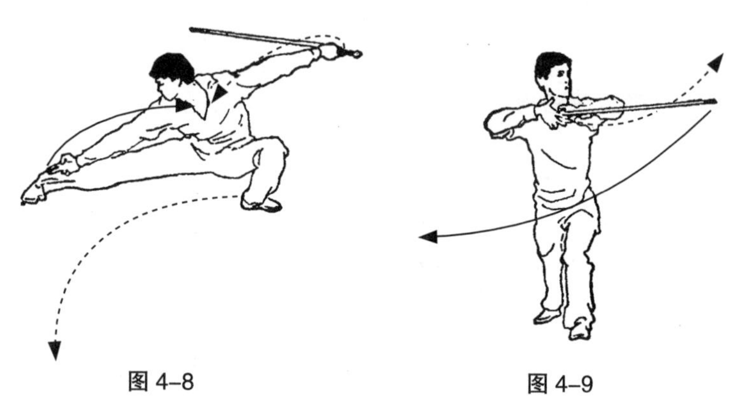

图 4–8　　图 4–9

要点：此动的仆步虽非定势，也要使右脚尖里扣，也要避免掀脚、拔跟、跪膝、翻臀；弓步抱剑，两肩要沉，两肘要平，腰要有塌劲，剑身要举平。

第 一 段

（五）弓步斜斩（横剑斩纛）

右手将左手之剑接换过来满把正握，臂内旋使手心朝下，剑身扁平，从身前挥臂使剑向前、向右下方直臂螺把斜斩，剑尖斜朝右下；左手握成剑指，在斜斩的同时从身前向前、向左上方直臂斜举，手心朝上；眼视剑身，弓箭步不变（图 4–10）。

图 4–10

要点：斜斩时，挥臂动作要快而有力，注意把法要由满把变为螺把，腕部要活，左手剑指与剑尖要形成斜直线，身体略向前探，但须防止拱背、弯腰。

（六）架剑燕势平衡（大鹏展翅）

1. 右脚向前屈膝与左脚并步；右手握剑臂外旋使手心朝上，屈肘将剑向上托起由额前钳把向左平带，拇指一侧与剑尖朝右，刃分上下；与此同时，左手剑指屈肘向上、向右弧形绕行至右臂里面，拇指一侧朝下，两臂在胸前交叉；眼视右方（图 4–11）。

2. 上动未停，两臂从胸前下沉，右手握剑臂回环满把使剑尖向上、向左、直臂向下、臂外旋向右、向上、向左绕行一周半，右臂至侧平举部位将剑横架于头顶上方；左手剑指臂回环直臂向下、向左弧形绕行至侧平举部位，屈腕使剑指朝上；在两臂至平举部位的同时，左腿伸直站立，右腿向后屈膝弧状举起，右脚脚面绷平，成燕式平衡；眼视左手剑指（图 4–12）。

图 4–11

图 4–12

要点：两臂回环使剑绕行向上架起时，剑尖要绕立圆路线，不能偏斜，也不能使剑尖碰地；至燕式平衡时，右臂略高于水平部位，剑身须横平，身躯要抬头挺胸，右腿要尽可能地向后高举，但要防止由于右腿高举而使身躯过于倾俯。

（七）转身提膝独立托剑（关公挑袍）

剑尖与右脚的方向不变，身躯直起以左脚掌碾地为轴从右向后转；转身之后，右腿即屈膝提于身前，右脚脚面绷平，脚尖斜朝左下；右手握剑屈肘收至面前将剑平托端住，手心朝对面部，剑尖仍朝东方；左手剑指随身转动，屈肘附于右腕里面，拇指一侧朝下，手背朝对面部；眼视右侧前方（图 4–13）。

图 4–13

要点：转身时，只有左手剑指

随身转动，右手剑尖始终保持方向不变；右脚在转身时已落下，但仍须在身后保持方向不变，也不可沾地，待转身之后，它变为在身前提住；转身要快速稳健，提膝要高，托剑与额齐高。

（八）击步回刺踢腿撩剑（回马转锋）

1. 右脚向正东前方上步，两腿屈膝；左脚擦着地面疾快向前击碰右脚，右脚即离地面（图 4–14、图 4–15）。

2. 右脚随即向前落步，右腿屈膝，左腿伸直；右手握剑直臂钳把使剑尖向下、由右腿外侧向后绕行插伸；同时，左手剑指直臂上举，身向前探；头向右转，眼随剑尖（图 4–16）。

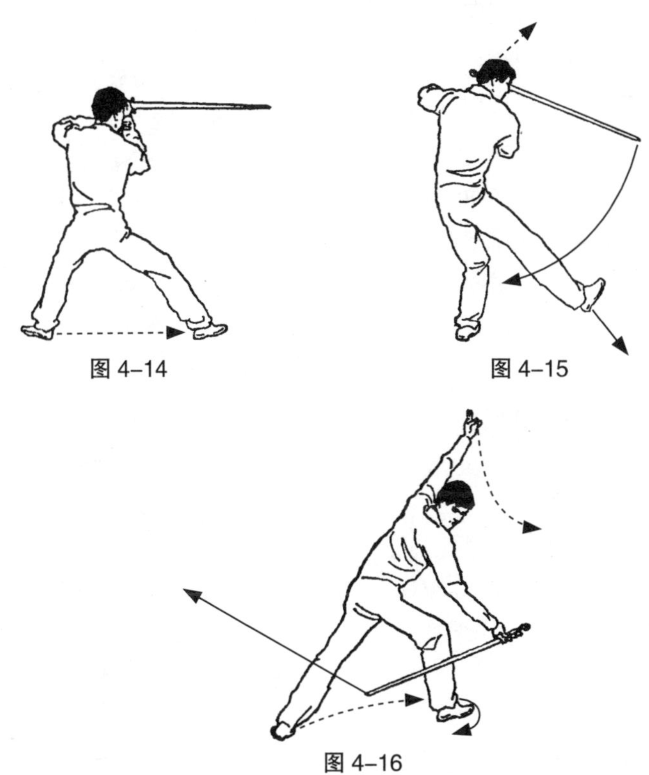

图 4–14

图 4–15

图 4–16

3. 上动未停，右手握剑直臂螺把向身后平伸直刺；与此同时，左脚离地屈膝提靠于右脚里侧，以右脚掌碾地为轴使身体随刺剑之势从右向后转；转身后，左脚即落地与右脚并步，两腿仍屈膝成半蹲；左手剑指从上向身后下降平举，拇指一侧朝上，剑指朝后；眼随剑尖（图 4–17）。

4. 上动未停，右手握剑臂外旋使手心朝上，屈肘满把使剑向上、由身左向后绕行撩挑，手心朝里；与此同时，左手剑指臂内旋使拇指一侧朝下，从后直臂向下、屈肘向前绕行至右臂腋下；眼视前方（图 4–18）。

5. 上动未停，右手握剑继续使剑尖向后、向下、向前绕行反撩，至前方时屈肘将剑向右耳侧带回平举，手心朝右；左手剑指即向前直臂平伸指出，拇指一侧朝上，剑指朝前；在右手握剑向耳侧带回的同时，右脚向前平伸弹踢，脚面绷平，脚尖朝前；左腿屈膝不变；眼视前方（图 4–19）。

图 4–17

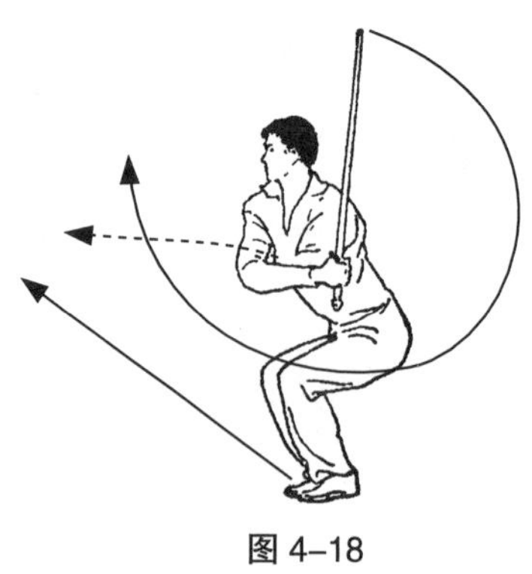
图 4–18

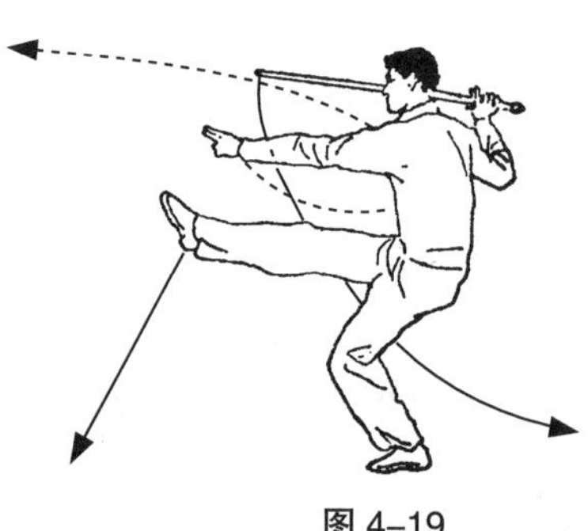
图 4–19

要点：上面的分解动作是一个完整的过程，中间不能有一处停顿，要一气呵成；击步前进时，两腿屈膝，行进中保持水平线的前进，直到回身踢腿，都不可有忽高忽低的现象；回身刺要与向上撩挑的动作结连成一个整体，刺与撩的中间不要有割裂的痕迹；踢腿要有力，支撑腿要稳固，身法要注意沉肩、直背、塌腰；击步前进是诱敌深入，猛然回身直刺是袭击，撩挑与反撩是袭击的变化，要理解这些方法的意义。

（九）叉步反手下刺（海底捞月）

右脚向身前落步，脚尖外展，右腿屈膝半蹲，左脚跟离地掀起，左腿挺膝伸直，身向右转，两腿成大叉步；与此同时，身躯向左侧倾，右手握剑随身躯侧倾之势使剑尖向下、向右（后）绕行至左脚处，直臂螺把反手下刺，小指一侧朝上；左手剑指则直臂向下、屈肘由右肩前向上、向左（前）绕行，直臂伸出，拇指一侧朝上；眼视剑尖（图 4–20）。

图 4–20

要点：腰要拧，背要拔，脚跟虽离地，但仍要有一股蹬踩的劲力。

（十）提膝独立云剑（魁星仰斗）

1. 左脚收回向左侧跨步平铺伸出，形成左仆步；右手握剑臂外旋使手心朝下，左手剑指顺势摆向身后；眼向左侧前方注视（图 4–21）。

2. 上动未停，两腿站起，右腿屈膝在身前提起，右脚脚面绷平，脚尖朝下，成独立步；与此同时，右手握剑屈肘以腕关节为轴使剑在头顶上方从右向前、向左、向后、向右平绕盘旋云剑一周，钳把收抱于胸前，手心朝里，剑尖朝向右上方；左手剑指随之屈肘向上举起，手心朝上，剑指朝右；眼向右侧前方注视（图 4–22、图 4–22 附图）。

图 4–21

图 4–22　　图 4–22 附图

要点：云剑应在两腿站起时做，做云剑要抬头仰身，使剑在胸的上方平绕，在平绕一周收抱时再同时做提膝和剑指上举的动作；抱剑时，右手位于左胸前，不要高过胸部。

（十一）撩挑架剑举腿平衡（白鹤亮翅）

1. 左脚跟外展，身向右转，左腿屈膝下蹲，左脚跟离地掀起，右脚从左腿上面向左侧落步，两腿上下相叠成左歇步；同时，左手剑指从上直臂向左、向下、屈肘向右腋下弧形绕行，手背贴靠腋间；右手握剑屈肘满把使剑尖向上，由左肩外侧向后弧形绕行，手心贴靠左臂；眼随剑尖（图 4–23）。

2. 上动微停，两腿直起，右脚尖外展，身躯半面右转；右手握剑使剑尖向下、向前弧形绕行撩剑，至身前时直臂将剑向上挑架举起；左手剑指即向前平伸指出，屈腕使剑指朝上；与此同时，右腿伸直独立，左腿向前高举，左脚脚面绷平，脚尖朝前；眼视左脚（图 4–24）。

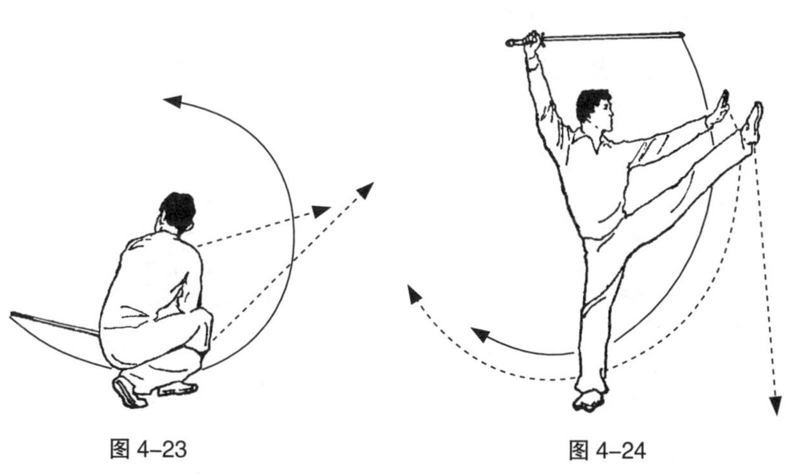

图 4–23　　　图 4–24

要点：剑绕行时一定要有撩挑的意义；举腿要使腿由屈到伸地踢出去，高度与额齐；站立要稳，身要正直。

（十二）后刺剑望月势平衡（鹭眠沙汀）

1. 左脚向前落步，脚尖外展，左腿屈膝半蹲，右脚跟离地掀起，右腿挺膝伸直，身向左转并向右侧倾，两腿成大叉步；与此同时，左手剑指随身躯侧倾之势直臂向下、向左（后）弧形绕行平举，拇指一侧朝上，剑指朝左（后）；右手握剑使剑尖直臂向下、屈肘向左（后）扎刺，手心朝里；眼视左手剑指（图 4–25、图 4–25 附图）。

2. 上动微停，左腿稍向上直起，右脚离地屈膝在身后举起，脚底朝上，脚尖朝左；右手握剑屈肘将剑向上端起，右手收于右胸前；左手剑指不变；眼视剑尖（图 4–26、图 4–26 附图）。

图 4–25　图 4–25 附图

图 4–26　图 4–26 附图

要点：腰须向左拧翻，落步、侧身、剑指向后绕行、剑向后扎刺，都须在同一时间内一起完成；举腿、端剑，也须同时一起完成；后刺剑要刚中带柔，不要过猛。

（十三）挽花抽格探身平衡直刺（青龙出洞）

1. 身躯直起右转向东，左脚跟外转，右脚随即向身前落步，两腿屈膝，重心坐落于左腿；同时，左手剑指屈肘向上、由左耳侧向前弧形绕行附于右腕，与右手一起使剑尖向上、向前绕行，右手螺把手心朝上，左手手心朝下；眼随剑尖（图 4–27）。

2. 上动未停，右手握剑钳把转腕使剑尖向下、由右侧向后、向上、向前绕行一周挽花，变为满把，手心朝里；与此同时，左脚向前上步，左腿屈膝，右腿伸直；左手剑指不变（图 4–28）。

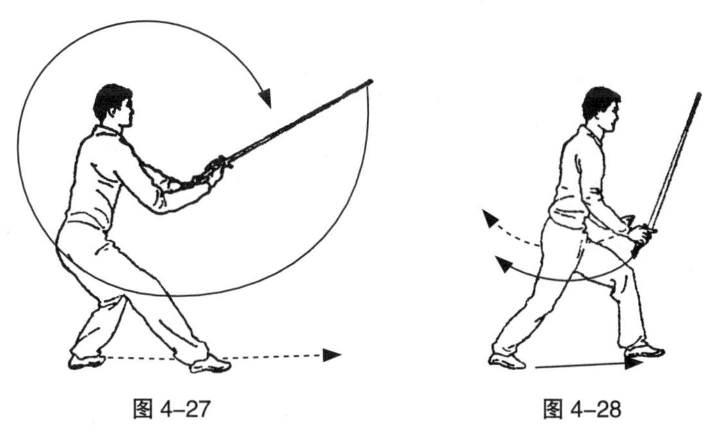

图 4–27　　图 4–28

3. 上动未停，右手握剑直臂使剑柄向下、向后回抽将剑带回抽格，剑尖斜朝前下方；与此同时，右脚向前与左脚靠拢并步，两腿屈膝；左手剑指直臂伸向身后斜举，屈腕使剑指斜朝前下方；眼视前方（图 4–29）。

4. 上动微停，左腿伸直，右腿从身后向上举起，右脚脚面绷平；身向前探俯；右手握剑直臂螺把向前平伸直刺，拇指一侧朝上；左手剑指直臂摆向左侧平举，直腕使拇指一侧朝上，剑指朝左；眼视剑尖（图 4–30）。

图 4–29

图 4–30

要点：挽花与上步的动作要同时完成，挽花之后一定要有意识地用剑刃向后抽带将格剑的意思做出来，探身直刺要力贯剑尖，后举腿根据可能尽量上举，也可低些与水平线相等。

（十四）叉步云剑反手上击（丹凤朝阳）

1. 右脚在身后落地，身躯直起右转，右腿顺势屈膝；右手握剑臂外旋使手心朝上，屈肘向身前平抽收回，剑柄近于左胸前，剑身扁平；左手剑指屈肘附于右腕里侧，手心朝下，两臂环抱；眼视剑尖（图 4–31）。

2. 上动未停，右脚提起，以左脚碾地为轴，身体从右向后转，转身后右脚在右侧落步（图 4–32）。

图 4–31

图 4–32

3. 上动未停，身向后仰，右手握剑在胸前上方屈肘满把转腕使剑尖从左向前、向右、向后、向左平面绕行盘旋一周（图 4–33）。

4. 左脚从身后向右插步，左腿伸直，右腿屈膝，成叉步；右手握剑继续使剑尖向前平绕；至此，身躯向左侧倾，右手握剑臂内旋手心朝下从身前直臂将剑向右上斜方反击，螺把使剑尖与右肩臂成一斜直

图 4–33

线，剑身扁平；左手剑指随之屈肘收于左耳侧，拇指一侧朝下，肘臂抬起；眼视剑尖（图 4–34）。

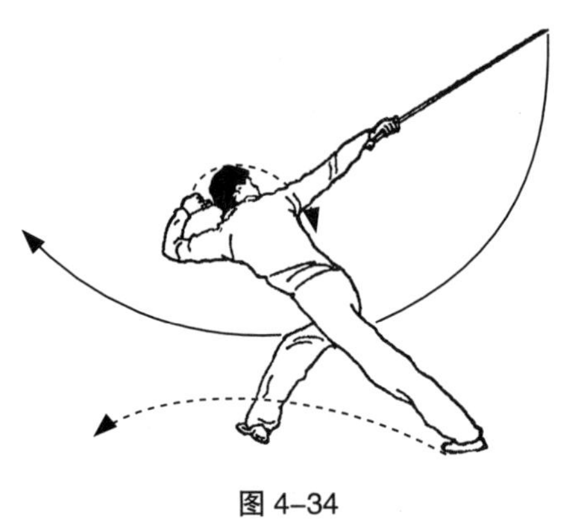

图 4–34

要点：云剑与击剑要紧密相连，击剑时须运用由满把变为螺把的技巧腕部着力将剑抖出；成叉步后，要挺胸、直背、塌腰，剑尖与左肘形成一条斜直线，左脚与身躯及头部形成另一条斜直线，左脚跟虽然离地掀起，但仍须有一股向下蹬踩的暗劲。

第 二 段

（十五）击步翻身砍剑（饿虎扑食）

1. 右手握剑臂内旋使拇指一侧朝下，屈肘满把使剑尖从右向下、由身前向左弧形绕行将剑抄起，手心朝里；左手剑指在抄剑的同时从左耳侧由右臂里面向右腋处插伸，两臂在身前交叉；同时，左脚向左侧跨步；眼随剑尖（图 4–35）。

2. 上动未停，右手握剑臂内旋将剑柄提起使剑刃后段从左向上、向右直臂劈砍；左手剑指从右腋直臂向下、向左、屈肘向上弧形绕行；身向左侧移动，左腿顺势屈膝，右腿伸直（图 4–36）。

3. 随即右脚向前与左脚击碰，左脚蹬地跳起，身体腾空（图 4–37）。

4. 右脚先落地，左脚随后向前落地（图 4–38）。

图 4–35

图 4–36

图 4–37

图 4–38

5. 右脚向前摆起；右手握剑随之将剑向下、向前、向上举起，左手剑指向后、向下摆动；与此同时，左脚蹬地跳起，在空中身体稍后仰从左向后翻转（图 4–39）。

6. 右脚先落地，身躯续向左转，左脚随之在左侧落步，两腿屈膝略蹲；与此同时，右手握剑用剑刃后段从上向正东方向直臂劈砍，左手剑指从下向左、向上屈肘举起；眼视剑身（图 4–40）。

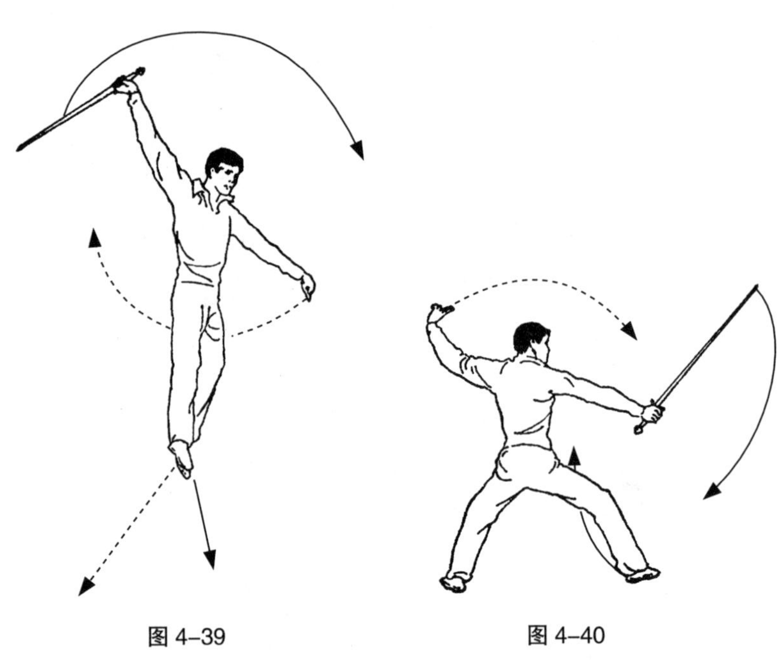

图 4–39　　图 4–40

要点：前一个击步跳起动作不要太高，只要微离地面就可，后一个跳起动作由于翻身要稍高一些；此动的跨步、两脚击碰、落步、跳步翻身等一连串的步法，都须快速；手眼身步剑要注意协调一致；最后砍剑，两腿微屈不要做成马步，因为此动不停，它和下面的动作还要连结起来。

（十六）背刺剑虚步抽格（金蝉脱壳）

1. 前动不停，右手握剑臂外旋转腕钳把使剑尖从上向右、向下弧形绕行，屈肘将剑倒提，手心朝上；与此同时，身躯半面向右转，左腿伸直，右腿屈膝在身前提起，右脚脚尖朝下；左手剑指从上向前附于右腕上面，手心朝下；眼视剑尖（图 4–41）。

2. 上动未停，右手握剑从背后向正西方向直臂螺把平伸直刺，拇指一侧朝上；同时，左脚跟外展向西，身躯顺势后仰；左手剑指贴着右臂屈肘收于右肩前，拇指一侧朝下；头向右转，眼视剑尖前方（图 4–42）。

图 4–41

图 4–42

3. 左脚跟里转，身躯向左翻转，右脚在翻身后向右侧落步，剑尖方位不变（图 4–43）。

4. 右脚跟外展，右腿屈膝半蹲，左腿屈膝以脚尖虚点地面，成左虚步；与此同时，右手握剑屈肘满把将剑向后抽格带回架于头顶上方，左手剑指直臂向前平伸指出；眼向前方注视（图 4–44）。

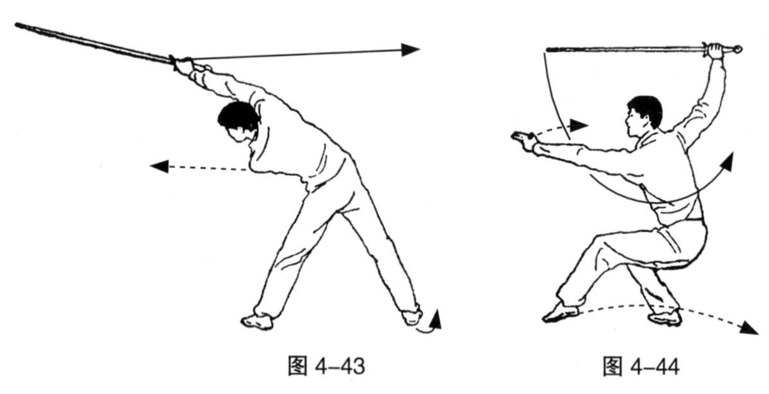

图 4–43　　图 4–44

要点：前动的砍剑要紧接此动，即砍剑时顺劈砍之势将剑倒提向背后插伸直刺；背刺时身体要尽量后仰，胸腹要挺，剑臂要伸直；身体向左翻转时剑的方位一定要保持不变，身躯也不能直起；翻身之后要迅速完成虚步格剑的动作，同时要注意格剑一定要有回抽的意思，不能做成直接向上架起的架剑；虚步时重心全在右腿，左虚右实要分清。

（十七）云剑跃步横斩盘腿平衡（飞鸟投林）

1. 左脚向后退一步；右手握剑使剑尖摆向右侧，从右向下、由左臂下面向左屈肘抄起，右手位于腹前，手心朝里；左手剑指屈肘摆向右侧，屈腕使剑指朝上，两臂在身前交叉；眼视右手

（图 4–45）。

2. 上动未停，右脚向后退一步，身向后闪；右手握剑臂外旋使手心朝上剑身扁平，螺把直臂使剑尖从左向前平面绕行；左手剑指不变；眼随右手（图 4–46）。

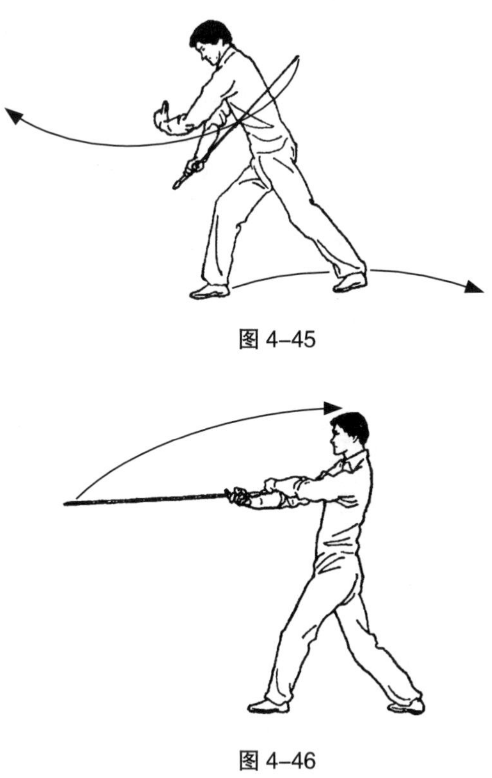

图 4–45

图 4–46

3. 上动未停，身向后仰；右手握剑在胸前上方满把转腕使剑尖继续向右、向后平面绕行；左手剑指顺势附于右腕上（图 4–47）。

4. 上动未停，右手握剑继续使剑尖向左平面绕行，至左侧时，身躯直起，右脚向前跃进，左脚蹬地跳起；在空中，身向左转，左脚提于右膝前；右手握剑臂内旋使手心朝下直臂将剑向右侧平摆斩击，变为螺把；左手剑指平摆至左侧；眼视剑尖前方（图 4–48）。

5. 右脚落地，右腿屈膝半蹲，左脚盘膝搁置于右膝上面，脚面绷平，成盘腿平衡势；左手剑指屈肘附于左耳侧，手心朝外，肘臂举平；右手握剑不变；眼视剑尖（图 4–49）。

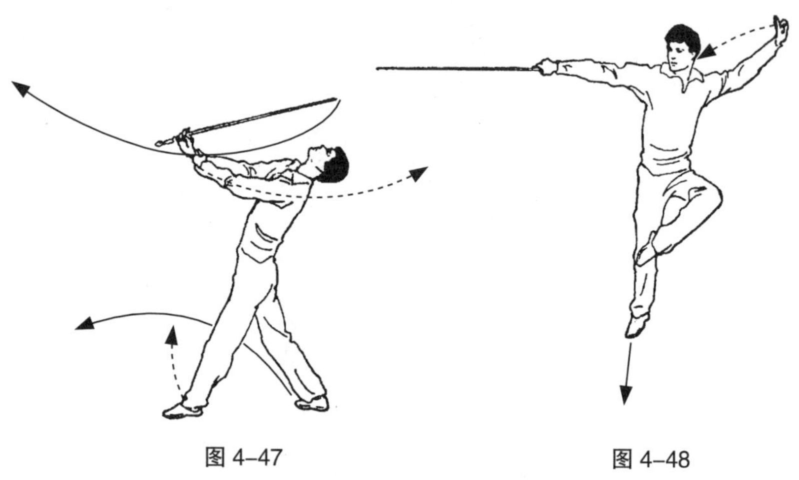

图 4–47　　图 4–48

图 4–49

要点：云剑注意平圆，腕部要活，仰身要挺腹，防止耸肩；跃步要远，落步要稳，防止跳动；横斩是在跃进中斩击对方头部，因之须在腾空之中完成，不可在落地时完成；盘腿注意右腿蹲平，身法要沉肩、挺胸、直背、塌腰，左肘臂要抬平，两肩向后张，防止翻臀。

（十八）踢腿平斩剑（童子拜佛）

1. 右脚跟外展，脚掌碾地为轴使身向左转；右手握剑臂外旋使手心朝上，满把使剑尖稍向身后平摆，剑身仍扁平；左手剑指直臂向左侧平摆，拇指一侧朝上，两臂左右张开；眼视右手（图 4–50）。

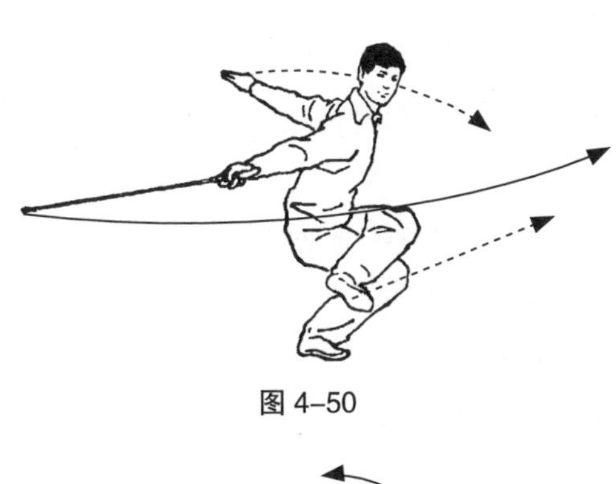

图 4–50

2. 上动未停，右手握剑向身前平摆斩击，变为螺把，手心仍朝上；与此同时，左手剑指直臂向前平摆附于右腕里侧，拇指一侧朝上，剑指朝前；左脚向前平伸踢出，脚面绷平；右腿仍屈膝半蹲；眼向剑尖前方注视（图 4–51）。

图 4–51

要点： 转身要以脚掌碾地为轴，不要以脚跟碾地而将脚尖里扣；斩剑要用腕力由满把到螺把带动剑身平摆，踢腿要由屈到伸将脚弹踢伸出，腰背要直，站立要稳。

（十九）提膝独立挑剑上举（举火烧天）

右腿直起，左腿屈膝提于身前，左脚脚面绷平，脚尖朝下，成独立步；同时，右手握剑臂内旋使手心朝左，剑刃分为上下，直臂螺把向上挑起举直，剑刃分向前后；左手剑指直臂向下伸于左脚前面，手心朝前；眼向前方注视（图 4–52）。

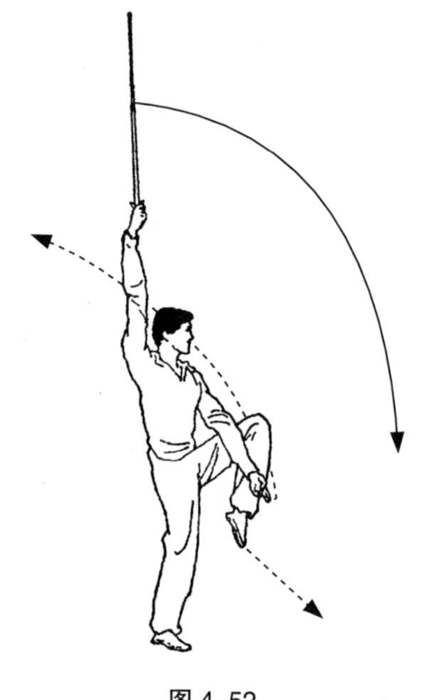

图 4–52

要点： 挑剑上举时，腕关节先向下屈使剑尖向下，然后一抖腕劲将腕伸直使剑尖向上挑起，否则就只有举而没有挑了，要特别注意。

（二十）弓步劈剑（裁截昆仑）

左脚向东北斜前方落步，左腿屈膝，右腿伸直，成左弓箭步；同时，右手握剑向东南斜前方劈砍；左手剑指向西北斜后方举起，拇指一侧朝上；眼视剑尖（图 4–53）。

图 4–53

要点：举剑下劈时要先使肘臂稍屈满把或半把握剑，将剑尖由上向后下垂，而后直臂使剑下劈变为螺把，这样劈砍才有力。

第 三 段

（二十一）歇步抱剑（面壁中岳）

1. 身稍上起；右手握剑臂内旋将剑柄反臂提起，剑尖朝下（图 4–54）。

2. 左脚尖外展，右手握剑直臂向下、由左膝前屈肘向左、向上满把抄起；与此同时，身向左转面朝西北方，右脚移近半步，两腿屈膝成右歇步；左手剑指屈肘附于右腕里面，拇指一侧朝下；右手手心朝里，两臂环抱；眼视剑身（图 4–55）。

要点：歇步左腿跨在右腿上面，两腿要叠紧，右脚跟掀起，臀部坐于右小腿上要靠拢，两臂要环圆，腰背要正直，剑尖离身较剑柄稍远，不要形成上下垂直。

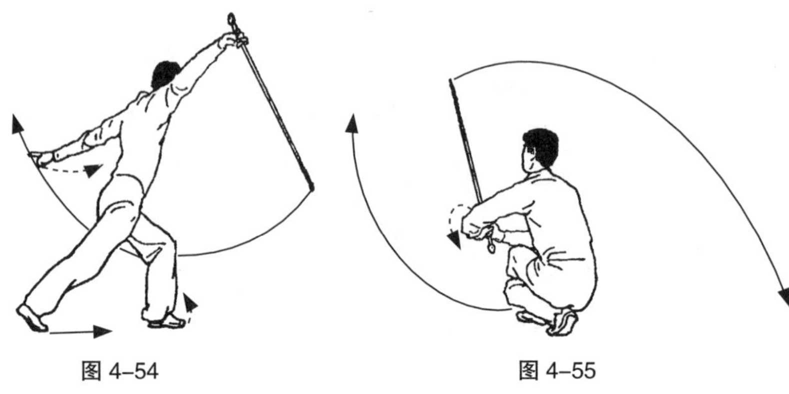

图 4–54　　图 4–55

（二十二）仰身举腿后刺（怪蟒挺身）

两腿直起，右脚离地直腿向身前踢摆举起，脚面绷平；身躯随之挺胸向后仰倒；右手握剑即由面部上方向头后直臂下刺，手心朝左，刃分上下；左手剑指顺势伸向身左，手心朝上；仰头眼视剑尖（图 4–56）。

图 4–56

要点： 举腿、仰身、后刺要在同一时间内一起完成，举腿要高过水平部位，仰身要与水平部位齐，后刺要使剑尖向下，支撑腿顺势微屈，腰背要成桥形，站立时间能坚持 2 秒钟最好。

（二十三）击步转身后退撩点剑（猛虎归洞）

1. 身向右翻转，右脚向正东方向落步，脚尖外展；右手握剑屈肘使剑尖向后插伸；左手剑指从上向前屈肘附于右腕上面，手心朝下；眼视剑尖（图 4–57）。

2. 上动未停，左脚向前上步，右腿屈膝，重心坐落于右腿；右手握剑直臂满把继续使剑尖向后、向上、向前弧形绕行上举；左手剑指向前平伸指出，剑指朝上；眼视剑指前方（图 4–58）。

图 4–57　　图 4–58

3. 上动未停，右脚擦着地面疾快向前击碰左脚，左脚即离地面（图 4–59）。

4. 左脚随即向前落步，左腿屈膝，右腿伸直；右手握剑直臂钳把使剑尖向下、由左臂外侧向后绕行插伸；左手剑指顺势屈肘附于右腋处；眼视剑尖（图 4–60）。

5. 左脚尖外展，左腿直起，右脚向前跨步，身体转向正北；右手握剑臂内旋将剑柄从左肩前向上屈肘提起，剑尖朝下；眼随剑尖（图 4–61）。

6. 上动未停，左脚从身后向右插步；右手握剑直臂满把将剑向上、向右弧形绕行；左手剑指从右腋处直臂向下、向左、屈肘向上弧形绕行；眼随剑尖（图 4–62）。

图 4–59

图 4–60

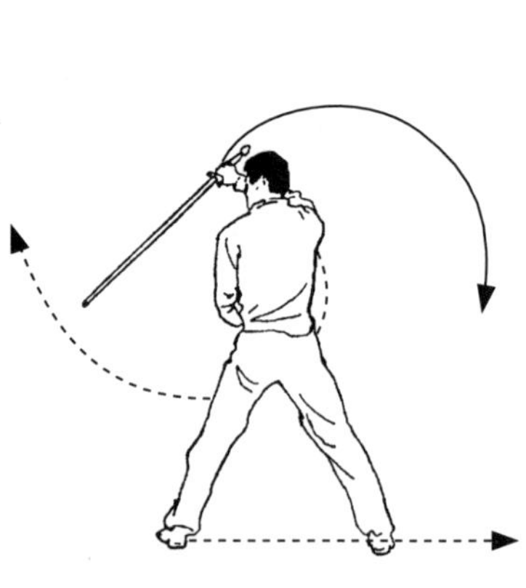

图 4–61

图 4–62

7. 上动未停，身躯左转向西；同时，右脚向东退步，右腿伸直，左腿屈膝；右手握剑从身后直臂向下、屈肘向前弧形绕行撩剑，螺把手心朝上，刃分上下；左手剑指从面前屈肘向下附于右腕上面，手心朝下，剑指朝右；眼随剑尖（图 4–63）。

8. 上动微停，右手握剑转腕为轴使剑向下、向后、向上、向前绕行一周挽花，至前方时直臂螺把屈腕使剑尖下点，右手与胸齐；同时，左手剑指即屈肘向上架起环举于头顶上方，手心朝上，剑指朝右；两腿成左弓箭步；眼视剑尖（图 4–64）。

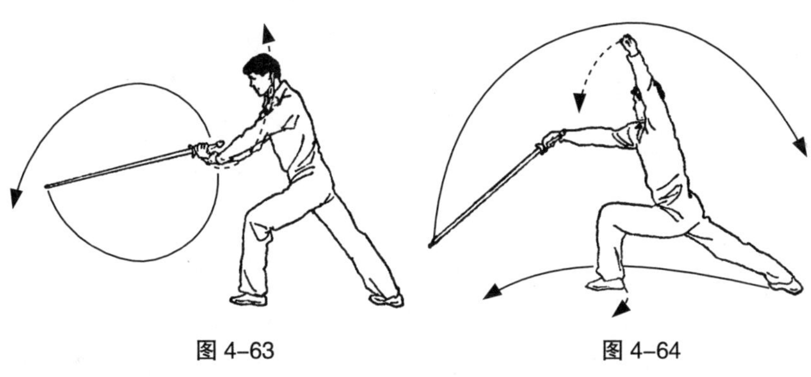

图 4–63　　　　图 4–64

要点： 击步，须擦着地面向前击碰；击步前进和退步要连贯起来，步法进退要快，剑步要合一。

（二十四）盖步回身反劈剑（白猿献果）

左脚跟外展，身向右转，左腿伸直，右脚从身前迈过左脚向左盖步，右腿微屈膝；同时，右手握剑屈肘屈腕用朝向虎口一侧的剑刃使剑尖向上、向右弧形绕行回身下劈，右手位于胸前，手心朝里；左手剑指向下屈肘附于右腕上面，手心朝下；眼视剑尖（图 4–65）。

图 4–65

要点：回劈时，右手腕部先向上提吊，用抖腕的劲力将剑向右下甩劈，这是一个反劈，手心注意朝里；身腰要向右拧，两肩防止耸起。

（二十五）下刺剑探海平衡（金龙探爪）

右手握剑手心朝上直臂螺把使剑尖向下、向前探刺，朝向虎口一侧的剑刃朝下；左手剑指直臂向上直伸举起，屈腕使剑指朝前；与此同时，右腿伸直站立，左腿向左（后）举起，左脚脚面绷平；身躯向右（前）俯倒；眼视剑尖（图 4–66）。

图 4–66

要点：支撑腿要直，身躯要俯平，胸腹要挺，举腿要高，下刺要有力，身剑手脚要在同一时间内到达各自的部位，站立要稳健。

（二十六）挽花坐盘反手撩挑（犀牛望月）

1. 左脚在身后落步，身直起向右转，右腿顺势屈膝；左手剑指移于头顶上方，右手握剑略屈肘，转腕钳把使剑尖从前向下、向后绕行挽花（图 4–67）。

2. 右手握剑继续转腕使剑尖向上、向前绕行挽花；至前方时右臂直臂向下、向后、向上回环反举，将剑向后反撩上挑，剑臂斜直；在反撩的同时，右脚跟里转，身向右转并向前俯，左脚向里移近半步，两腿屈膝，左腿坐地，成坐盘势；左手剑指顺势屈肘环举于左耳前方；头向右转，眼向上注视剑尖（图 4–68）。

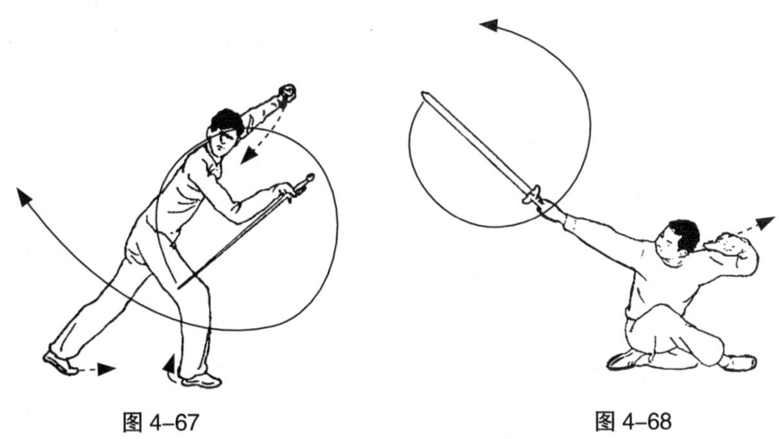

图 4–67　　图 4–68

要点：坐盘势一定要与剑的反撩上挑同时完成，不能有先后之分；坐盘两腿须盘紧，身躯前俯要向右后拧腰，握剑之手变为螺把，全身要有一股拧绳似的蓄劲。

（二十七）挽花翻身坐盘洗剑（老马卧槽）

1. 两腿与身躯直起站立；右手握剑在身体右侧直臂以腕关节为轴转腕使剑尖从上向右、向下、向左、向上绕行一周挽花；左手剑指平举于左侧，拇指一侧朝下，剑指屈腕朝前；眼视剑尖（图 4–69）。

2. 上动未停，右手握剑臂内旋继续转腕使剑尖向右、向下绕行挽花，身向前倾俯；眼视剑尖（图 4–70）。

3. 上动未停，身躯、两臂与剑一起从左向后上翻转（图 4–71）。

4. 身躯、两臂与剑继续向左、向前下翻转，翻至前下方时，两腿形成交叉屈膝下坐成坐盘势；右手握剑臂外旋使手心朝上，直臂螺把将剑贴近地面向左平伸洗刺，刃分前后，剑身扁平；左手剑指屈肘附于右腕上面，手心朝下；眼视剑尖前方（图 4–72）。

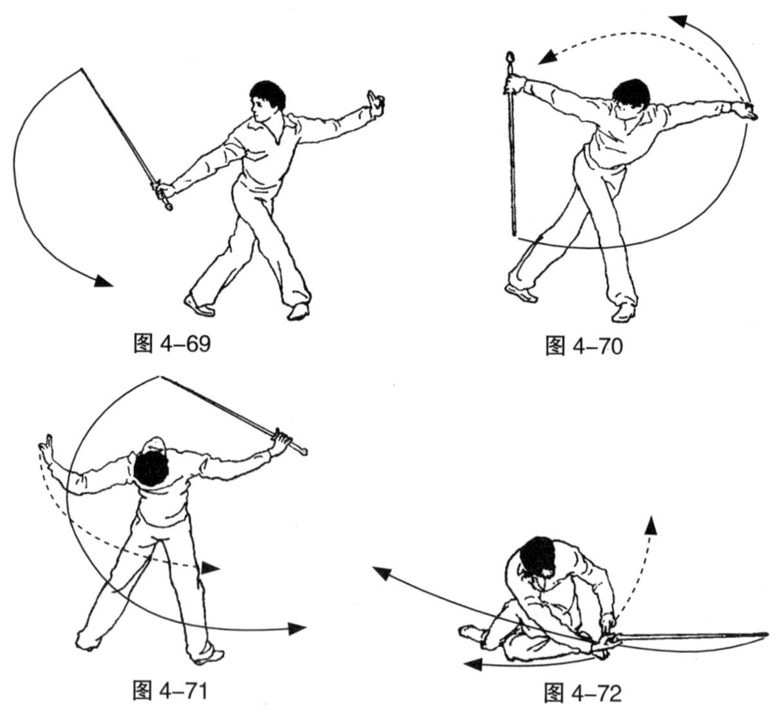

图 4–69　图 4–70　图 4–71　图 4–72

要点：翻身必须使身躯倒下构成一个翻转的横轴，向上翻转要注意挺胸、挺腹；坐盘右腿坐地两腿要盘紧，腰要向左后拧，身要向前俯；洗剑要将剑尽量向前送，剑身端平；剑随身躯翻转时注意不要使剑尖刮及地面；挽花、翻身、坐盘、洗刺必须连贯起来，中间不要有间断的痕迹出现；动作要柔韧、要快速，要擅于运用腰劲。

第 四 段

（二十八）云剑绕背仰身后刺（银蛇缠身）

1. 两腿与身躯直起站立，右脚向右横跨一步；右手握剑手心朝上从左向前、向右平面绕行摆动，左手剑指屈肘举于左侧上方；眼视剑尖（图 4–73）。

2. 上动未停，身向右转，右手握剑随之臂上举，在头顶上方以腕关节为轴转腕使剑尖从身体右侧向后、向左平面绕行云剑；眼视右手（图 4–74）。

图 4–73　　图 4–74

3. 上动未停，右脚掌碾地为轴使身体从右向后转，左脚趁势提起向右脚靠拢并步，两腿屈膝；右手握剑随身转动，并继续转腕使剑尖向身前绕行云剑；左手剑指在转身后屈肘附于右腋处，手背靠身；眼视剑尖（图 4–75）。

4. 上动未停，右手握剑臂向前、向下、向腰背后回环，屈肘满把使剑尖从身前向下、向后、贴着右腿外侧由身后向左、向上绕行，形成背剑势，剑身扁靠身背（图 4–76）。

5. 上动未停，右手握剑臂外旋使手心朝向身背，转腕使剑尖从上向左、向下、贴着身体由右腿外侧向前、举臂向上、向后绕行，直臂向身后刺去，剑刃分为上下；在剑尖向前、向上绕行的同时，两腿直起，右脚离地直腿向前踢起，脚尖上翘；左手剑指附于右腕；在剑尖向后绕行刺去的同时，身向后仰；眼视剑尖（图 4–77）。

图 4–75

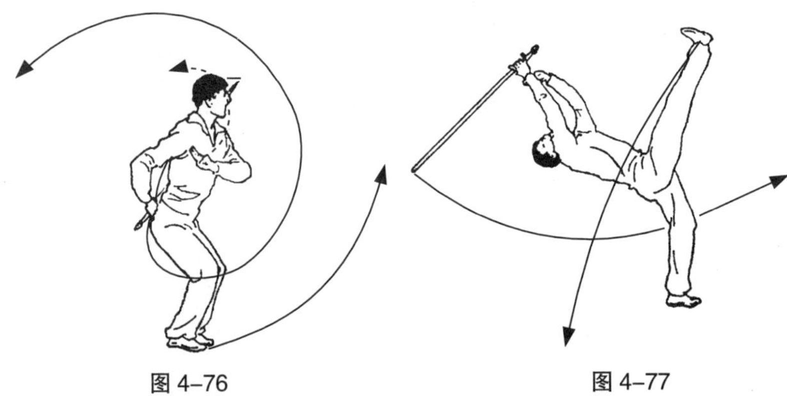

图 4–76　　图 4–77

要点：此动剑的云绕必须贴近身体，要有蟠缠的意味；肩臂肘腕都要柔韧灵活，使剑的缠绕不致有涩滞之处；仰身后刺不要像前面“怪蟒挺身”那样将身仰平，那是后下刺，此处是后上刺；此处的仰身不是平衡动作，不要求停住，而是要求即与下面的动作紧接起来。

（二十九）跃步砍剑（飞虹掠日）

1. 前动不停，两臂在上方位不变，身躯从右向下翻转；右脚随之向身前落步，右腿屈膝；右手握剑与剑指在翻身落步之后将剑向下由右腿外侧向后插伸；眼随剑尖（图 4–78）。

2. 两臂前后分开，身躯直起，右手握剑臂外旋使手心朝上屈肘满把将剑向上平托举起，左手剑指平举于左侧；与此同时，左脚向前跃步摆起，右脚蹬地跳起，身体腾空（图 4–79）。

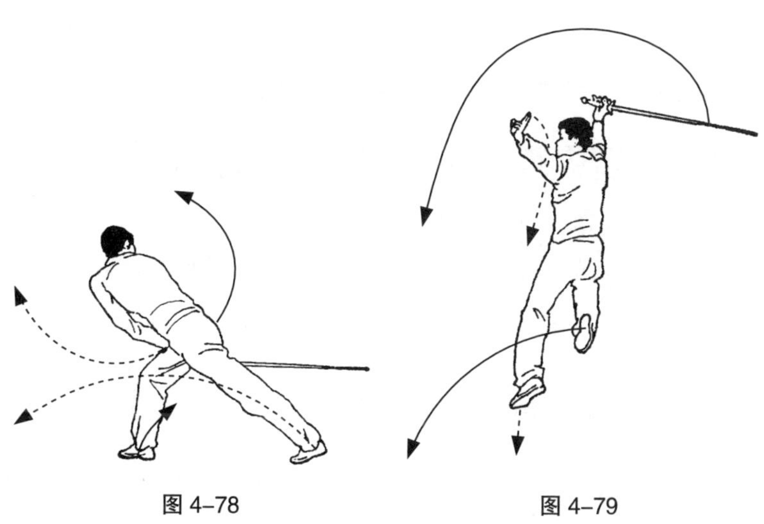

图 4–78　　图 4–79

3. 左脚向前落步，身向右转，右脚随之从身后向左插伸落步，左腿屈膝，右腿伸直，两腿交叉；同时，右手握剑用剑刃后段从上向左、向下劈砍，右臂伸直，剑身斜垂，剑尖高与头齐；左手剑指向下附于右腕上面，手心朝下；身躯前俯；眼视剑尖（图 4–80、图 4–80 附图）。

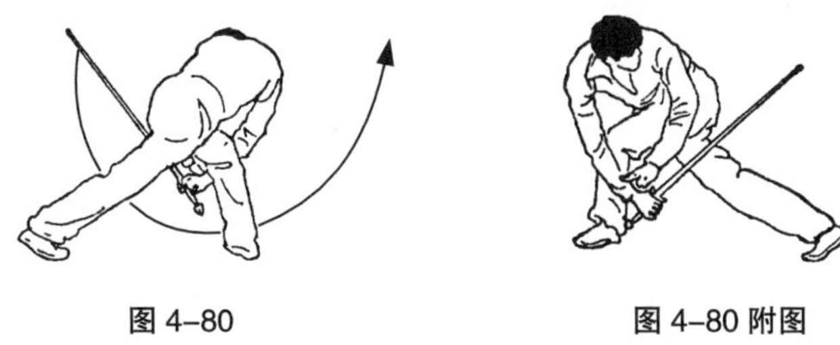

图 4–80　　图 4–80 附图

要点：身躯翻转时，剑要同时从上向前、向下、向后插伸绕行，保持两臂的方位不变；砍剑在这里运用的是剑刃后段，剑尖在前翘起；右脚跟离地掀起，但要保持向下的蹬踩之劲。

（三十）翻身挽花（梨花舞袖）

1. 前动不停，身躯从右向后上翻转，右手握剑与剑指一起将剑随身转动（图 4–81）。

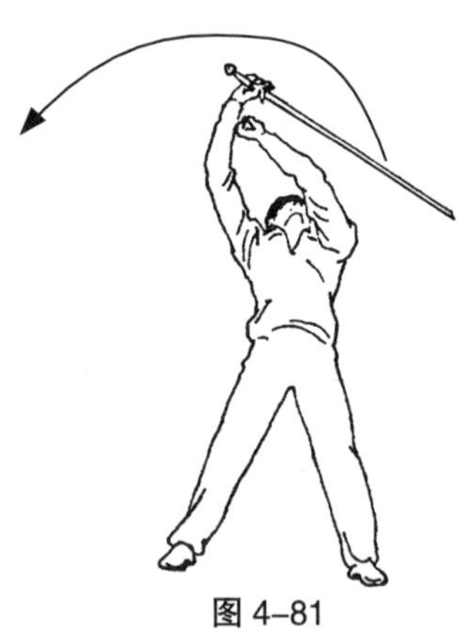

图 4–81

2. 右手握剑与剑指一起将剑向右绕行，身躯随之右转直起（图 4–82）。

3. 右手握剑以腕关节为轴，转腕使剑尖从上向前、向下、由右腿外侧向后、向上绕行一周挽花；右脚尖随之外展，身向右转（图 4–83）。

图 4–82　　图 4–83

要点：腕要灵活，挽花要圆，注意剑从右腿外侧向下、向后绕行，臂须外旋，不要做成臂内旋从里侧绕行的挽花。

（三十一）撩挑架剑举腿平衡（白鹤亮翅）

1. 上动不停，左脚离地屈膝在身后提起，右脚掌碾地身向右转朝向东北斜方；右手握剑臂内旋将剑柄在身前提起，使剑尖下垂，手高与额齐，臂屈肘环抱；左手剑指仍附于右腕（图 4–84）。

2. 上动不停，右手握剑屈肘使剑向前、向上撩挑平托举起，剑高过头；左手剑指即向前平伸指出，拇指一侧朝上，剑指朝前；与此同时，右腿伸直独立，左腿向前举起，左脚脚面绷平，脚尖朝前；眼视左脚（图 4–85）。

要点：同（十一）撩挑架剑举腿平衡。

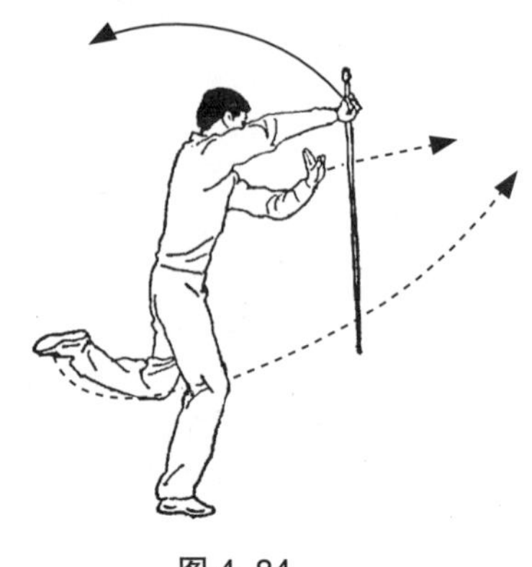

图 4–84

图 4–85

（三十二）云剑提膝下击（金鸡独立）

1. 前动不停，左脚向下、由右腿外侧向后直腿摆荡落步；右脚掌趁势碾地使身躯从右向后转至正西方向；在转身的同时，右手握剑臂外旋向身前下沉使手心朝上，将剑伸向左臂下，剑身扁平；左手剑指臂内旋屈肘由右臂上面向右环抱，拇指一侧朝下，两臂高与胸齐（图 4–86）。

2. 上动未停，身向后仰；右手握剑伸向腹前以腕关节为轴，转腕使剑尖向左、向前、向右、向后平面绕行一周云剑；左手剑指顺势收于右腕处（图 4–87）。

图 4–86

3. 上动未停，右手握剑继使剑尖向左平绕，至左侧时臂内旋使手心朝下；此时，身躯直起，左腿伸直独立，右腿屈膝向身前提起，右脚脚面绷平，脚尖朝下；右手握剑直臂由满把变螺把将剑向前下方横击，右手高与右膝齐，剑臂成斜直线，剑刃分向左右；左手剑指直臂向左、屈肘向上环举，屈腕使剑指朝右，手心朝上；眼视剑尖（图 4–88）。

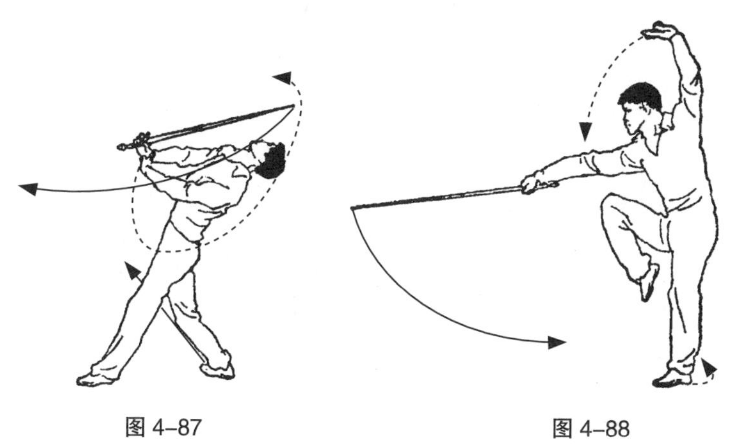

图 4–87　　图 4–88

要点：云剑要平，仰身注意挺胸挺腹，提膝时防止两肩耸起，下击时身稍向前探，但须保持挺胸直背。

（三十三）盖步点剑（蜻蜓点水）

1. 右臂方位不变，左脚掌碾地使身躯向左转；转身后，右手握剑臂内旋使拇指一侧朝下，屈腕钳把使剑向左抄起；左手剑指屈肘向身前右侧下沉；眼视右侧前方（图 4–89）。

2. 上动未停，右脚从左腿前向左盖步以脚尖虚点地面；同时，身躯向右折腰侧倾，右手握剑以腕关节为轴，转腕使剑尖从下向左、向上、向右绕行挽花螺把点剑，右臂举平；左手剑指则顺势附于右肩前，拇指一侧靠肩；眼视剑尖（图 4–90）。

图 4–89

图 4–90

要点：盖步、侧倾、点剑的动作要一起完成；点剑时臂要伸平，腕要稍向上提吊；身躯侧倾注意挺胸挺腹，盖步注意以脚尖虚点地面，支撑腿微屈，重心坐落在左腿，左实右虚一定要分清。

（三十四）拧腰翻身（鹞子翻身）

右手剑臂方位不变，臂外旋使拇指一侧朝下；同时，左脚掌碾地身躯从左向后翻转至右臂下面，左手剑指随身转动；眼视剑尖（图 4–91）。

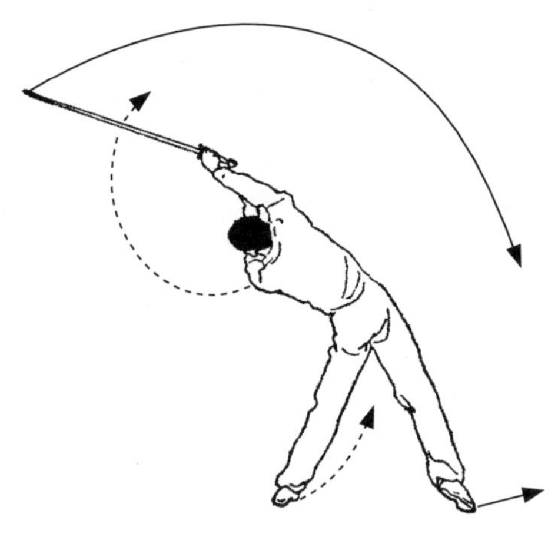

图 4–91

要点：此动必须与前面的“蜻蜓点水”连贯起来做，当前动右脚盖步点剑时就要立即接做本动的翻身；翻身时仍须注意两脚的左实右虚，右脚不能踏实，身躯保持挺胸挺腹；剑的方位始终朝向正西，不可改变；身躯要向右臂下面翻转，剑臂不可抬高；翻转要运用腰劲，要快速稳健。

（三十五）提膝独立下点（探海斩蛟）

前动微停，右脚向东北斜方微移踏实，右腿稍屈膝；右手握剑钳把先使剑尖下垂，而后直臂从上向东北斜方变螺把下点；与此同时，右腿伸直独立，左腿屈膝向身前提起，左脚脚面绷平，脚尖朝下；身躯向右侧倾前探；左手剑指则从右肩前直臂向下、向左、屈肘向上弧形绕行，环举于头部左上方，屈腕使剑指朝右下方；眼随剑尖（图 4–92）。

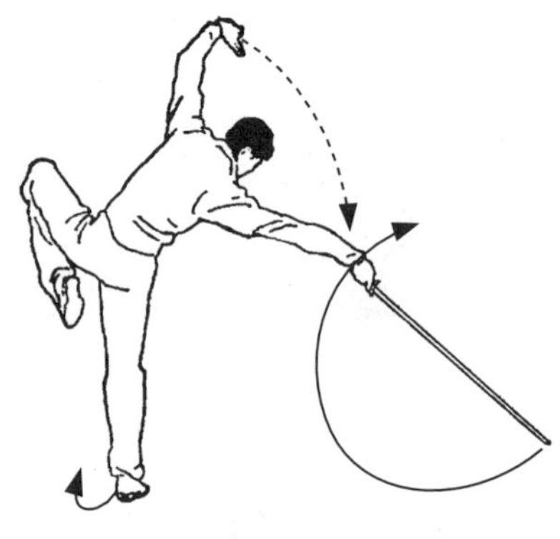

图 4–92

要点：支撑腿要直，提膝要高过腰部，右臂与身躯要稍大于直角，右腕向上微提，两肩向后张。

（三十六）反手撩挑望月势平衡（回头望月）

1. 右臂方位不变，右脚跟里转以脚掌碾地，身向右转；右手握剑臂外旋使手心朝上，以腕关节为轴转腕使剑尖由右腿外侧向后、向上、向前绕行挽花，肘稍屈；左手剑指由身前向下附于右腕里侧，手心朝下（图 4–93）。

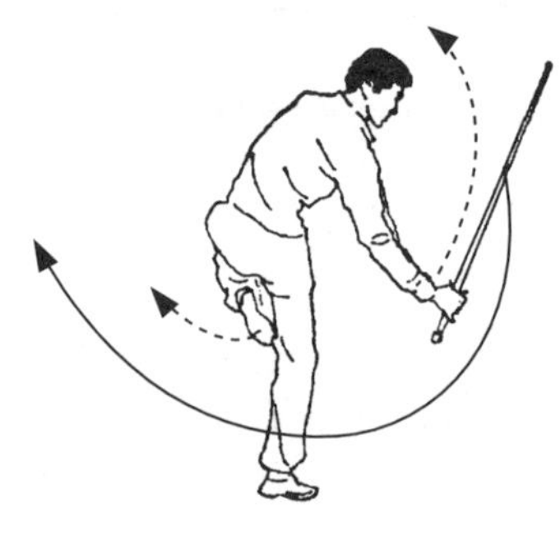

图 4–93

2. 上动未停，右手握剑臂向下、向后伸直反臂上举，将剑向下、向后、向上弧形绕行反撩螺把上挑，拇指一侧朝下；与此同时，身躯前俯向右拧腰折转，左腿在后向右环举，左脚脚面绷平；左手剑指伸向头前屈肘环举，拇指一侧朝下，剑指朝右；头向右后转，眼视剑尖（图 4–94）。

图 4–94

要点：反臂撩剑、左腿环举、身前俯拧腰、剑指环举等动，都须在同一时间内完成，完成得要迅速；身向前俯，要注意挺胸、抬头、塌腰，要尽量向右折转，使眼能看到左脚；左腿在后环举，要使大腿髋部放开尽量上举，使小腿向右环屈；剑指肩部要向后张展；站立须坚持 2 秒钟以上。

（三十七）翻身仆步砍剑（灵猫扑鼠）

1. 右腿屈膝，左脚从身后向西落步，左腿伸直；同时，右手握剑以腕关节为轴转腕使剑尖向下、向前、向上、向后绕行一周挽花，直臂满把将剑柄下沉（图 4–95）。

2. 上动未停，身前俯从左向后上翻转；两臂随身转动，右手握剑臂外旋将剑柄向右侧提起；右脚随之屈膝离地提起（图 4–96）。

3. 左脚掌碾地为轴，身躯继续从左向后翻转；两臂随身转动，左手剑指向下、向左绕行直臂举起，拇指一侧朝上，剑指朝左，略高过头；右手握剑用剑刃后段直臂满把向上、向右、向下劈砍、剑尖稍翘；同时，右脚在翻身后向右侧落步，右腿伸直铺出，左腿屈膝全蹲，成右仆步，右脚尖里扣；身向前倾探，眼视剑身（图 4–97）。

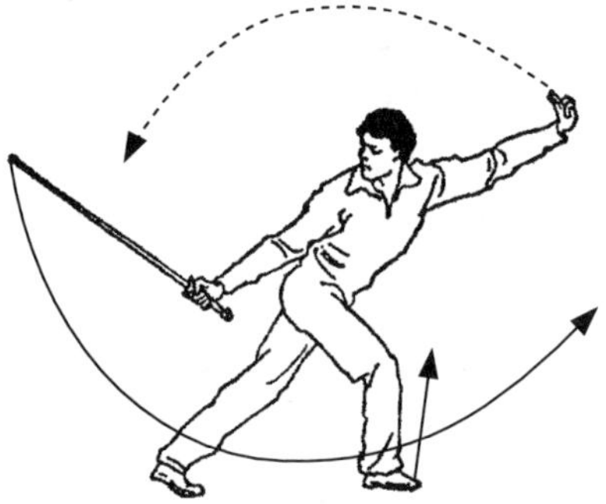

图 4–95

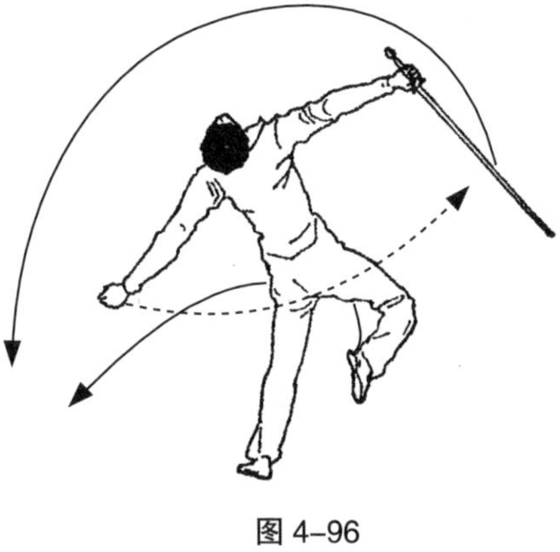

图 4–96

图 4–97

要点：翻身须迅速稳健，注意挺胸挺腹；砍剑要与铺腿同时完成；两臂随身转动，抡转要成立圆，不可偏斜；成仆步后，右脚尖要扣紧，右脚外侧与左脚跟要防止掀起拔跟，左腿膝要外展，防止跪腿；身虽前倾，但须挺胸、直背、塌腰，防止拱背、翻臀；剑柄靠近地面，剑尖高与右肩齐，右手位于右膝前。

（三十八）跺脚马步格剑上架（霸王卸甲）

1. 两臂方位不变，左腿直起，身向左转；随即右手握剑臂外旋使手心朝上，屈肘向上，由左耳侧向后、向下臂回环，使剑尖从前向上、向后绕行；同时，左手剑指从后直臂向下、屈肘由右臂下面向前、向右腋处绕行；右腿屈膝在身前提起；眼视前方（图 4–98）。

图 4–98

2. 上动未停，身躯继续向右转，右脚向左脚处跺脚踏步落地，左脚即离地屈膝向身后提起，右腿略屈膝；同时，右手握剑继续屈肘向下、向前、向上臂回环，使剑尖向下、向前绕行，将剑柄在额前上方提起，手心朝向身前；左手剑指位于右腋处不变；眼向左侧前方注视（图 4–99）。

3. 上动微停，左脚向左跨步，两腿屈膝成马步；同时，右手握剑使剑向左撩起，从上向右抽格带回，横架于头顶上方，肘稍屈；左手剑指随即向左侧直臂平伸指出，剑指斜朝上；眼视剑指前方（图 4–100）。

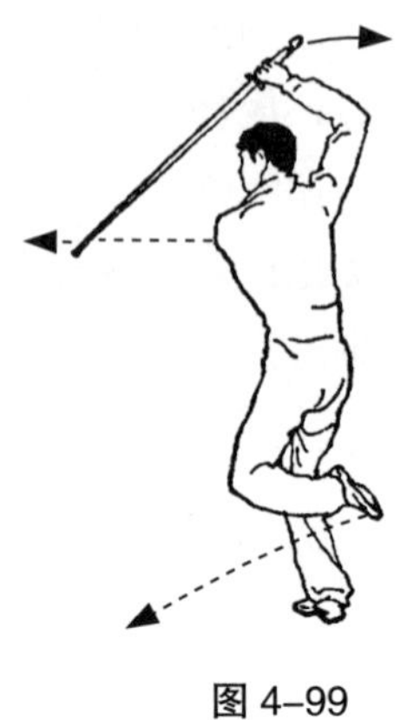

图 4-99

图 4-100

要点：剑向后、向下绕行时必须紧贴左肩外侧，用剑刃下削；向左撩起时应用剑刃前段，向右带回时要有抽格的意识；抽格、前指、跨步一定要同一时间内完成，不能分为先后，马步注意沉肩、挺胸、直背、塌腰、防止翻臀，两大腿最好能屈平，脚尖要向里有一股扣劲，不要使两膝向前跪屈，也不要使两脚尖形成外八字。

第 五 段

（三十九）弓步直刺（巧女纫针）

1. 剑臂方位不变，两腿直起，身向右转朝东；左手剑指屈肘平摆收于右肩前，拇指一侧靠身，剑指屈腕朝上；转身之后，身躯立即向后仰闪，左腿独立，右腿屈膝在身前提起，右脚脚面绷平，脚尖朝下；与此同时，右臂从身前下沉至平举部位，右手握剑肘稍屈以腕关节为轴转腕使剑尖向上、向前、向下、由右腿外侧向后、向上、向前绕行一周半挽花；至此，右臂向下、向后沉下将剑向后抽回；眼向前方注视（图 4–101）。

2. 上动微停，右脚向前落步，右腿屈膝，左腿伸直，成右弓箭步；同时，右手握剑直臂向前平伸直刺，手心朝左，剑刃分向上下；左手剑指顺势附于右腕里侧，拇指一侧朝下；眼视剑尖前方（图 4–102）。

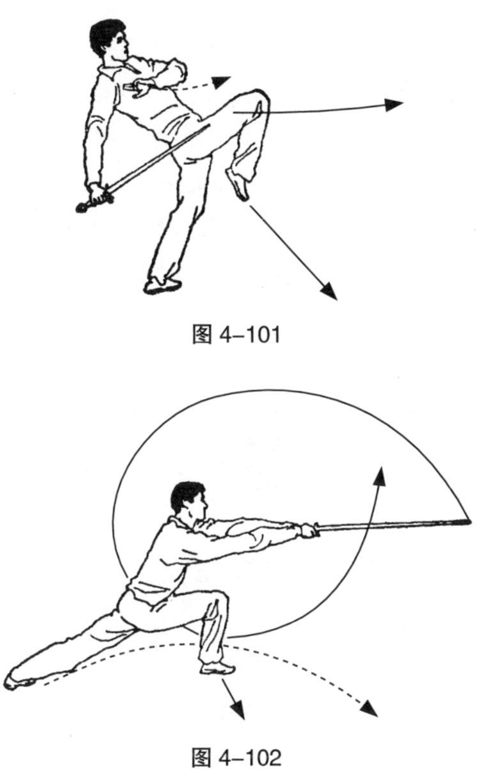

图 4–101

图 4–102

要点：身向右转时必须保持右手剑臂的方位不变，防止随身转动；挽花和仰身的动作要一致，不能分先后；仰身向后闪一定要微停，具有闪避伺机而动的意思；直刺须使劲力贯于剑尖，但不要使用僵劲，肩须松沉；弓箭步防止两脚的掀脚、拔跟，髋部要蓄劲下沉，腰要蓄劲下塌，右髋部防止向外突出。

（四十）左右虚步格剑（湘子挎篮）

1. 右手握剑臂外旋使手心朝上，与左手剑指一起屈肘收向左耳侧，将剑从前向左耳侧平抽带回；同时，身体重心后移，左腿屈膝，右退伸直；然后右脚向右移出一小步，右手握剑臂内旋与左手剑指一起向左髋外侧下沉屈肘使剑尖从前向上、向后绕行，紧接着两臂由左髋处向前、向上举起，使剑尖继续向下、向前绕行反臂撩挑；左脚随之向右脚前方上步以脚尖虚点地面，两腿屈膝成左虚步；至此，右手握剑与左手剑指一起屈肘将剑向头部右上方平带抽格收回，剑指稍向下移附于右前臂；眼视前方（图 4–103）。

图 4–103

2. 上动微停，左脚向左移出一小步，左腿屈膝，右腿伸直；同时，左手剑指直臂向下、向前弧形绕行，右手握剑直臂向后绕行；头向右转；眼视剑身（图 4–104）。

3. 上动未停，右手握剑直臂将剑向下、向前、向上撩挑至平举部位；右脚随之向左脚前方上步以脚尖虚点地面，两腿屈膝成右虚步；至此，右手握剑屈肘钳把将剑向头部左上方平带抽格收回；左手剑指趁势屈肘附于右腕里面，拇指一侧朝下；眼视剑身（图 4–105）。

图 4–104　　图 4–105

要点：此动是左右两个格剑截腕的动作，练的时候，必须假想对方用剑向头部刺来，步向侧移，身向侧闪，避开来剑，用剑向前、向上撩挑对方的腕部并向回抽格以截其腕，要有攻守的意识。

（四十一）跃步崩挑后举腿平衡（喜鹊登枝）

1. 身躯稍向左转朝向北方，右脚向右侧横跨一小步，左脚从身前迈过右脚向右盖步，两腿交叉，左腿屈膝，右腿伸直；同时，左手剑指直臂向上、向左、向下、屈肘向右绕行一周收附于右腋下面，手背朝上；右手握剑屈肘满把将剑向上、向左弧形绕行，右手由左臂外面回环至腹部左侧，手心靠身，两臂在腹前交叉，眼视剑身（图 4–106）。

2. 右脚向右跃步摆起，左脚蹬地跳起屈膝伸向身后，身体腾空；与此同时，右手握剑臂伸直向下、向右摆动使剑尖向左、向下、臂外旋向右、向上绕行崩挑；左手剑指则直臂向右、向下、臂外旋向左、屈肘向上绕行环举；眼视剑身（图 4–107）。

3. 右脚落地，右腿伸直站立，左腿在身后屈膝向右斜举，左脚脚面绷平，身前倾向右拧腰；至此，右臂在右侧斜下举，右手高与髋齐；左臂在左侧斜上举，肘稍屈；剑身垂直，刃分左右；眼视剑身（图 4–108、图 4–108 附图）。

图 4–106

图 4–107

图 4–108

图 4–108 附图

要点： 这里的跃步要注意是侧跃，不要做成正面的向前跃；崩剑时应先将右臂举平螺把握剑，而后陡然臂向下沉、腕向上屈变为满把使剑尖向上崩起，这样崩挑才有力；平衡势注意挺胸抬头，身躯不必过于前俯，后面的腿在身躯不过于前俯的基础上尽量向上举；站立要稳，坚持 2 秒钟以上。

（四十二）云剑仆步下压（怀中抱月）

左脚向左侧落步，左腿略屈膝，右腿伸直；同时，右手握剑先螺把使剑尖从上向右放平，臂内旋使手心朝下；然后，身向左偏，以腕并节为轴转腕使剑尖从右向前、向左，由右耳上面向后、向右平面绕行一周云剑，变手心朝上；至此，左腿屈膝全蹲，右腿伸直平铺，成右仆步；右手握剑屈肘收向小腹前，将剑平抽带回压下，手心仍朝上，剑身扁平，刃分前后；左手剑指从身前向下屈肘附于右腕上面，手心朝下；眼视剑身（图 4–109）。

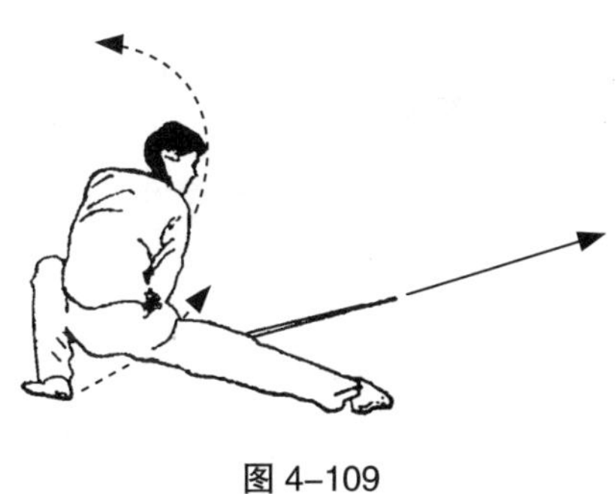

图 4–109

要点： 注意做云剑时身躯要向左偏让开剑的平绕，做压剑时要变为满把握剑边回抽边下压，成仆步时两臂在小腹前屈肘环抱如捧物状，臀部紧靠左脚跟，右脚尖扣紧，防止掀脚、拔跟和翻臀，身躯须向右探，重心不要偏左。

（四十三）提膝独立直刺（专诸刺僚）

两腿直起，右腿伸直独立，左腿屈膝在身前提起，左脚脚面绷平，脚尖朝下，成独立步；同时，右手握剑直臂螺把向右侧平伸直刺，高与肩平，手心朝向身前，刃分上下；左手剑指从身前屈肘向上环举于头部左上方，拇指一侧朝下，剑指朝右；眼视剑尖前方（图 4–110）。

图 4–110

要点：站起要快，支撑要稳，直刺要力透剑尖；身法要沉肩、挺胸、直背，五趾要抓地。

第 六 段

（四十四）跃步翻身抄挂（哪吒闹海）

1. 左脚向左侧落步，左手剑指直臂向左、向下、由身前屈肘向右绕行至右腋下，拇指一侧靠身，手心朝下；同时，右手握剑直臂满把使剑尖向上翘起，从右向上、向左、向下、由左腿后面向右绕行抄挂；在向下绕行时，左腿屈膝，左脚尖外展，身躯顺剑绕行之势下俯从左向后转；眼随剑尖（图 4-111）。

2. 上动不停，右脚从身后向右侧跨跳，左脚蹬地跳起，身体腾空；同时，右手握剑臂内旋将剑柄从左侧向上提起使剑尖倒垂向下，然后右臂向上、向右回环使剑尖向左、向上、向右弧形绕行；左手剑指向下、向左弧形绕行（图 4-112）。

图 4-111　　图 4-112

3. 右脚落地，右腿屈膝，左脚从身后向右落步，左腿伸直（图 4–113）。

4. 上动未停，右手握剑臂内旋转腕使剑尖向右、向下绕行，身躯前俯，左手剑指随身前俯翻下（图 4–114）。

5. 上动未停，身躯从左向后上翻转一周，右手握剑与左手剑指一起随身成立圆转动；翻身之后，变成左腿在前、右腿在后屈膝下蹲成右歇步；右手握剑屈肘使剑向左抄挂，左手剑指屈肘附于右腕上面，手心朝下，两臂环圆；眼视剑尖（图 4–115）。

图 4–113

图 4–114

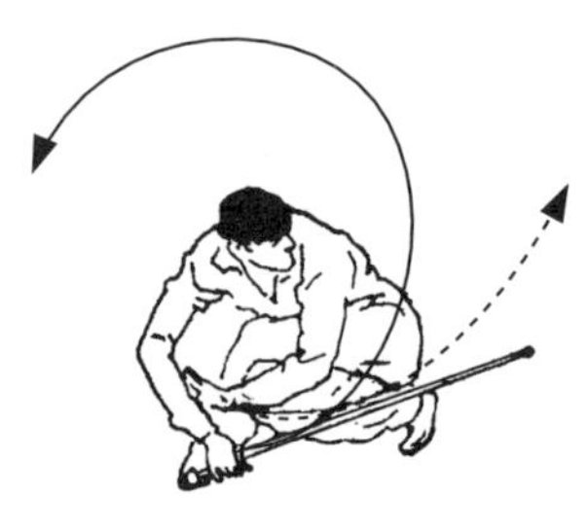
图 4–115

要点：跳步要远，落地要轻；抄挂翻身剑要成立圆，身要挺胸挺腹，抄剑时剑身要近地面。

（四十五）跳步抄挂（燕子抄水）

1. 前动不停，右手握剑继续向左抄伸，臂内旋从左向上将剑柄提起使剑尖倒垂朝下，直臂向上、向右回环使剑尖向左、向上弧形绕行；与此同时，左手剑指臂外旋直臂向下、向左弧形绕行，身躯稍直起，两腿向上起立（图 4–116）。

2. 上动未停，右脚离地，左脚蹬地跳起，身体腾空（图 4–117）。

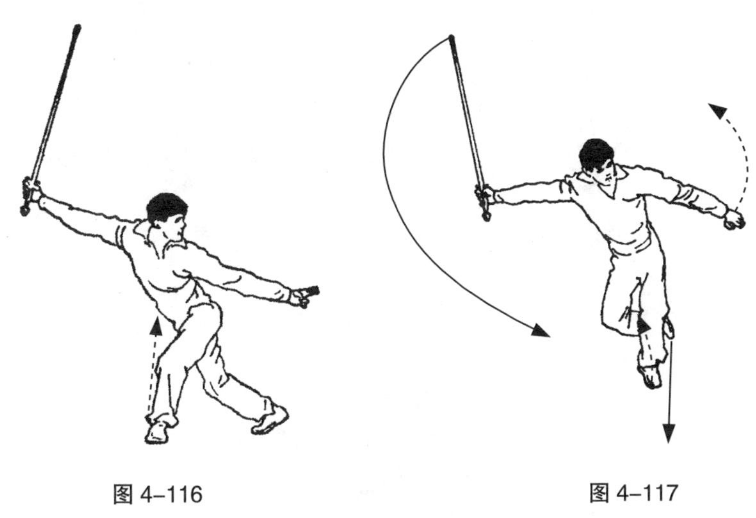

图 4–116　　图 4–117

3. 右脚向左脚处落步，左脚屈膝提于身前，身躯前俯；与此同时，右手握剑臂内旋以腕关节为轴，转腕使剑尖从上向右、向下、向左绕行抄起；左手剑指随身起落（图 4–118）。

4. 上动未停，右脚掌碾地为轴，身躯从左向后上翻转；右手握剑与左手剑指一起随身翻转将剑继续向上抄挂（图 4–119）。

5. 身躯继续从后上向左、向前下翻转，左脚顺势在身前右侧落步，两腿屈膝下蹲成右歇步，同时，右手握剑屈肘使剑向左抄挂，刃分上下，右手位于左脚前面；左手剑指即屈肘附于右腕上面，手心朝下，两臂环圆；眼视剑尖（图 4–120）。

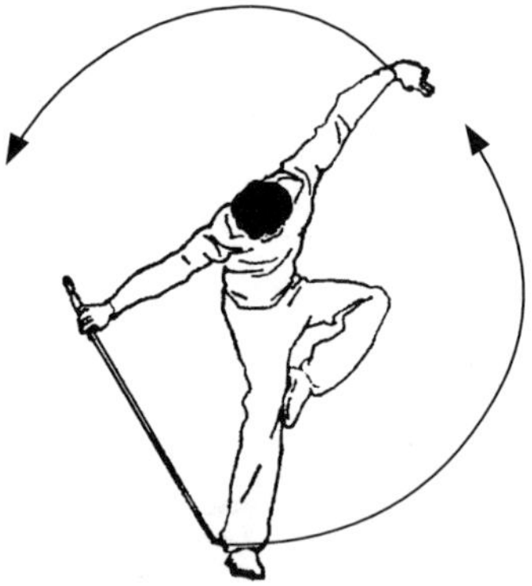

图 4–118

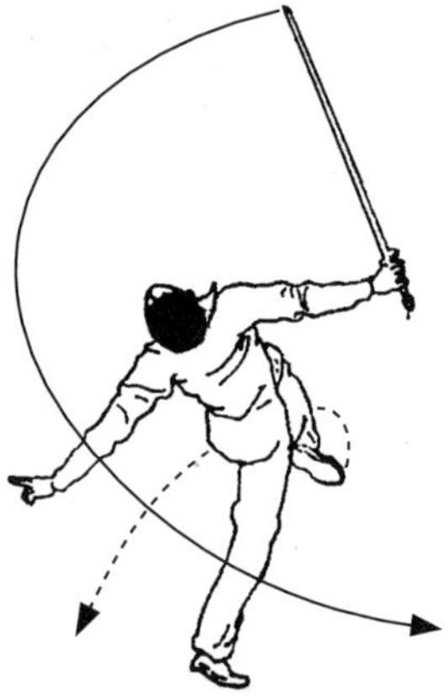

图 4–119

图 4–120

要点：起跳要高，落地要轻，右脚从空中落下一定要在原先左脚踏跳的部位；翻身注意挺胸挺腹使身躯后仰，翻身之后要立即屈膝下蹲向左抄挂；抄挂必须使剑接近地面，好像燕子贴着水面抄水一般；成歇步时必须紧接着做下面的第二个、第三个“燕子抄水”，不能有丝毫的停顿，这又唤“燕子三抄水”。

（四十六）跳步抄挂（燕子抄水）

动作与要点和（四十五）跳步抄挂相同。

（四十七）跳步抄挂（燕子抄水）

动作与要点和（四十五）跳步抄挂相同。

（四十八）跳步提膝独立举剑（鹞子钻天）

1. 前动仍不停，右手握剑继续向左抄伸，臂内旋从左向上将剑柄提起使剑尖倒垂朝下，直臂向上、向右回环使剑尖向左、向上弧形绕行；与此同时，左手剑指臂外旋直臂向下、向左弧形绕行，身躯和两腿向上起立（图 4–121）。

2. 上动未停，右脚离地，左脚蹬地跳起，身体腾空（图 4–122）。

图 4–121　　图 4–122

3. 在空中，两臂方位不变，身向左转朝东；随即右脚向左脚踏跳处落步，右腿伸直，左腿屈膝提于身前，左脚脚面绷平，脚尖朝下，成独立步；在右脚落步的同时，右手握剑在身后臂内旋以腕关节为轴，转腕使剑尖从上向后、向下、向前绕行抄起，右手屈肘由右腰侧经面前向上直臂螺把将剑举起，手心朝左，剑尖朝上，刃分前后；左手剑指则在身前直臂向下附于左脚前面，臂外旋使手心朝前，剑指朝下；眼向前方注视（图4–123）。

图 4–123

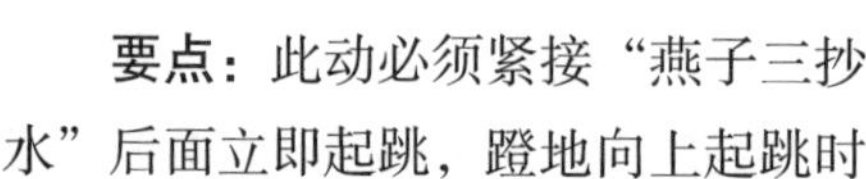

要点：此动必须紧接“燕子三抄水”后面立即起跳，蹬地向上起跳时就要有意识地使身躯左转，左转时两臂东西的方位不变，只是随着身躯的左转变为体前与体后；成独立步后，肩要松沉，身要挺胸直背，支撑腿要挺膝伸直，整个姿势要挺拔。

第七、八段

（四十九）斩格洗刺击劈（散剑）

1. 左脚向东北斜前方落步，左腿屈膝，右腿伸直；身躯向左偏闪；左手剑指从下向左伸去，手心朝上；同时，右手握剑臂外旋使手心朝后，屈肘向下收于右胸前以肘关节为轴使剑从上向东北角、向下、向南弧形绕行；眼视剑尖（图 4–124）。

2. 上动未停，右手握剑臂内旋以腕关节为轴转腕使剑尖向右、向后，由右肩上面向左、向前绕行，然后直臂螺把将剑向东南斜下方斜斩，变手心朝下；眼随剑尖（图 4–125）。

3. 上动未停，右手握剑从东南向东北斜下方直臂摆动；至东北斜下方时，身躯右转向右偏闪，右腿趁势屈膝，左腿伸直；右手握剑臂内旋使拇指一侧朝下，屈肘向上由额前向右将剑平抽格剑带回，刃分上下；左手剑指从左侧屈肘向上、由额前向右、在右臂里面经右肩向下、臂内旋使拇指一侧朝下反臂向左腿膝前直臂伸出；眼视东北斜前方（图 4–126）。

4. 上动未停，右手握剑臂外旋屈肘将剑向腰前翻下，左手剑指臂外旋使拇指一侧翻上；同时，身躯向东北斜前方移动(图 4–127)。

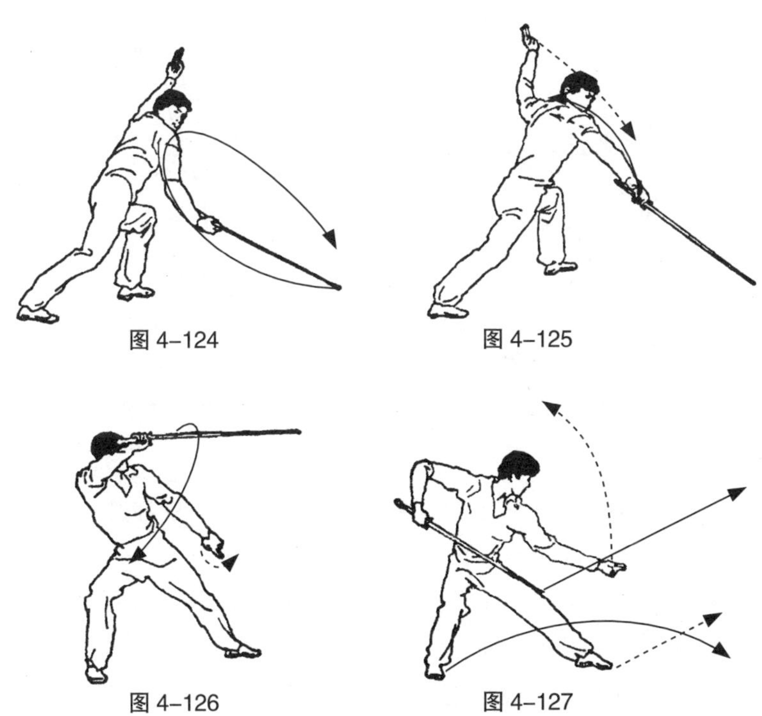

图 4–124　图 4–125

图 4–126　图 4–127

5. 上动未停，右脚向东北斜前方跳进一步，身躯从左向后转，左脚即从身后向东北插步，两腿交叉，右腿屈膝，左腿伸直；与此同时，左手剑指臂内旋使拇指一侧朝下，屈肘向上环举于头部左上方；右手握剑臂外旋使手心朝上，直臂螺把将剑向东北斜上方伸出洗刺，剑身扁平，刃分前后；眼视剑尖（图 4–128）。

6. 上动未停，右手握剑转肩使臂内旋手心朝下向上、向后、臂外旋向下、向前环形搅动，同时转腕使剑尖向下、向前、向上、向后绕环；至此，屈肘螺把将剑从右向左拦腰平斩，手心朝上；左手剑指即屈肘向下附于右腕上面，手心朝下；同时，身躯向东南斜方斜倚，左腿稍屈膝，右脚随身斜倚拖近半步；眼视剑尖（图 4–129）。

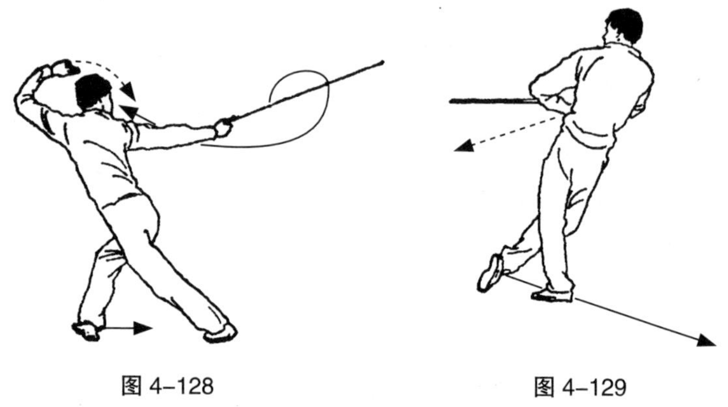

图 4–128　　图 4–129

7. 随身斜倚之势右脚向东南斜前方上步，右腿屈膝，左腿伸直；左手剑指直臂伸向左下方（图 4–130）。

8. 上动未停，右手握剑直臂使剑尖从左向前、向右上方弧形绕行横击，剑身扁平，右手手心朝上，高与眉齐，左手剑指拇指一侧朝上，高与腹齐；眼随剑尖（图 4–131）。

9. 上动未停，右手握剑继续顺着横击之势将剑向后下方屈肘摆动；右腿向上起立，身向右转并向后、向左偏闪；左手剑指从左屈肘向上，由面前向下绕行摆动；眼视剑身（图 4–132）。

图 4–130

图 4–131

图 4–132

10. 右脚向正西方向退步，右腿伸直，左腿屈膝，成左弓箭步；右手握剑使剑尖摆向身后，臂外旋屈肘将剑柄钳把提起直臂螺把向前、向下劈砍，手臂稍低于肩，手心朝左，刃分上下；左手剑指则直臂向下、向左、屈肘向上绕行，环举于头顶上方，屈腕使剑指朝右；眼视剑尖（图 4–133）。

图 4–133

要点：第七段是散剑，散剑是不拘泥于成规的乱剑，它可以随心所欲，随着身法的散乱而运用各种剑法。但是必须使剑法清楚，一定要以身带剑，使身剑合一，好像一根鞭子，身是鞭根，剑是鞭梢，鞭根带动鞭梢运动。这里的散剑有斩、格、洗、击、劈五法，练习时一定要将这五法充分表现出来。本段动作不停，弓步劈剑之后要紧接第八段的“游鱼摆尾”。

（五十）退步左右剃剑（游鱼摆尾）

1. 前动不停，左脚向后退步，两腿屈膝，身向右晃；右手握剑与左手剑指一起随着身躯的晃动屈肘向右平行摆动，将剑向右平带，剑身扁平，两手手心朝下；眼视剑身（图 4–134）。

2. 右脚向后退步，身向左晃，右手握剑与左手剑指一起随着身躯的晃动屈肘向左平行摆动，臂外旋使剑尖由前甩向右方，将剑向左平带，剑身扁平，右手手心朝上，左手拇指一侧朝下；眼随剑身（图 4–135）。

3. 左脚向后退步，身向右晃，右手握剑与左手剑指一起随着身躯的晃动屈肘向右平行摆动，臂内旋使剑尖由前甩向左方，将剑向右平带，剑身扁平，两手手心朝下；眼随剑身（图 4–136）。

图 4–134

4. 右脚向后退步，身向左晃，右手握剑与左手剑指一起随着身躯的晃动屈肘向左平行摆动，臂外旋使剑尖由前甩向右方，将剑向左平带，剑身扁平，右手手心朝上，左手拇指一侧朝下；眼随剑身（图 4–137）。

图 4–135

图 4–136

图 4–137

要点：左右剃剑也是散剑的继续，因之前动劈剑之后不要停顿即做剃剑；剃剑即左右平斩，但含有拂的意思，所以要轻轻地左右平摆使剑像游鱼摆尾那样甩动，不必照平斩剑那样用力；前动的五剑要快，此动的剃剑则要缓，退步要从容不迫。

（五十一）掷剑（飞龙腾起）

1. 前动不停，左脚向后退步，身向右晃，右手握剑与左手剑指一起随着身躯的晃动屈肘向右平行摆动，臂内旋使剑尖由前甩向左方，将剑向右平带，剑身扁平，两手手心朝下；眼随剑身（图 4–138）。

图 4–138

2. 左脚在身后尚未全脚着地时即向东北斜前方上步，左腿屈膝，右腿伸直；右手握剑使剑尖向右、臂内旋向下、向左弧形绕行抄起（图 4–139）。

3. 上动未停，右手将剑抄起向上掷出（图 4–140）。

图 4–139

图 4–140

要点： 掷剑须使剑尖向上，抛掷高过头部。

（五十二）反手接剑提膝独立（龙归沧海）

1. 趁剑下降之势左手剑指放开，反手将剑柄握住，身右转向南（图 4–141）。

2. 上动未停，右腿伸直独立，左腿屈膝在身前提起，左脚脚面绷平，脚尖朝下，成独立步；左手反手持剑屈肘将剑柄收向右胸下使剑在前臂下面向上斜伸于身前，剑尖向上高与额齐，肘关节正朝身前；右手握成剑指从右向上举起，肘微屈，屈腕使剑指朝前，手心斜朝上；眼向正南前方注视（图 4–142）。

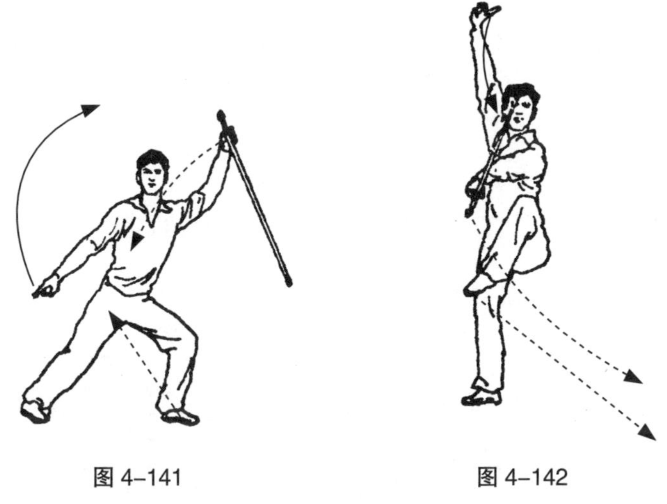

图 4–141　　图 4–142

要点： 两肩要沉，胸要挺，背要直，腿要挺直，提膝要高，站立要稳。

结束动作

（五十三）仆步持剑前视（蜇龙伏穴）

右腿屈膝下蹲，左脚擦着地面向左侧铺腿伸出，脚尖里扣，成为左仆步；同时，左手持剑直臂伸向左脚处，拇指一侧朝下，剑身贴靠于臂后；右手剑指屈肘收于右耳侧，拇指一侧朝下；身稍向左转；眼向左前方注视（图 4–143）。

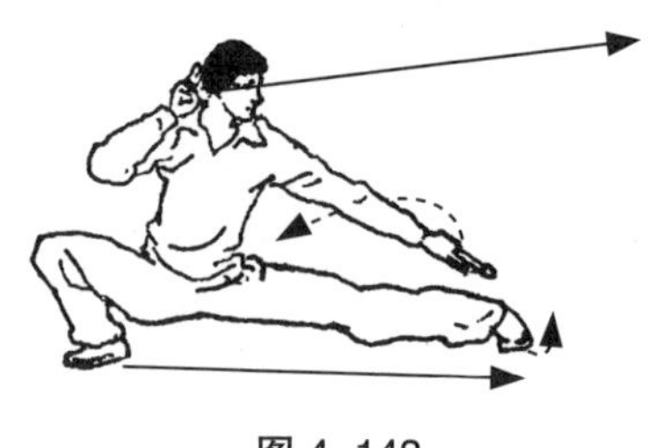

图 4–143

要点：挺胸，直背，塌腰，防止掀脚、拔跟、跪腿、翻臀。

（五十四）并步持剑前指（仙人指路）

身向左转，重心向前移动，左脚尖外展，左腿顺重心前移之势屈膝，右脚随之向前屈膝与左脚并步，然后两腿直起；左手持剑垂于身体左侧，剑身仍贴靠臂后，剑尖朝上；右手剑指即直臂向前平伸指出，屈腕使剑指朝上，手心朝前；眼视剑指（图 4–144）。

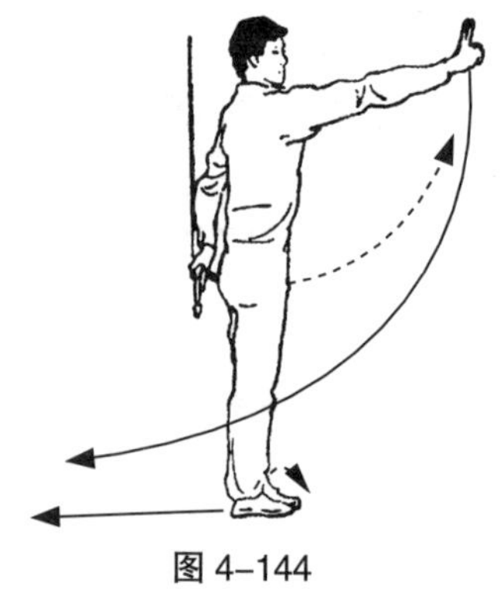

图 4–144

要点： 身法要正直，剑指高与眉齐。

（五十五）并步持剑前视（固守门户）

1. 左脚跟外展，身向右转，左腿屈膝下蹲，右脚向右跨步铺腿伸出，形成右仆步；与此同时，右手剑指臂外旋直腕使手心朝上，从身前屈肘向下、直臂向右弧形绕行至右脚处，拇指一侧朝上；左手持剑向左侧平举，拇指一侧朝下，剑贴臂后；眼随右手剑指（图 4–145）。

2. 两腿直起，左脚向右脚靠拢并步；同时，右手剑指直臂向右、向上、屈肘向左弧形绕行左肩前，屈腕使剑指朝上，手心朝左；左手持剑垂于身左；眼视剑指（图 4–146）。

图 4–145

图 4–146

要点： 身微向前倾，使五趾抓地，身法正直。

3. 上动不停，右手剑指直臂向上举起，手心朝后，剑指朝上；左手持剑不变；眼视左前方（图 4–147）。

要点：身微向前倾，使五趾抓地，身法正直。

收　势

1. 右手剑指臂内旋屈肘经右耳侧，直臂向下垂于右腿外侧，屈腕使剑指朝前，手心朝下；同时，头向右转正，眼向前方注视（图 4–148）。

2. 右手剑指放开，五指并拢贴靠右腿侧，掌指朝下；左手持剑不变，两肘微屈；立正姿势站好，眼向正前方注视（图 4–149）。

要点：与预备势同。

图 4–147

图 4–148

图 4–149

第五节 纯阳醉剑（醉剑体）

一、纯阳醉剑动作名称

预备动作

预备势

（一） 云顶弓步抱剑（手捧金樽）

（二） 醉形弓步前指（醉仙指路）

（三） 抱剑仰身举腿平稳（醉憩岳阳）

第一段

（四） 点步下刺（下海屠龙）

（五） 左右撩剑（醉仙撩衣）

（六） 点步挑剑（醉挑酒旆）

（七） 搅剑反刺（水中搅月）

（八） 点步平洗剑（麻姑献酒）

（九） 叉步翻身挽花点剑（梨花舞袖）

（十） 退步劈剑（醉渔撒网）

（十一） 挽花搅云腾空平斩（醉搅乾坤）

（十二） 前撩点步举剑（倚天拔剑）

第 二 段

（十三） 上步劈剑（沉香劈山）
（十四） 歇步挑崩（醉酒邀月）
（十五） 转身左右撩剑（醉仙撩衣）
（十六） 挽花腾空洗剑（白蛇吐信）
（十七） 骗腿抹剑（张果跨驴）
（十八） 穿剑云顶跪步架剑（蝴蝶穿花）
（十九） 击步挽花踢腿挑剑（扬鞭催马）
（二十） 竖叉劈剑（马失前蹄）
（二十一） 绞腿扫剑（乌龙绞柱）
（二十二） 点步举剑（倚天拔剑）

第 三 段

（二十三） 左右挽花劈剑（童子捕蝶）
（二十四） 踉跄步撩崩剑（醉仙撩衣）
（二十五） 并步洗剑（专诸端鱼）
（二十六） 下蹲向前下洗（猛虎下山）
（二十七） 倒弓步崩剑（崩断昆仑）
（二十八） 点步劈剑（劈石试剑）
（二十九） 歇步挑崩（醉酒邀月）
（三十） 前撩云顶转身带剑（醉汉勒缰）
（三十一） 行步回身提剑（提壶沽酒）

第四段

（三十二） 叉步点剑（点石成金）
（三十三） 侧倒后翻云剑（岳阳醉跌）
（三十四） 退步左右劁剑（湖中荡桨）
（三十五） 翻身抡劈点步洗剑（麻姑献酒）

结束动作

（三十六） 行步云剑（醉游三岛）
（三十七） 踉跄醉颠点步背剑（唯我独醒）
收势

二、纯阳醉剑动作图解

预备动作

预备势

面向南方，两脚并步站立；左手反握剑柄，使剑贴靠前臂垂立于左臂后面，剑尖朝上；右手五指并拢贴靠右腿侧，掌指朝下；两肘微屈；立正姿势站好；眼向身体前方注视（图 5-1）。

图 5-1

要点： 两肩松沉，两肘微向前牵引，挺胸，直背，收腹，腿要靠拢，膝要挺直，五趾要抓地。

（一）云顶弓步抱剑（手捧金樽）

1. 右手握成剑指，臂外旋从下向右、向上直臂弧形回环上举，手心朝左，剑指朝上；左手持剑不变；头左转，眼向左侧前方注视（图 5–2）。

2. 上动微停，右手剑指屈肘向左、由左肩前向下弧形回环；同时，左手持剑臂外旋手心朝前，从下直臂向左、屈肘向上、向右弧形回环，使剑尖从上由背后向右、向下、向左绕行；左腿屈膝在身前提起，右脚脚面绷平，脚尖朝下；头转正，眼视前方（图 5–3）。

3. 上动未停，抬头身向后仰；左手持剑以腕关节为轴，臂外旋转腕使剑尖从左向前、向右、向后、向左平绕一周盘旋云剑，手心翻转朝上；眼视剑柄（图 5–4）。

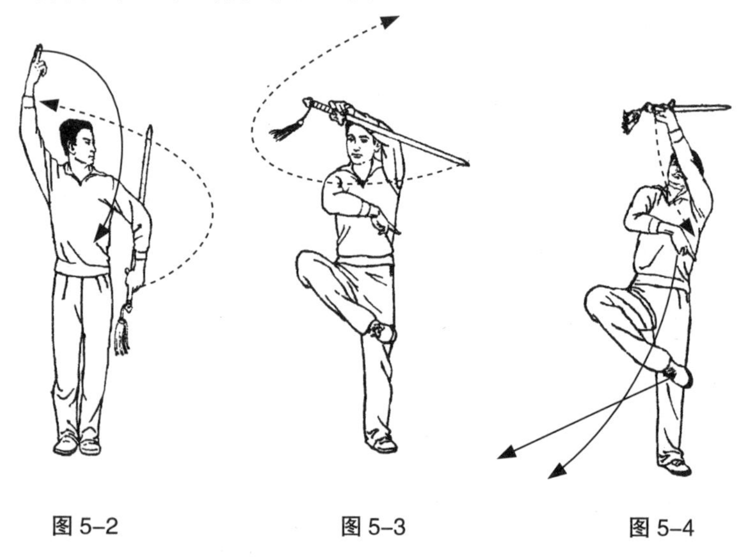

图 5–2　　图 5–3　　图 5–4

4. 上动未停，左手持剑屈肘将剑柄收至左肋前，手心仍朝上；同时，身躯直起，左腿屈膝下蹲，右脚向右铺腿伸出，脚尖里扣；右手剑指臂外旋手心朝前，屈肘向下、向右伸至右腿胫骨前，身向前探；眼视右脚（图 5–5）。

5. 右脚尖外展，身体重心前移，左腿伸直，右腿屈膝，成为右弓箭步；与此同时，身向右转，右手剑指臂外旋手心朝上，屈肘收于右腰侧；左手持剑将剑柄伸至右膝前，屈肘环抱，手心仍朝上，剑尖顺势绕向身左南方；眼视剑柄（图 5–6）。

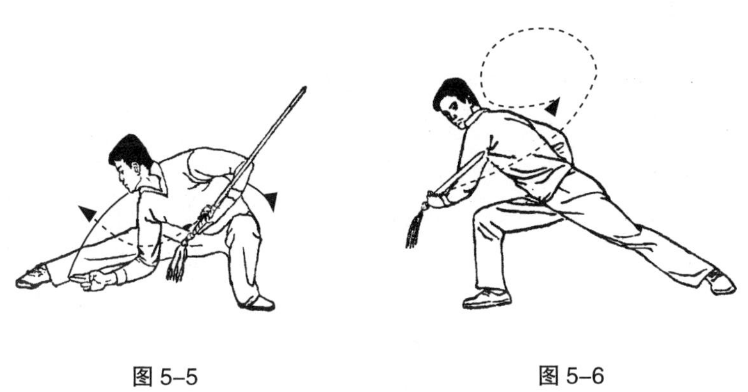

图 5–5　　　　图 5–6

要点：云剑要平，腕须灵活；铺腿要低，防止两脚外掀和拔跟；身向前探要防止臀部凸起；弓箭步可以稍高，左臂肘须屈成半圆如抱物状；剑刃不可触及身体和肘臂。

（二）醉形弓步前指（醉仙指路）

1. 右腿直起，身向左翻转仰起；左手持剑肩向上提以肘腕为轴，将剑柄在脸部上方从右向前、向左、向后、向右平绕一周，剑尖随之转动盘旋云剑；右手剑指自然下垂（图 5–7）。

2. 上动不停，身躯以腰为轴从后向右、向前回环醉颠，右脚随势向东南方踉跄半步，两腿自然屈膝；同时，左手持剑将剑柄向下、由腰侧绕向身后，剑尖朝上；右手剑指自然屈肘收至腹前，手心朝上（图 5–8）。

3. 身躯继续向左、向后回环醉颠，边颠边转身一周，左脚随势向东北方踉跄上步，左腿屈膝，右腿自然伸直，成左弓箭步；同时，右手剑指向身前平伸指出，手心朝前，剑指朝上；左手持剑屈肘提于左胯外侧，手心朝后，剑尖朝上；眼视剑指（图 5–9）。

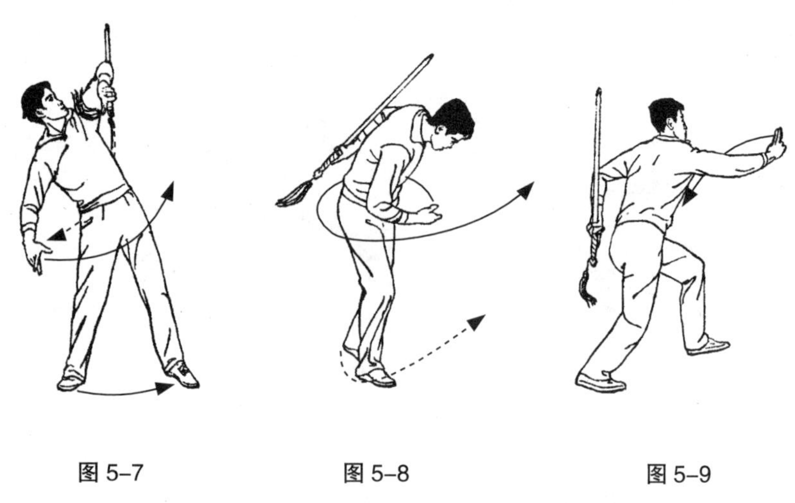

图 5–7　　图 5–8　　图 5–9

要点： 云剑和醉形动作要衔接紧密，醉颠必须自然，踉跄步要顺势前趋，身法、步法、指法三者合一，做到上下相随；动作要柔和似醉，不能太快。

（三）抱剑仰身举腿平衡（醉憩岳阳）

1. 左腿直起，右手剑指屈肘收至胸腹前（图 5–10）。

2. 身右转向西，左脚向前上步；右手剑指屈肘收于右腰侧，手心朝左；左手持剑直臂向左将剑柄举至水平部位，向身前平摆绕环，以腕为轴使剑尖从后向左平绕；与此同时，身躯后仰（图 5–11）。

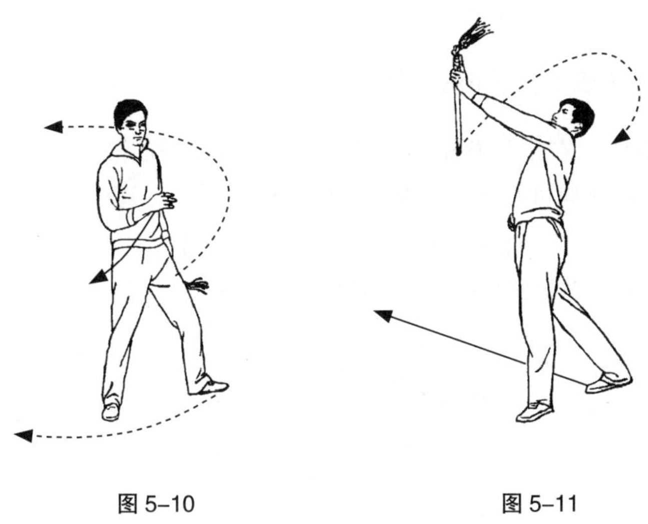

图 5–10　　图 5–11

图 5–12

3. 上动未停，左手持剑臂外旋转腕使剑尖向前、向右、由脸部上面向后平绕云剑，屈肘将剑柄收至腹前，手心朝上，剑尖朝后；同时，左腿伸直站立；右腿伸直向身前举起至水平部位，右脚脚面绷平，脚尖朝前；身躯此时后仰至水平部位；右手剑指不变（图 5–12）。

要点：此动也须柔和自然，仰身平衡时则要直项、挺胸、腰背挺直，右腿平举要超过腰部以上，站立要稳固，坚持 2 秒钟左右。

第 一 段

（四）点步下刺（下海屠龙）

1. 身躯与右腿顺横轴向左翻转朝下；在翻身的同时，右手剑指放开将剑接换过来满把正握，使剑柄靠近右腰后侧，手心朝左，剑尖朝前下斜方，剑刃分为上下；左手握成剑指，直臂向前下斜方指去，手心朝右，剑指朝前；眼视前下方（图 5–13）。

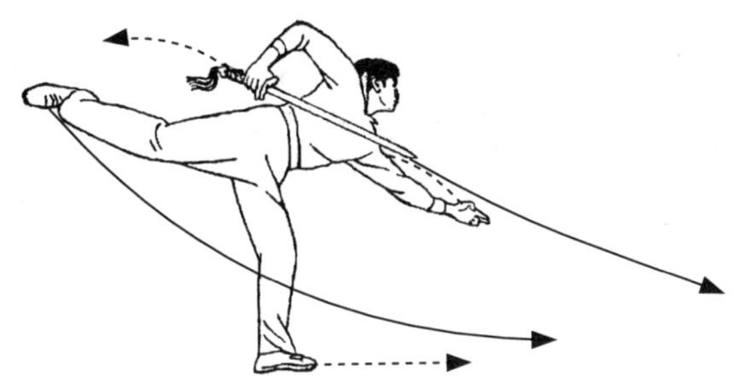

图 5–13

2. 上动微停，右脚向东北前方上步，右膝自然微屈；左脚向前跟步，在右脚近处以脚尖虚点地面；与此同时，右手握剑用剑尖向前下方直臂螺把刺出，手心朝左，剑刃分为上下；左手剑指向左、向后直臂平摆后举，拇指一侧朝上，眼视剑尖（图 5–14）。

图 5–14

要点：翻身要迅速，刺剑要力贯剑尖。

（五）左右撩剑（醉仙撩衣）

1. 右手握剑，剑尖方位不变，臂内旋手心朝右，屈肘将剑柄举至右肩上方，稍高过头；左手剑指从后屈肘经脸前由右肩前向下绕行；同时，身右转；眼视前方（图 5–15）。

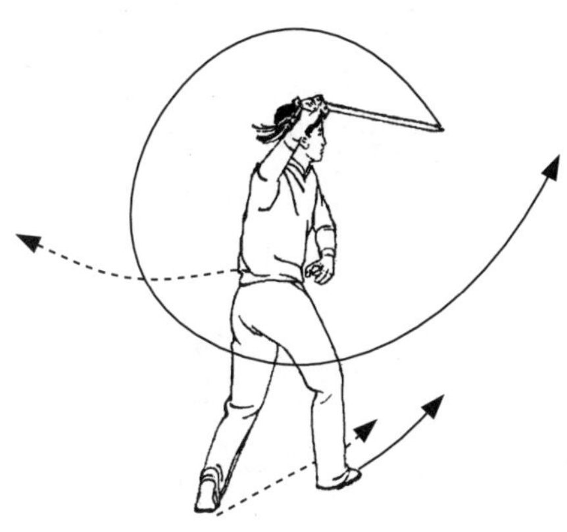

图 5–15

2. 左脚向东北方上步，右脚随之向前上步；与此同时，左手剑指由腹前向左、向后直臂弧形绕行；右手握剑用剑刃前端直臂螺把向上、向后、向下、向前转肩绕行撩击，手心朝上，剑尖斜朝下，剑柄与肩齐；身体重心随势向前落于右脚（图 5–16）。

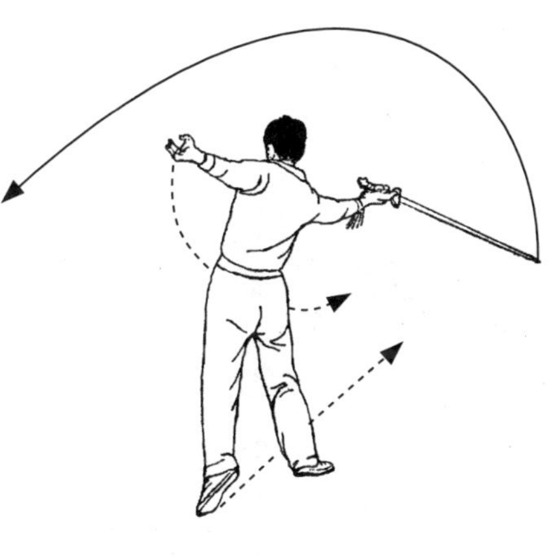

图 5–16

3. 上动未停，身体重心继续向前移动，左脚随势从右脚前向东迈步，左腿屈膝；与此同时，左手剑指从后直臂向下、屈肘向前绕行至右腋处；右手握剑继续直臂向上、屈肘满把由左肩外侧向后转肩绕行，手心朝右；眼视剑尖（图 5–17）。

4. 上动未停，身躯右转，右脚向东南方上步，右腿自然屈膝，成右弓箭步；右手握剑继续直臂向下、螺把向前绕行反撩，随即屈肘满把将剑柄从前由右耳侧向后抽回，手心朝右，剑尖朝前，刃分上下；在向后抽剑的同时，左手剑指从右腋处向前平伸指出，剑指朝上；眼视剑指（图 5–18）。

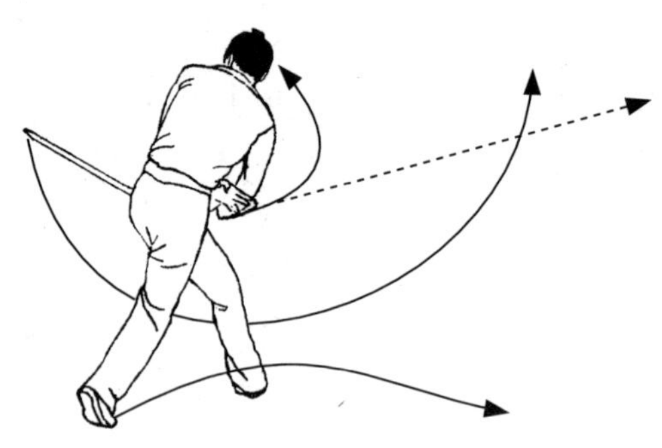

图 5–17

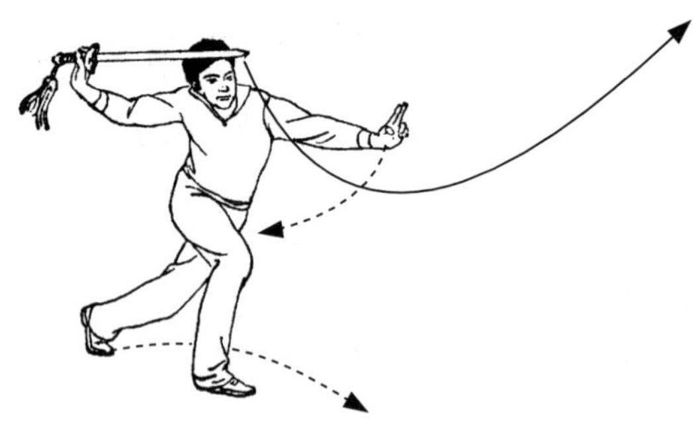

图 5–18

要点：此动的步法要踉跄，应在使身体失去重心前倾时向前进步；身法要带醉形，有意地使身体失去重心，借以带动剑法和步法；动作要自然，可随心所欲。

（六）点步挑剑（醉挑酒旆）

1. 上动不停，右腿直起，左脚向前以脚尖虚点地面；左手剑指从前向下直臂弧形绕行；右手握剑臂外旋使剑尖向前直臂平伸刺出，随即螺把向上挑起，手心朝左；身躯稍向右后倚（图 5–19）。

2. 上动未停，身躯左转向东，左脚跟离地掀起，右脚随之上步在左脚内侧以脚尖着地；左手剑指绕行至身后，右手握剑使剑尖继续向上、向后挑起；此时，身向后仰；眼视前方（图 5–20）。

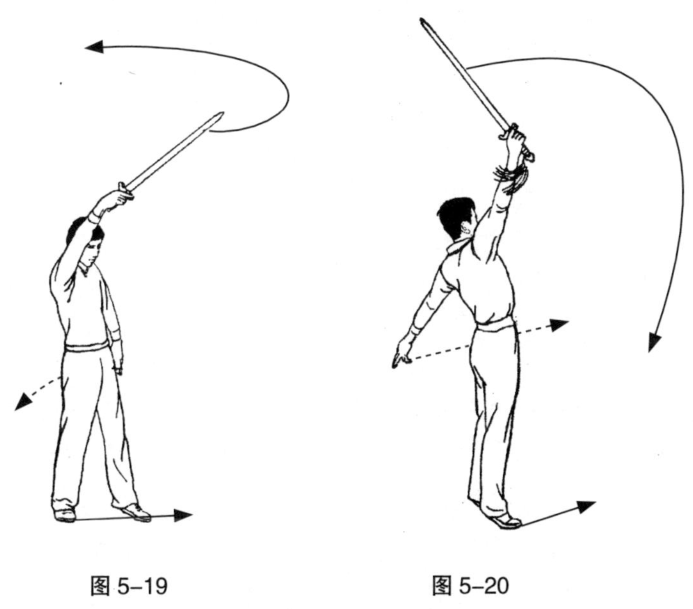

图 5–19　　图 5–20

要点：向上挑剑要与身躯后仰的动作协调一致，身躯的右倚和后仰要有醉形。

（七）搅剑反刺（水中揽月）

1. 右手握剑向前、向下绕行劈下，将剑柄屈肘收于腹前，手心朝左；左手剑指屈肘附于右腕，手心朝下；与此同时，身躯向前醉颠，右脚随势跟跄上步以脚尖着地；低头眼视剑尖（图 5–21）。

2. 身躯左转向右醉颠侧倾；同时，髋关节从左向后、向右、向前回环一周；右手握剑随髋回环使剑尖从右向前、向左、向后、由右腿前向右绕环一周搅动（图 5–22）。

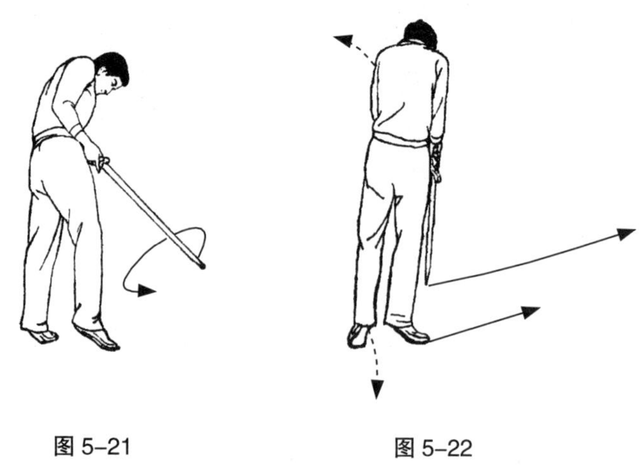

图 5–21　　图 5–22

3. 随身躯右倾之势，左脚跟着地，左腿屈膝半蹲；右脚向东横跨一步，右腿屈膝；同时，右手握剑臂内旋手心朝后，直臂螺把反手将剑向东刺出，剑柄高与胯齐，剑尖斜朝下，刃分上下；左手剑指屈肘举于左肩前，高与耳齐，手心朝后，剑指朝上；眼视剑尖（图 5–23）。

4. 上动未停，右手握剑臂外旋使手心翻向身前，剑身翻转，剑尖方位不变；身躯随之右转；左手剑指臂内旋，从左耳侧屈肘向下，经腹前向右后弧形绕行，举于身后，手心朝下，剑指朝前；眼视剑尖（图 5–24）。

图 5–23

图 5–24

要点：剑尖的绕环搅动必须与髋回环配合紧密，以髋的回环来带动剑的搅动；右脚跨步必须借助身躯的右倾醉颠之势，以身带步；右脚跨出后重心要坐落于左腿上面，形成左七右三；右手最后臂外旋翻剑时，身躯的右转必须带有向右腰回环的动作，使身躯回环前探，这样，剑的翻转和腰的回环取得了身剑的一致。

（八）点步平洗剑（麻姑献酒）

右手握剑臂外旋手心朝上，将剑身翻成扁平，屈肘向上端起，剑柄高与肩平；同时，两腿直起，身躯向右侧倾醉颠，使剑尖向右平洗刺出；右脚随醉颠之势向前踉跄上步，左脚向前跟步以脚尖虚点地面；左手剑指不变；眼视剑尖（图 5–25）。

图 5–25

要点：剑要端平如端物状，洗剑要以身躯的右倾和上步的动作来推送剑身向前洗刺，踉跄步要以身带步，整个动作要柔和带有醉意。

（九）叉步翻身挽花点剑（梨花舞袖）

1. 左脚跟着地，左腿稍屈；右手握剑将剑柄屈肘收至腹前，剑尖方位不变（图 5–26）。

2. 左脚从身后向右插步，两腿交叉；右手握剑臂外旋手心朝后，转腕使剑尖向上、向左绕行，提肘使剑尖向下绕行；左手剑指随之屈肘由腿前向右摆动；身躯前俯（图 5–27）。

图 5-26

图 5-27

3. 上动未停，右手握剑以腕关节为轴，转腕使剑尖从下向左，由头前向上、向右绕行；至此，左手剑指直臂向下、向左绕行，身躯从左向上翻转；与翻身的同时，右手握剑随翻身之势使剑尖继续向下、向西绕行撩起，手心朝上；左手剑指随翻身之势继续向上、向东绕行（图 5-28）。

4. 上动未停，身躯向左翻转直起；右手握剑使剑尖屈肘向上，直臂向前绕行，至身前时臂内旋使手心翻转朝后，剑尖方位不变；左手剑指直臂向下、由左腿外侧向后绕行（图 5-29）。

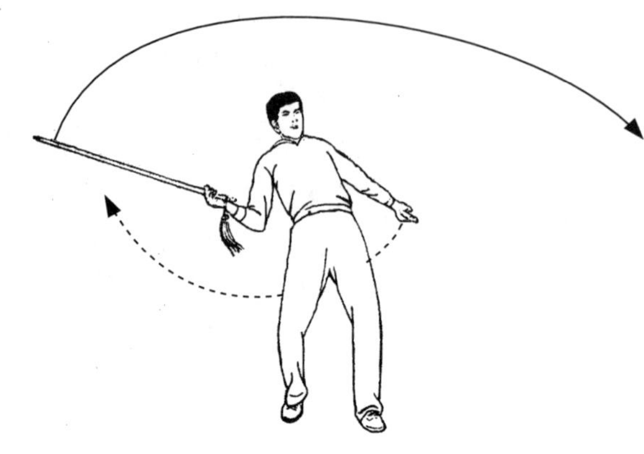

图 5–28

图 5–29

5. 上动未停，右手握剑以腕关节为轴，转腕使剑尖向下，由左腿外侧向后、向上、向前直臂绕行一周，用剑尖向前螺把点击，剑柄高与眼齐，手心朝左；同时，右脚向前上步，右膝稍屈；身向前探，左脚在后以脚尖虚点地面；眼视剑尖；左手剑指不变（图 5–30）。

图 5–30

要点：翻身要注意挺腹，剑的挽花要快，而翻身的动作要稍慢带有醉态。

（十）退步劈剑（醉渔撒网）

1. 右手握剑臂下沉，使剑尖向左摆动；同时，身向左转，左脚从身后向右插步（图 5–31）。

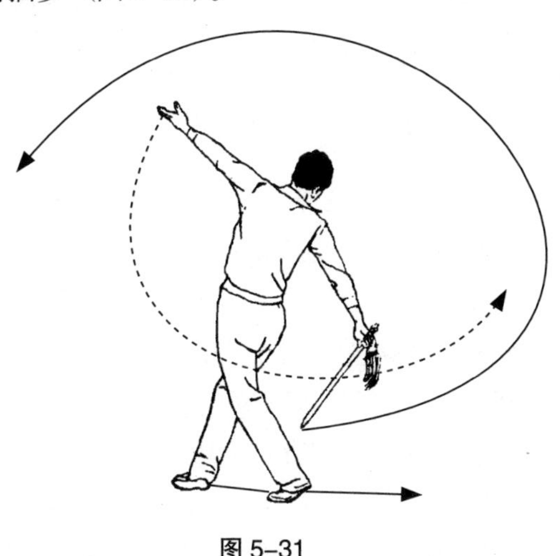

图 5–31

2. 上动未停，身躯继续左转向西；右脚向后退步，右腿屈膝，身向后仰醉颠；与此同时，左手剑指直臂向下、向后弧形绕行摆动；右手握剑臂外旋使剑尖向下、向后绕行，屈肘满把将剑柄举至右肩上方，用剑刃向前直臂螺把劈砍平举，手心朝左；眼视剑身(图 5–32)。

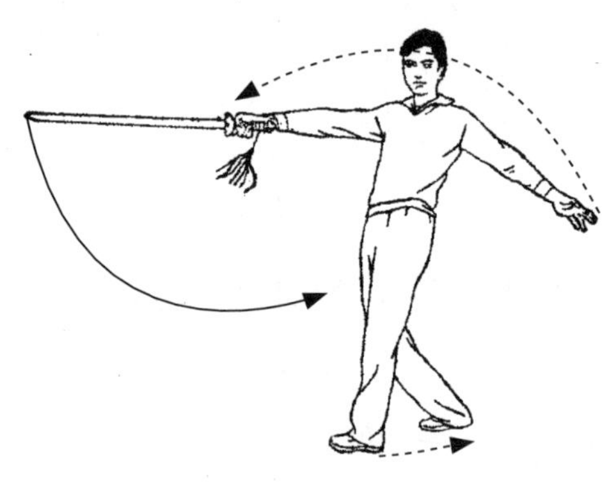

图 5–32

要点：身法须使重心失去带有醉颠之意，步法须在身法的带动下向后插退，剑法须劈砍有力。

(十一) 挽花搅云腾空平斩 (醉搅乾坤)

1. 前动不停，趁醉仰之势左脚后撤与右脚相齐开立，两腿均屈膝；右手握剑臂内旋转腕使剑尖从前向下、由左侧向后绕行，臂肘自然稍屈；左手剑指从后由左耳侧向前屈肘附于右腕里侧，手心朝右；身躯含胸；眼视剑尖 (图 5–33)。

2. 上动未停，右手握剑以腕关节为轴，转腕使剑尖继续从后向上、向前绕行，臂肘自然伸直；眼随剑尖 (图 5–34)。

3. 右手握剑臂外旋以腕关节为轴，转腕使剑尖继续向下、由右腿外侧向后、向前绕行挽花 (图 5–35、图 5–36)。

图 5-33

图 5-34

图 5-35

图 5-36

4. 上动未停，两腿直起，身向前俯缩腹；右手握剑以腕关节为轴，转腕屈肘使剑尖从前向左、向后、由腹前向右平绕搅动；髋随之从后向右回环；眼随剑尖；左手剑指附于右腕随剑转动（图 5–37）。

5. 右手握剑继续转腕屈肘使剑尖从右向前、向左、向后平绕云剑，髋随之从右向前回环；此时，身躯后仰，使剑在脸上云过；

左手剑指仍附右腕随剑转动（图 5–38）。

6. 右手握剑继续使剑尖向右平绕云剑；身躯随之直起，两脚蹬地跳起，身体腾空；在空中，两脚并拢，右手握剑手心朝上从右向前用剑刃直臂螺把平斩，手高与肩齐平，剑尖朝前，刃分左右；同时，左手剑指从左向后直臂平伸；眼视剑尖（图 5–39）。

图 5–37

图 5–38

图 5–39

要点：挽花必须使剑贴近身侧，不能离身太远；搅剑和云剑要衔接为一个动作，腰髋必须随剑的搅云从右向前回环；腾空平斩必须接紧云剑，做到云里带斩；整个动作要柔软缠绵，但不宜过缓。

（十二）前撩点步举剑（倚天拔剑）

1. 两脚落地，右手握剑和左手剑指不变（图 5–40）。

图 5–40

2. 左脚向西南上步，右脚跟步以脚尖在左脚后面点地，右腿屈膝；同时，右手握剑臂由上向后回环，转肩使剑尖从前向上、向后、向下、向前绕行一周，用剑刃向前螺把撩挑，肘稍屈；身躯随之向右醉颠侧倾；眼视剑尖；左手剑指仍平举身后（图 5–41）。

3. 上动未停，身躯向右后醉倚，右脚随势向后退步；右手握剑屈肘将剑柄收至右腰近侧，使剑尖向右平摆，手心朝上；此时，身躯右转醉颠侧倾，左脚跟掀起以脚尖虚点地面，左手剑指屈肘向上举起与头顶平齐；眼视剑尖（图 5–42）。

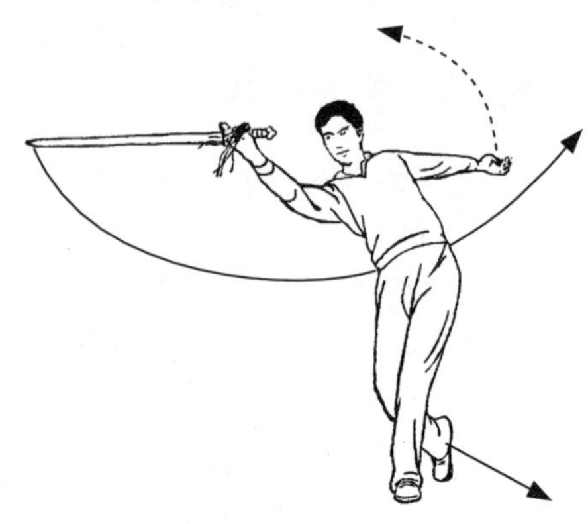

图 5–41

图 5–42

4. 上动未停，趁身躯倾颠之势右脚向右横跨一步，左脚随之跟进一步仍以脚尖点地；右手握剑向上举起，肘稍屈，手心朝左，剑尖朝上，刃分前后；同时，身稍向左转；左手剑指直臂在左侧下垂，稍离胯侧，手心朝后；眼向正西方注视（图 5–43）。

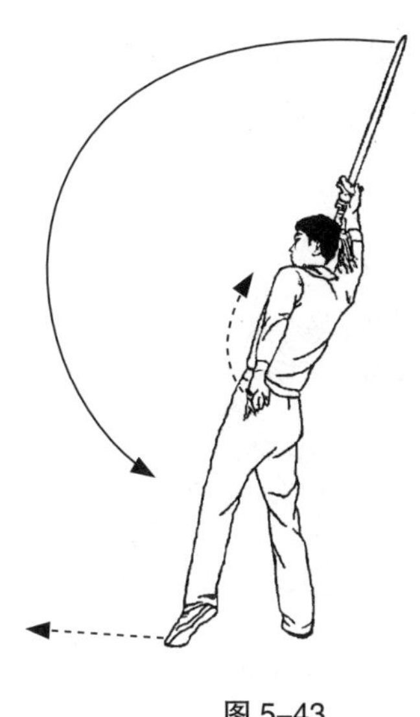

图 5–43

要点：撩剑和举剑均带醉意，至剑上举时身体重心仍向右后偏倚。

第　二　段

（十三）上步劈剑（沉香劈山）

1. 左脚向西上步，左腿屈膝；同时，右手握剑臂内旋手心朝右，屈肘满把使剑尖从上向前、向下、由左腿外侧向后弧形绕行抄起；身躯随之前倾；左手剑指屈肘收至右腋下，手心朝右；眼视剑尖（图 5–44）。

2. 上动未停，右脚向前上步，两腿伸直；右手握剑臂内旋将剑柄从左侧后方屈肘提起，用剑刃前段向前直臂螺把平劈，剑柄高与肩齐；与此同时，身躯左转挺腹后仰，向右醉倾；左手剑指向下、向左直臂弧形绕行平举；眼视剑尖（图 5–45）。

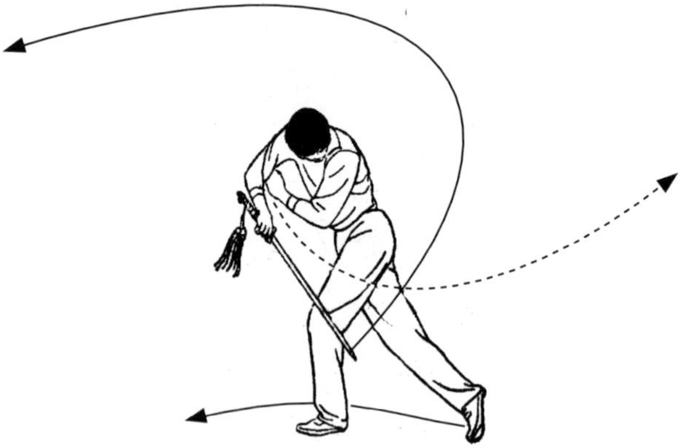

图 5–44

图 5–45

要点：抄剑要贴近身体，劈剑要使剑刃着力。

（十四）歇步挑崩（醉酒邀月）

1. 左脚从身后向右插步；左手剑指从左直臂向下、由身前屈肘向右弧形绕行附于右腋下，手心朝下；与此同时，右手握剑臂外旋手心朝上，屈肘由上向左回环，使剑尖向上、向左弧形绕行转动；眼随剑尖（图 5–46）。

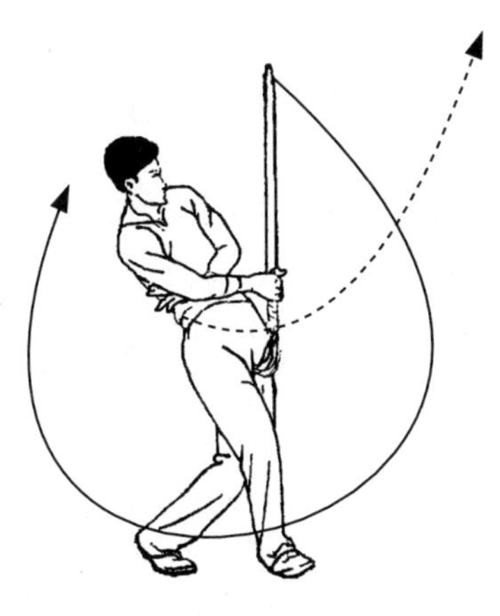

图 5–46

2. 上动未停，两腿屈膝下蹲成左歇步；与此同时，右手握剑剑尖方位不变臂外旋直臂由下向右回环，使剑尖从左向下、向右绕行，至右侧方时屈腕钳把使剑尖向上、向左绕行挑崩至右肩上方；左手剑指直臂向下、向左绕行，至左侧方时屈肘向上环举于头顶左上方；眼向剑尖（图 5–47）。

要点：此动的歇步只做半蹲，整个动作柔和自然，带有醉意。

图 5–47

（十五）转身左右撩剑（醉仙撩衣）

1. 两腿直起，身躯从左向后转至北方；右手握剑随身转动，臂外旋手心朝上由右向前摆臂，用剑刃前段向左、向前平绕螺把横斩，将剑柄收于腹前；左手剑指由胸前下沉，屈肘附于右腕上面，手心朝下；同时，身向右后醉倚；眼视剑尖（图 5–48）。

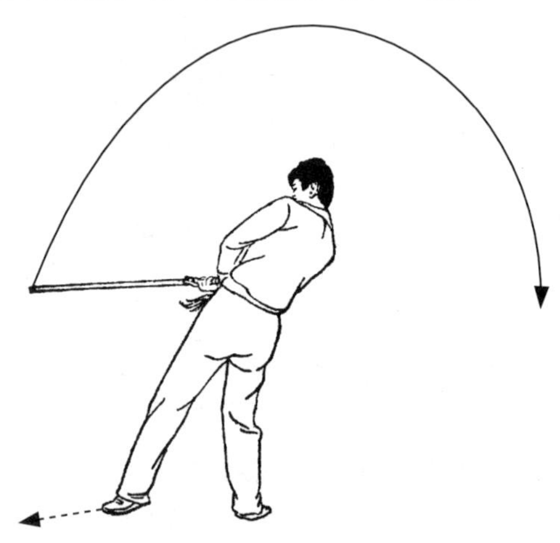

图 5–48

2. 上动未停，身躯左转向西，左脚向前上步，左腿屈膝；同时，右手握剑屈肘使剑尖向上，由左侧向后绕行转动，手心朝右；身躯随势继续左转；左手剑指仍附右腕（图 5-49）。

图 5-49

3. 上动未停，右手握剑将剑柄向上屈肘提起，用剑刃前段向下、向前绕行撩挑，手心朝右；身躯随势右转；左手剑指仍附右腕（图 5-50）。

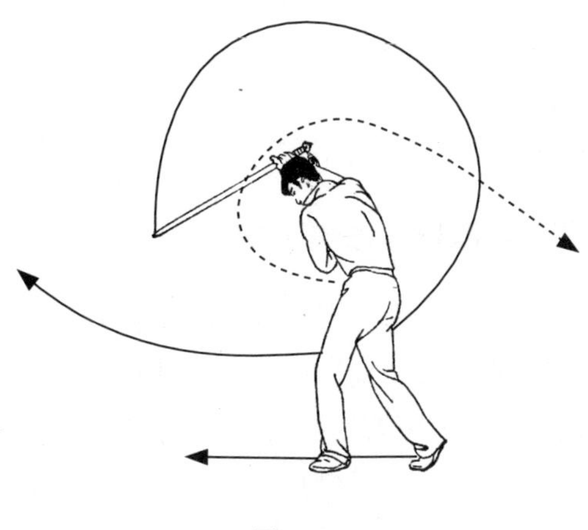

图 5-50

4. 上动未停，右手握剑用剑刃前段从前向上、向后、向下、由右腿外侧向前直臂绕行撩挑，手心朝上，剑柄高与眉齐，剑尖朝前下斜垂；左手剑指随之从右腕经右肩前向下、向前、向上、向后直臂回环绕行；在剑向前方撩挑时，右脚随之向前上步，两腿伸直，身向左转稍做后仰；眼视剑尖（图 5–51）。

图 5–51

要点：左右撩剑必须使剑贴近肩臂和腿部绕行，不可离身太远。

（十六）挽花腾空洗剑（白蛇吐信）

1. 右手握剑由下向后摆臂使剑尖向下、向后直臂弧形绕行；左手剑指向上、向前直臂弧形绕行；同时，身向右转（图 5–52）。

2. 右手握剑用剑刃中段从后向上、向前直臂绕行满把劈砍，剑尖朝上，剑柄高与肋齐；左手剑指从前向下、向后弧形绕行，肘微屈；同时，身向左转（图 5–53）。

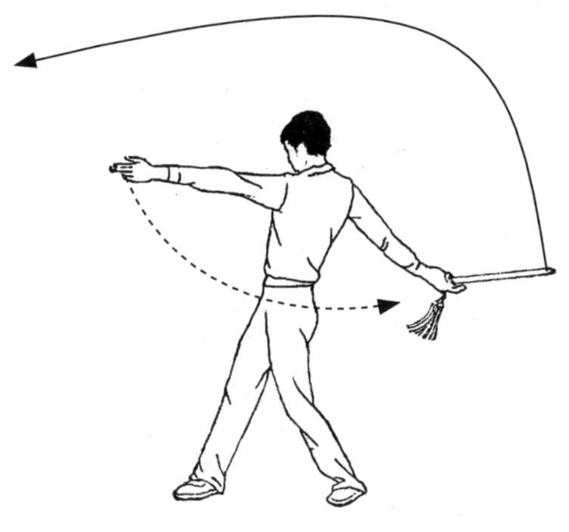

图 5-52

图 5-53

3. 上动未停，右手握剑以腕关节为轴，转腕使剑尖从上向右、向下、由身前向左、向上绕行一周挽花，随即臂外旋屈肘钳把将剑柄收至胸前，手心朝里；左手剑指屈肘附于右腕里面，手心朝前；同时，两腿屈膝半蹲；眼视剑尖（图 5–54）。

4. 上动微停，两脚蹬地跳起，身体腾空，在空中左腿直垂，右腿屈膝举向身后；右手握剑手心朝上，剑身扁平，用剑尖向前直臂平伸洗刺；左手剑指直臂伸向身后，拇指一侧朝上；眼视剑尖（图 5–55）。

图 5–54

图 5–55

要点：向前劈剑的动作要柔和稍缓，挽花的动作要突然加快，两腿屈膝半蹲要微做停顿，跳起洗剑要快速。

（十七）骗腿抹剑（张果跨驴）

1. 两脚并步落地（图 5–56）。

2. 身躯向左后醉倚；右手握剑臂内旋手心朝下，直臂满把将剑柄收至右胯外侧，使剑身扁平；同时，左手剑指屈肘附于右肘上面，手心朝下；眼视剑身（图 5–57）。

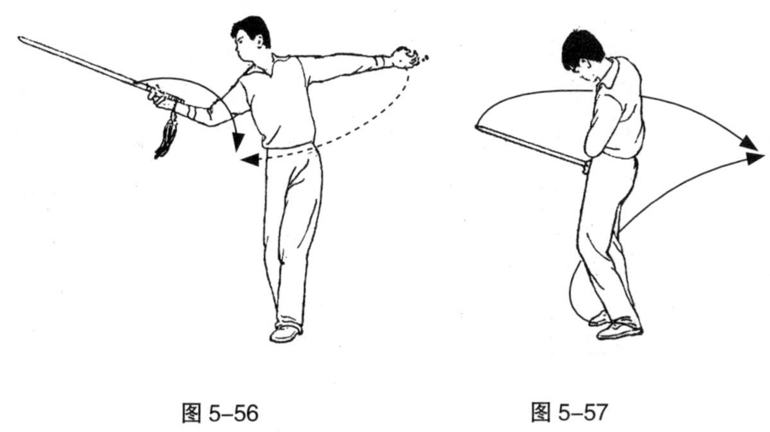

图 5–56　　图 5–57

3. 上动未停，右腿向身前踢起，稍高过腰，右脚脚尖勾起，以左脚掌碾地为轴使右腿从前向右、向后平摆骗腿，身躯随之转动；在骗腿的同时，右手握剑用剑刃向右、向后平抹，手心仍朝下；左手剑指不变；眼随剑身（图 5–58）。

4. 右腿继续平摆，身躯向后转至西方，右脚在身前落步；右手握剑继续随身转动用剑刃向右、向后平抹抽带；左手剑指趁势收于右肩前；身躯始终保持向左后醉倚之势；眼随剑身（图 5–59）。

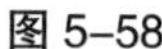
图 5–58

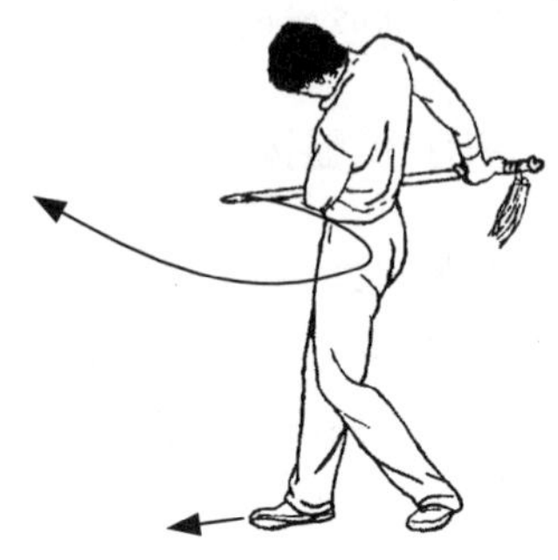

图 5–59

要点：骗腿上马一般都是正面跨上，而此动的骗腿借用张果老倒骑驴的典故用了个反面跨上。练习时要带有醉中反跨毛驴的意味，但是在醉意之中必须把抹剑的动作做好，不可忽略。抹剑的关键处，就在于右脚落步时将剑由右向后抽带，没有这一抽带便成了剑随身转，失去了抹剑的作用。另外，在醉意之中还必须使骗腿带有外摆的劲力，不可软绵无劲。

（十八）穿剑云顶跪步架剑（蝴蝶穿花）

1. 右脚前移，身躯左转向右醉颠侧倾；右手握剑随身转动，臂外旋手心朝上，剑身扁平，使剑尖由腰前左臂下面向左螺把穿伸；而后变满把，剑尖上翘，从左向上、向右绕行；左手剑指仍附右肩前（图 5–60）。

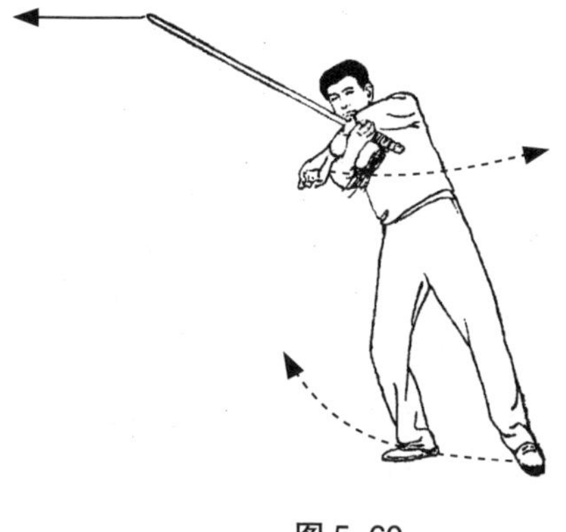

图 5–60

2. 上动未停，右手握剑手心朝上，向右摆臂螺把使剑尖继续向右绕行穿伸；左手剑指从右向前、向左平绕摆动；与此同时，趁身躯醉颠侧倾之势左脚由右腿前向右迈步，两腿均自然屈膝（图 5–61）。

图 5–61

3. 左脚掌碾地为轴，右脚离地，身体从右向后转；两臂随身转动；在身体转至东方时，右脚在身后落地；左手剑指屈肘附于右肘内侧，手心朝下；同时，右手握剑以腕关节为轴，转腕使剑尖从身前向右、向上绕行云剑，手心转朝左（图 5–62）。

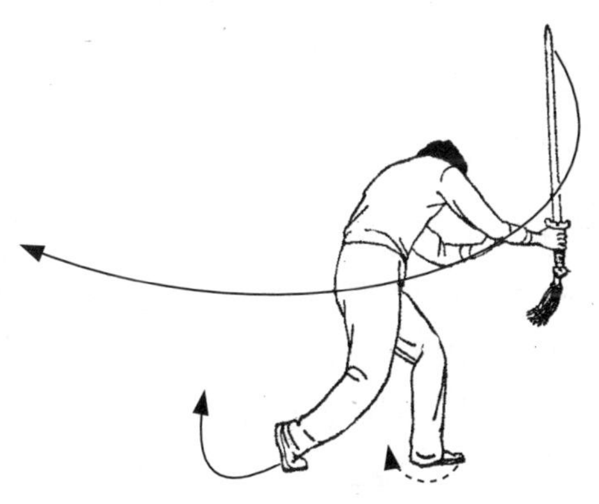

图 5–62

4. 上动未停，右手握剑继续使剑尖从上向左绕行，手心转朝下；随即两脚掌碾地，身躯从右向后转至西北；与此同时，右手握剑随身转动，屈肘将剑柄收至右耳侧旁使剑身横架平举，手心朝右，剑尖朝西，刃分上下；左手剑指顺势附于右腕，手心朝右，左肘下垂；右脚脚尖朝西，右腿屈膝半蹲，左腿屈膝跪蹲接近地面，左脚脚尖点地，成左跪步；身略倾俯；眼向正西前方注视（图 5-63）。

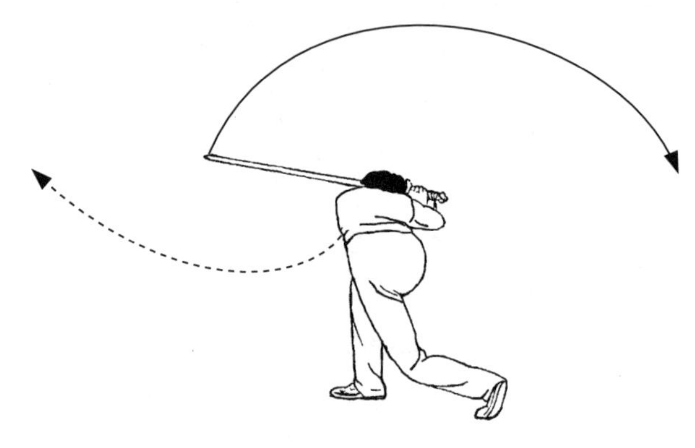

图 5-63

要点：穿剑、迈步、转身、云剑、跪步架剑，这一系列的动作都必须在醉意缠绵之中贯穿一起，一气呵成。

（十九）击步挽花踢腿挑剑（扬鞭催马）

1. 两腿起立；右手握剑用剑刃直臂向上、向后弧形绕行劈砍，剑柄高与胯齐，剑尖斜朝上；左手剑指直臂向下、向前弧形绕行平举，手心朝右；回头眼视剑身（图 5-64）。

2. 左脚向前上步，左腿屈膝，右腿伸直；眼视剑指（图 5-65）。

3. 左腿直起，右脚擦着地面疾速向前击碰左脚，左脚受击后迅速离地提起（图 5-66）。

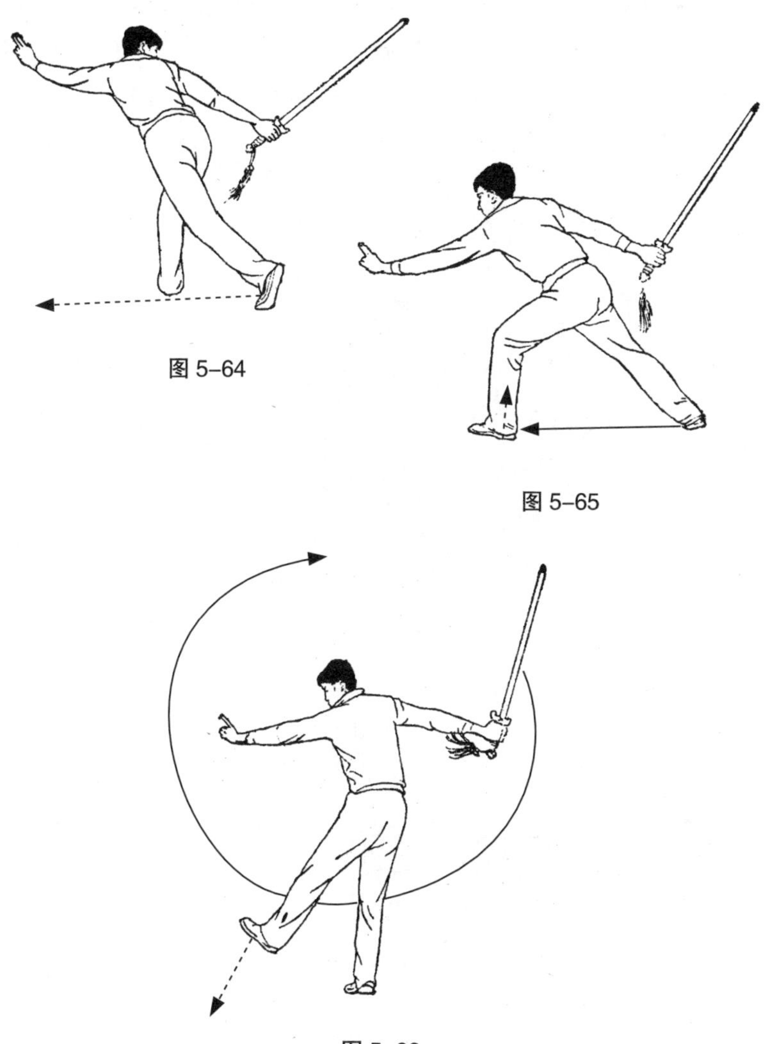

图 5–64

图 5–65

图 5–66

4. 左脚向前落步，左腿稍屈膝；右手握剑剑尖朝东的方位不变臂内旋手心朝左，由下向前摆臂使剑尖从后向下、向前、向上绕行满把抄起；左手剑指屈肘附于右肘内侧，手心朝下（图 5–67）。

5. 右手握剑臂内旋以腕关节为轴，转腕使剑尖向后、向下、向前、臂上举向上、向后绕行挑起；左手剑指顺势收于右肩前，手心朝右；在向上举臂挑剑的同时，左腿伸直站立，右腿向前直摆踢起，右脚脚尖勾紧；眼视右脚（图 5–68）。

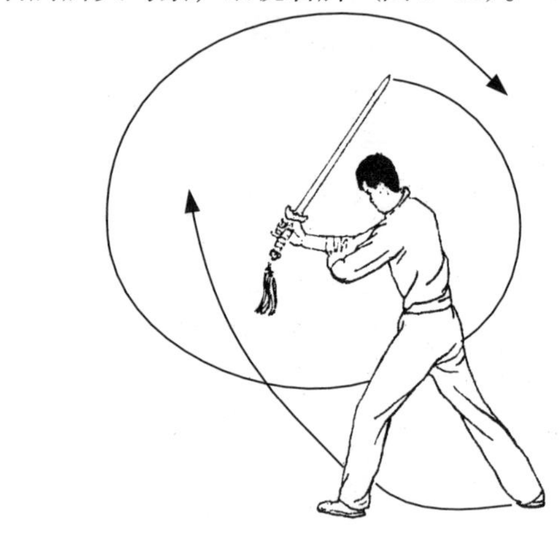

图 5–67

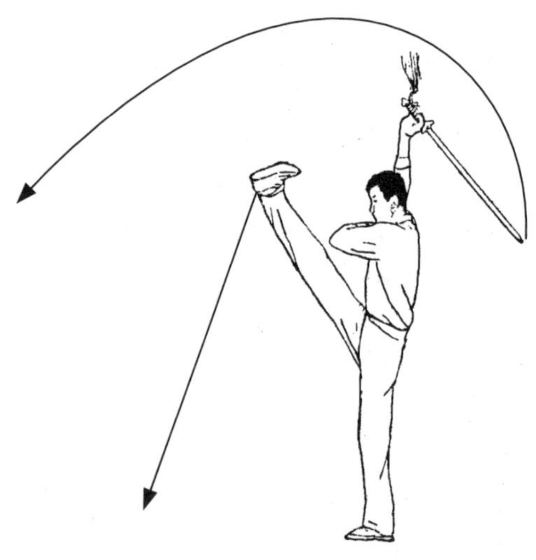

图 5–68

要点：击步一定要使脚掌擦着地面向前速进；挑剑要紧接着挽花举臂将剑上挑扬起；踢腿必须保持两膝挺直，脚尖朝向前额踢去；整个动作要做得快速有力。

（二十）竖叉劈剑（马失前蹄）

右脚向前远处落步，两腿前后劈开着地成竖叉，右脚尖勾紧，左脚尖伸直；同时，左手剑指从右肩向前、向左、向后直臂弧形平绕直举，拇指一侧朝上；右手握剑用剑刃中段向前、向下直臂螺把劈砍平举，拇指一侧朝上；眼视剑身（图 5–69）。

图 5–69

要点：此动对腿髋的柔软性要求很高，根据自己的条件可以把此动改为弓箭步劈剑，即右脚向前落步右腿屈膝、左腿伸直，劈剑和剑指动作不变。

（二十一）绞腿扫剑（乌龙绞柱）

1. 身躯从左向后转，就势向左侧倒地；左手剑指自然屈肘附于右腋下；右手握剑随身转动，臂内旋手心朝下，使剑贴近地面从西向南、向东、向北、向西低扫一周，臂肘自然稍屈；同时，右腿随剑低绕一周，左腿自然屈膝（图 5–70）。

2. 身躯翻转以两肩着地，腰背竖起；右腿从西向南、向东、向北螺旋绞起，左腿随之从东向北、向西、向南螺旋绞起，两腿相绞；同时，右手握剑从西向南、向东平绕低扫，左手剑指从右腋经腹前向左平绕摆动（图 5–71）。

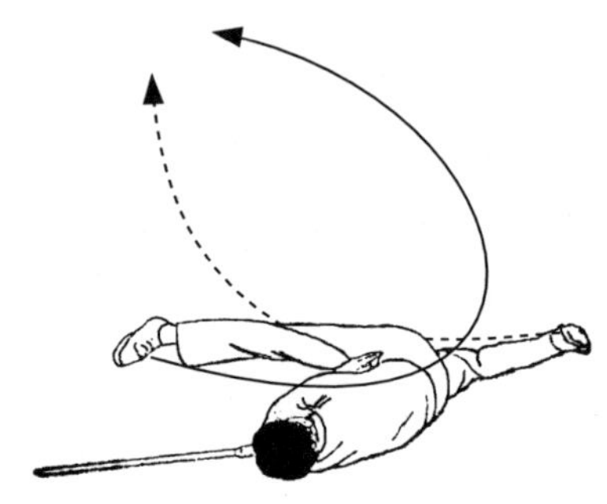

图 5–70

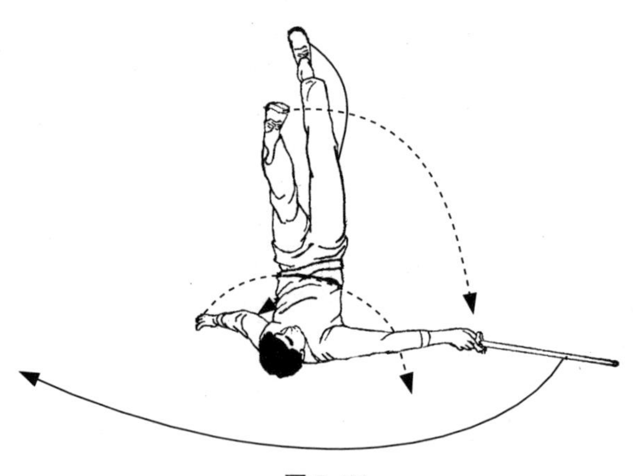

图 5–71

3. 右手握剑从东向南、向西平绕低扫，身躯向右翻转；右腿顺势屈膝以外侧卧地，右脚绕至西北方；左脚向东南方落地踏实；同时，左手剑指放开，随翻身之势在身前东方屈肘撑地；然后，右腿跪地，左手撑地，右手握剑也撑地，将身撑起；随即右手握剑离地，反手举于右侧；左手握成剑指离地，屈肘举于胸前；眼视剑尖（图5–72）。

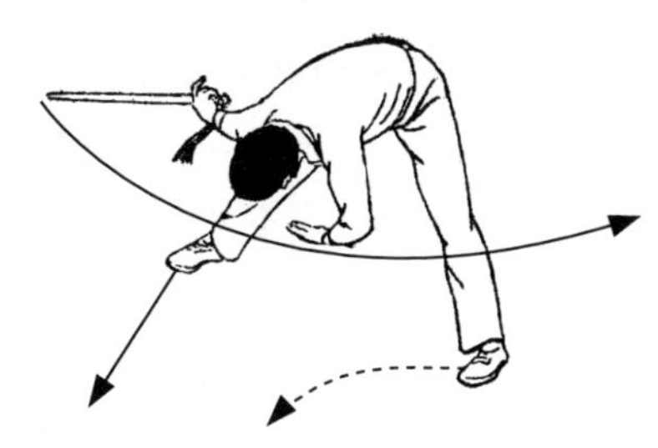
图 5–72

要点：绞腿要使腰背竖起，两腿螺旋向上绞起；其他扫剑、剑指摆动、翻身等动作，均随绞腿之势自然运动，不要拘泥。如果感到此动困难，也可由“竖叉劈剑”或“弓箭步劈剑”直接接做下面的“点步举剑”，把此动取消。

（二十二）点步举剑（倚天拔剑）

1. 身躯直起，左手剑指从身前向左直臂摆向身后；右手握剑手心朝下向左摆臂，屈肘将剑柄收至腹前，使剑尖从右向前、向左弧形绕行摆动；与此同时，身向右前醉颠，右脚随醉颠之势向西南踉跄上步，左脚跟进（图 5–73）。

图 5–73

2. 上动未停，抬头仰身，右手握剑以腕关节为轴转腕使剑尖从左向后、由胸上向右绕行至右肩前；此时，身躯直起向右醉颠侧倾，左脚从右腿前向右迈步（图 5–74）。

3. 右脚向西南方跨步，身稍左转向右后醉倚，左脚随之以脚尖点地；同时，右手握剑直臂向上举起，稍向右偏斜，手心朝左，剑尖朝上，刃分前后；左手剑指自然直臂在身后下垂；眼视前方(图 5–75)。

要点：同（十二）前撩点步举剑。

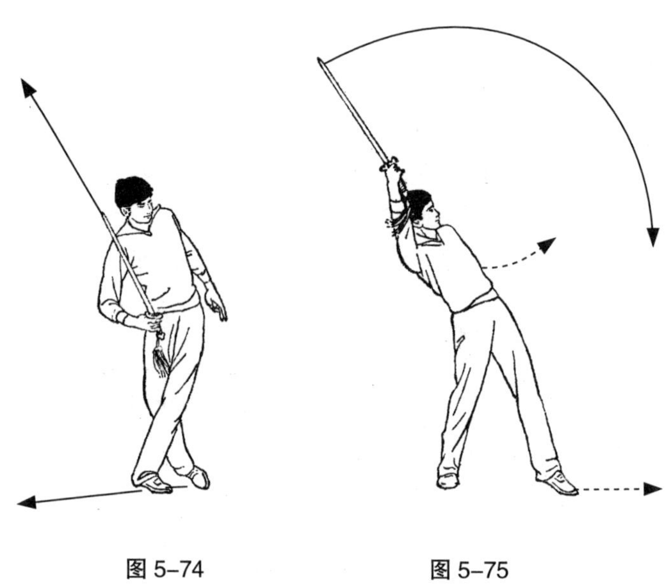

图 5–74　　图 5–75

第三段

（二十三）左右挽花劈剑（童子捕蝶）

1. 左脚向东上半步，脚尖外展，左腿屈膝；同时，右手握剑臂向前下沉斜举，用剑刃向前、向下直臂满把劈砍，手心朝左，剑身平直；左手剑指屈肘伸向右肘后，手心朝下，剑指朝右；眼视剑身（图 5–76）。

2. 右脚从左腿前向左迈步，脚尖外展，两腿均屈膝，左脚脚跟顺势离地掀起；同时，右手握剑以腕关节为轴，转腕使剑尖从前向下、由左腿外侧向后、向上、向东南绕行一周挽花；身躯随势右转朝向东南，左手剑指不变；眼随剑身（图 5–77）。

3. 上动未停，左脚向东北方上步，左腿屈膝，右腿伸直，成左弓箭步；同时，右手握剑以腕关节为轴，转腕使剑尖从前向下、由右腿外侧向后、向上、向东绕行一周挽花劈砍，右臂仍在身前向下斜举，剑尖翘起与肩平齐；左手剑指随之直臂向下、向左、屈肘向上弧形绕行，环举于左肩上方，手心朝前，剑指稍高过头；眼视剑身（图5–78）。

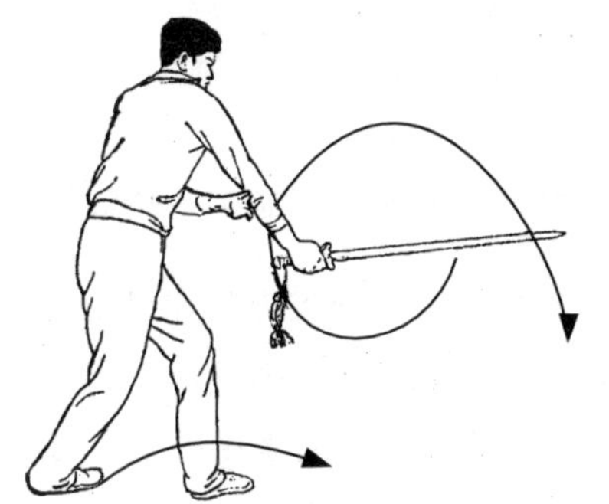
图 5–76

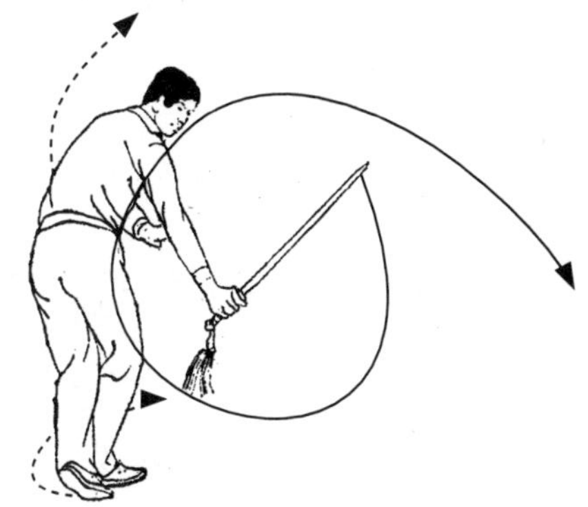
图 5–77

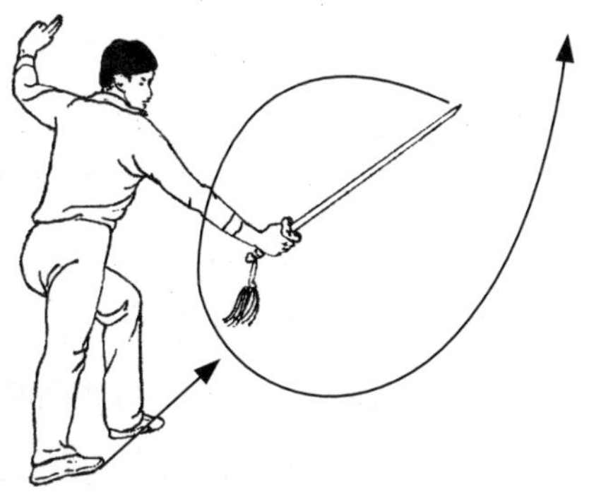
图 5–78

要点：挽花要使手腕旋转灵活，剑法与步法要紧密配合；成劈剑时，左臂必须屈成半圆，右手要满把握剑，剑刃中段着力。

（二十四）跟跄步撩崩剑（醉仙撩衣）

1. 右手握剑，剑尖方位不变，臂外旋手心朝右，屈肘将剑柄收至右肩外侧，转肘使剑尖从前向上、向后、向下转肩向前绕行一周，用剑刃前段向前螺把撩起，手心翻转朝上；与此同时，左腿直起，右脚向东北方上步，身躯左转向右前醉倾，左脚随势将脚跟离地掀起，重心移于右腿；左手剑指从上向左后直臂摆下；眼视剑尖（图 5–79）。

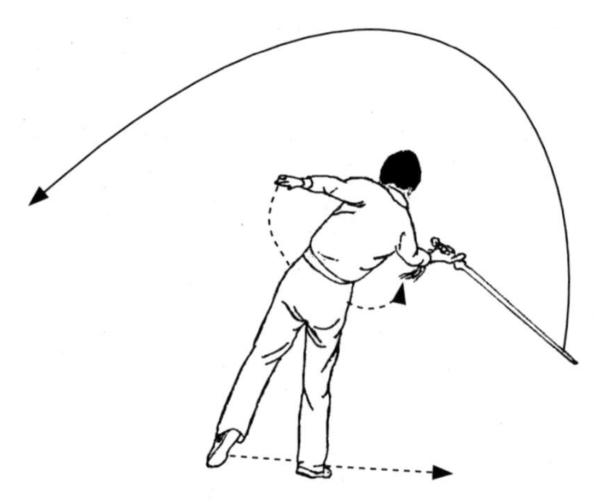

图 5–79

2. 上动未停，右手握剑将剑柄由脸前屈肘向左、向下回环，使剑尖从前向上、向左后绕行转动；左手剑指随之屈肘向下，由身前向右弧形绕行收至右腋下；与此同时，身向右后东南斜方醉倚，左脚随势由右腿前向东南方迈步，脚尖外展，左腿屈膝（图 5–80）。

3. 上动未停，右手握剑挥臂使剑尖从后向下、向前、臂外旋向上、转腕由右肩外侧向后、向下、向前绕行转动一周半，将剑柄屈肘收于右腰前，用剑刃前段向前撩起，手心朝上；左手剑指随之从右腋下直臂向下、屈肘向前、向上、向后绕行附于右手上面，手心朝下；与此同时，身躯醉颠向后倚靠；眼视剑尖（图 5–81）。

图 5–80

图 5–81

4. 上动微停，右脚随身躯醉倚之势向西南方划弧踉跄移步，右腿屈膝，身稍右转；同时，右手握剑臂内旋，陡然向下沉腕，满把使剑尖向上崩击，剑尖斜朝上，高与胸齐，手心朝里；左手剑指顺势附于右腕上面，手心朝下；眼视剑尖(图 5–82)。

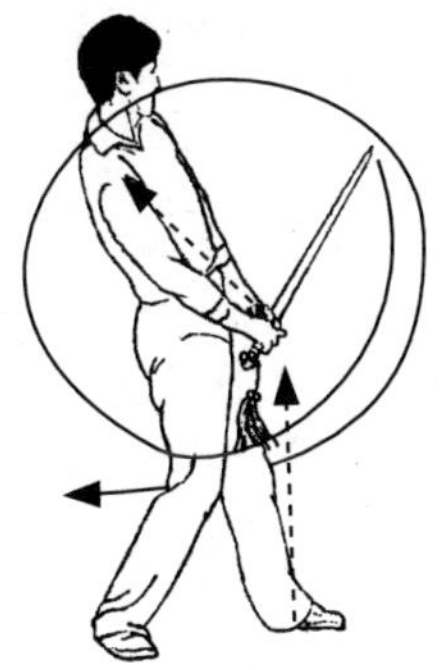
图 5–82

要点：第一次撩剑的动作要柔和缓慢一些，第二次挽花撩剑的动作则要快速一些，撩剑之后一定要微顿一下再陡然沉腕使剑崩起。

（二十五）并步洗剑（专诸端鱼）

1. 右腿伸直站立，左腿屈膝在身前提起，左脚脚尖朝下；同时，右手握剑臂向后、向上、向前回环，直臂使剑尖从前向下、向后、向上、向前、向下、由左腿外侧向后绕行插伸；左手剑指随之屈肘向右肩前，直臂向前、向下、屈肘向右腋绕行；身躯随势前俯；眼视剑尖（图 5–83）。

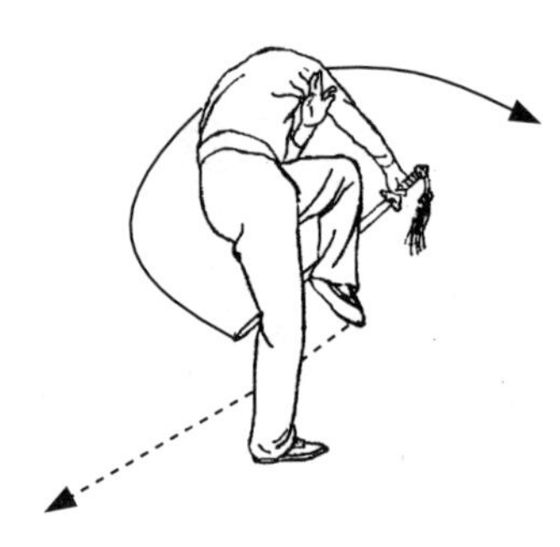

图 5–83

2. 左脚向后退步，身向左转，两腿屈膝，重心偏左；同时，右手握剑方位不变，继续使剑尖从后屈肘向上、由脸前向右绕行，将剑柄钳把收至胸前，手心朝后；左手剑指随之屈肘附于右腕里面，手心朝前；眼视剑尖（图 5–84）。

图 5–84

3. 上动未停，两脚蹬地向上纵起，使两脚微贴地面向中间迅速靠拢并步，两腿伸直；同时，右手握剑用剑尖向右侧方直臂螺把平伸洗刺，手心朝上，剑尖斜朝下，剑身扁平，刃分前后；左手剑指向左侧直臂平伸，拇指一侧朝上；身躯向右侧倾前探；眼视剑尖（图 5–85）。

图 5–85

要点：两脚并步一定要借向上纵起之势使两脚微微贴着地面往中间靠拢，洗剑要与向前探身的动作一起做，不可在洗刺之后再探身；剑尖的斜向下和剑指的斜向上，均是由于身躯侧倾前探之势所形成，两臂实与两肩平。

（二十六）下蹲向前下洗（猛虎下山）

1. 髋从左向后、向右、向前回环转动；同时，右手握剑转腕使剑尖向身前、向下、向后、向上、向前挽一小环，屈肘将剑柄收至胸前下方，手心仍朝上；左手剑指屈肘附于右腕上面，手心朝下（图 5–86）。

图 5–86

2. 上动未停，髋继续向左、向后、向右回环转动，右手握剑屈肘使剑尖从右向前、向左弧形平绕摆动（图 5–87）。

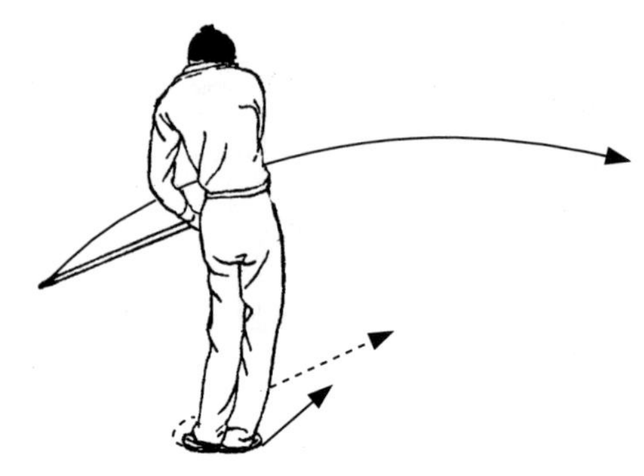

图 5–87

3. 上动未停，身躯向左折腰，由左向前、向右回环摆动；与此同时，左脚随身躯向右回环摆动之势向东北方跳进一步，右脚随之跟进以脚尖在左脚后面点地，两腿屈膝；右手握剑与左手剑指一起屈肘将剑尖从左向右平绕至身前，右臂内旋用剑尖向前直臂螺把斜伸下洗，手心均朝下，剑身扁平，刃分左右；身前探；眼视剑尖（图 5–88）。

图 5–88

要点：髋的回环要在醉意之中；身躯回环向右时要使重心向东北方移去，借以带动左脚的向前跳步；洗剑要向前下方洗刺，左手剑指附于右腕，两臂向前下方斜伸。

（二十七）倒弓步崩剑（崩断昆仑）

右脚向西南方退步，脚尖外展，右腿屈膝，左脚尖方位不变，左腿伸直；同时，身躯右转向右侧倾；右手握剑臂外旋手心朝后，直臂满把陡然向下沉腕将剑柄沉于左胯前面，使剑尖向上崩击，剑身垂直；左手剑指仍附右腕；眼视剑尖（图 5–89）。

图 5–89

要点：崩剑应先使右手放松，在陡然沉腕的一瞬间才用劲紧握使剑尖向上崩起。

（二十八）点步劈剑（劈石试剑）

1. 右腿直起，身向左转；右手握剑在身前使剑尖直臂向前、臂内旋向下、屈肘由左腿外侧向后弧形绕行；左手剑指仍附于右腕；眼随剑尖（图 5–90）。

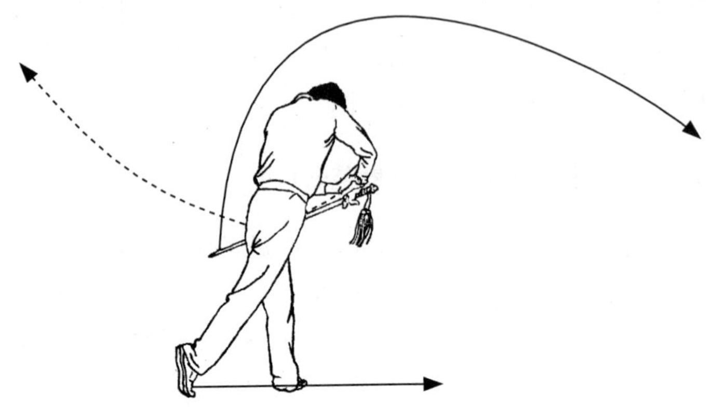

图 5–90

2. 上动未停，右脚向前上步，左脚跟进在右脚后面以脚尖点地，两腿均伸直，身向左转；同时，右手握剑在身前将剑满把提起过头，用剑刃前段向上、向右弧形绕行直臂螺把平举劈砍，拇指一侧朝上；左手剑指随之直臂向下、向左、屈肘向上弧形绕行环举，手心朝上，剑指朝右；眼视剑身（图 5–91）。

要点：劈剑时身体重心要向右侧前移，左脚尖只是虚点地面。

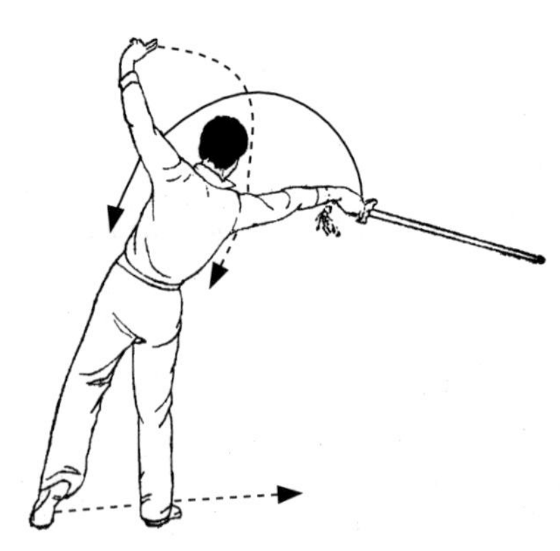

图 5–91

（二十九）歇步挑崩（醉酒邀月）

1. 左手剑指从上屈肘向右绕行至右腋处，肘垂于胸前，手心朝下；同时，右手握剑臂外旋手心朝上，屈肘满把将剑柄从右向上，由左臂前面向左绕行至左肘外侧，使剑尖从右向上绕行，两肘在胸前交叉相抱；左脚随之由腿前面向右迈步（图 5–92）。

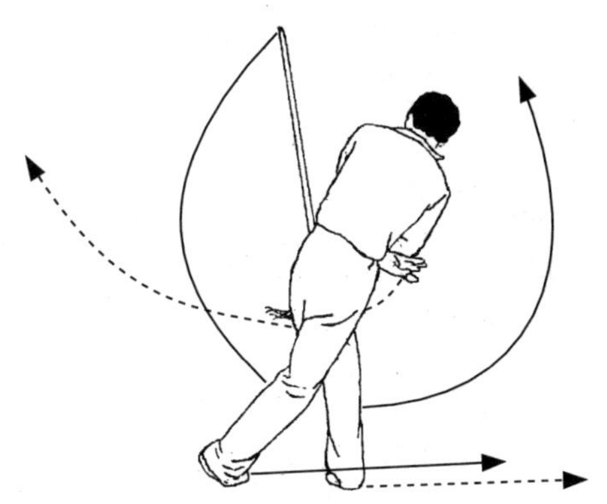
图 5–92

2. 上动不停，右脚向右跨步，左脚随之由右腿后面向右插步，两腿屈膝下蹲成左歇步；与此同时，右手握剑向下、向右摆臂，使剑尖向左、直臂向下、臂外旋向右、屈腕钳把向上绕行挑崩，剑柄高与腰齐，剑尖斜朝右耳际，手心朝前；左手剑指随之直臂向下、向左、屈肘向上弧形绕行环举，手心朝上，剑指朝右；眼视剑尖（图 5–93）。

图 5–93

要点：此动的歇步是全蹲，但仍须带有醉意。

（三十）前撩云顶转身带剑（醉汉勒缰）

1. 两腿直起，身体从左向后转朝东方，两臂自然在两侧下垂，身向后仰醉倚（图 5–94）。

2. 上动未停，身向前醉颠，右脚随势向前上步；右手握剑向前摆臂平举，用剑刃前段向后、向下、向前弧形绕行撩起；此时，身躯左转；左手剑指自然伸于左后方；眼视剑身（图 5–95）。

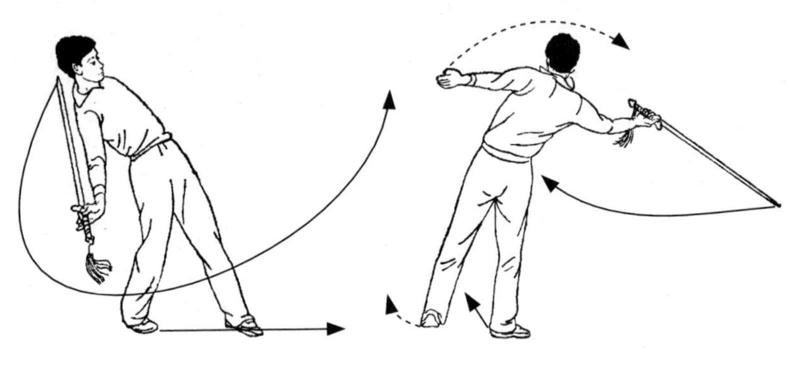

图 5–94

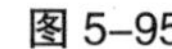

图 5–95

3. 身躯向东北方醉颠，左脚跟随势外展，右脚向东北方迈步，脚尖外展朝东；同时，右手握剑剑尖方位不变臂内旋手心朝下，转腕使剑尖屈肘向右下、向后、臂外旋由腰前向左搅剑绕行，手心翻转朝上；左手剑指从左向前屈肘环举于额前，手心朝前，剑指朝右；在剑绕经腰前时，身前俯，腰腹后缩，剑身成扁平（图 5–96）。

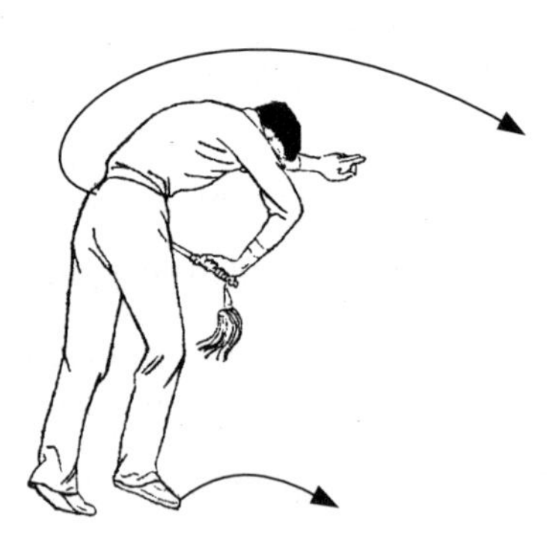

图 5–96

4. 趁身躯前颠之势，右脚向左、向前绕行上步，右腿屈膝；同时，右手握剑绕臂使剑尖继续从左向前屈肘绕行，将剑柄绕至脸前（图 5–97）。

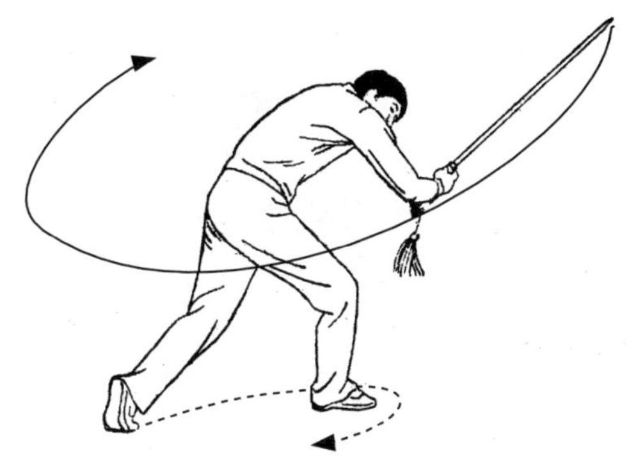

图 5–97

5. 上动未停，右脚掌碾地为轴身体从右向后转至西方；左脚离地提起随身转动，转身之后在右脚内侧着地并步；右手握剑随身转动，使剑尖向右上绕行转动；左手剑指在转身后屈肘附于右腕里面，手心朝右（图 5–98）。

图 5–98

6. 上动未停，右脚后退一步，两脚掌碾地为轴身体继续从右向后转至东方；

转身之后右腿屈膝，左腿伸直；在转身的同时，右手握剑在胸前屈肘转腕使剑尖从右上向后、向左搅剑绕行云顶，转身后将剑柄向右肩后面勒带，手心朝右，剑尖朝前，剑身平直，刃分上下；左手剑指仍附于右腕不变，身躯向右偏斜；眼向前方注视（图 5–99）。

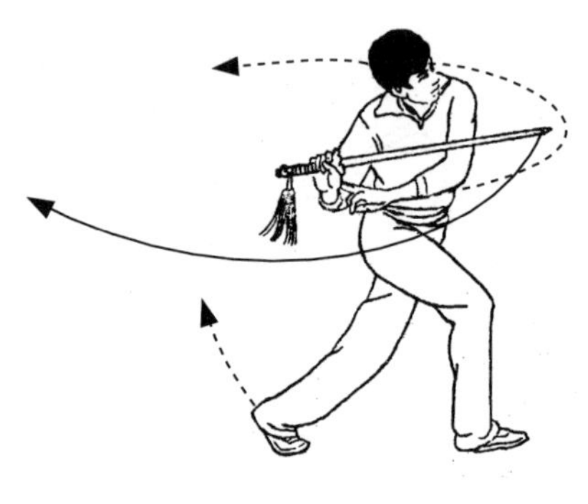

图 5–99

要点：上面的分解动作必须连贯成一个整体，动作要缓慢一些带有醉意，至转身将剑柄勒带时则要稍快突然收住。

（三十一）行步回身提剑（提壶沽酒）

1. 右腿直起，身向前倾，右脚跟离地掀起，左脚离地在身后屈膝抬起；与此同时，两臂分由左右向后平摆，剑指绕向左后方，剑尖绕向右后方，手心朝上；抬头挺胸，眼视前方（图 5–100）。

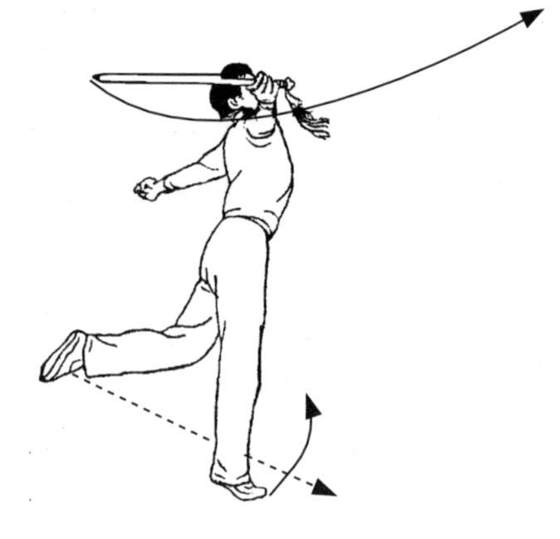

图 5–100

2. 上动微停，左脚向东上步，右脚随之迈过左脚向东北方上步；左手剑指在左侧自然下垂，右手握剑随步转动；眼视剑身（图 5–101）。

3. 左脚向北行步，右脚随之向东北行步；右手握剑向前摆臂使剑尖从右向前平绕摆动，剑身扁平，刃分左右；左手剑指附于右腕，手心朝下（图 5–102）。

图 5–101

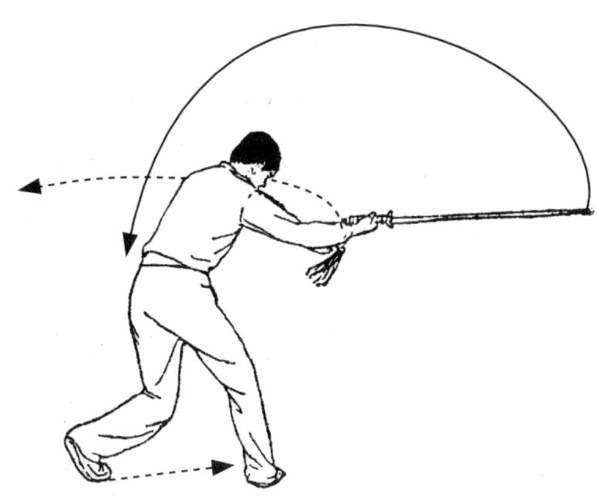

图 5–102

4. 右脚脚跟外转使脚尖朝北，右腿伸直，身向左转，左脚收于右脚内侧以脚尖点地，左腿伸直；与此同时，右手握剑臂内旋向上屈肘，使剑尖向上、向左、向下弧形绕行，将剑柄向右肩上方提起，手心朝前，剑尖朝左下斜垂；左手剑指经右肩前向左直臂平伸指出，手心朝前，剑指朝左；在剑指伸出时，身躯向左稍折腰；眼视剑指（图 5–103）。

图 5–103

要点：行步从左脚向东上步开始，经东北向北绕一半圆，共行 4 步；行步时两腿必须屈膝，行走要轻快如流水；点步回身提剑，须注意将剑靠近身体，但不可贴在身上；腰向左稍折，但须直背，不可将背拱起。

第 四 段

（三十二）叉步点剑（点石成金）

1. 左脚向西上步，脚尖外展，左腿屈膝；身躯随之左转；右手握剑使剑尖顺势由左腿外侧向东插伸；左手剑指屈肘附于右腕上面，手心朝下（图 5-104）。

图 5-104

图 5-105

2. 上动未停，右脚离地提起，从后经左腿前绕向右侧落步，脚尖外展，两腿前后交叉；同时，右手握剑继续使剑尖向东插伸，将剑柄由左肩前向上屈肘满把提起过头，用剑尖向上、向右直臂弧形绕行点击，剑臂向右下斜伸，剑柄高与肋齐，手心朝前；左手剑指随之直臂向下、向左、屈肘向上弧形绕行环举于头顶左上方，手心朝上，剑指朝右；身躯随势向右稍做折腰；眼视剑尖（图 5-105）。

要点：两肩须向下松沉，身法保持挺胸、直背、塌腰，点剑须力贯剑尖，点击时要用螺把。

（三十三）侧倒后翻云剑（岳阳醉跌）

1. 身直起向后仰，右脚向身前伸去，重心落于左腿；同时，右手握剑在身体右侧以腕关节为轴，转腕使剑尖从右下向前、向左上、由脸上向后、向右绕行云剑，手心翻转朝上，剑身偏平，刃分前后；左手剑指直臂向左平举，手心朝上；眼视剑尖（图 5–106）。

图 5–106

2. 上动未停，左腿屈膝，身躯右转以侧面倒向地下，右脚顺势伸向东南；剑和剑指均随身倒地；眼随剑尖（图 5–107）。

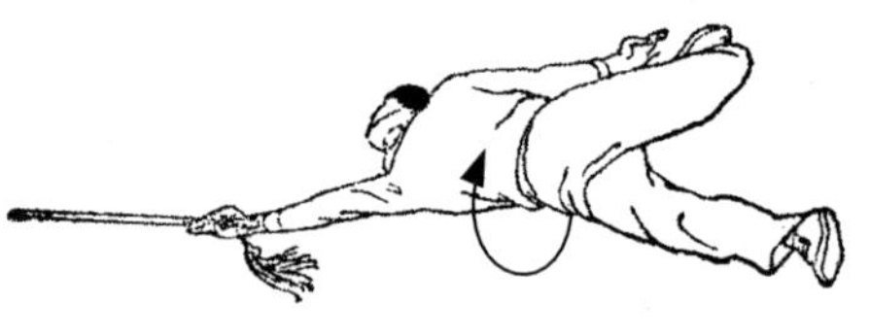

图 5–107

3. 上动稍停，左腿伸直与右腿靠拢，身躯向左翻转仰卧，此时两腿一起向上举起；剑与剑指不变；眼视两脚(图 5–108)。

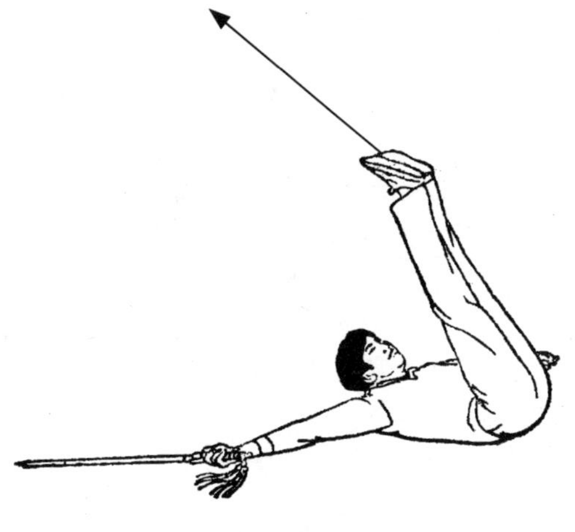

图 5–108

4. 上动未停，两腿向后上伸起，头向左偏以右肩着地使身体向后滚翻（图 5–109）。

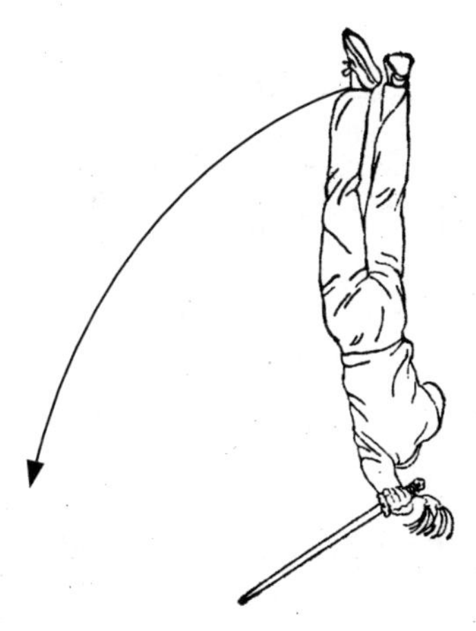

图 5–109

5. 身体向后滚翻成俯卧，剑与剑指手心翻转朝下（图 5–110）。

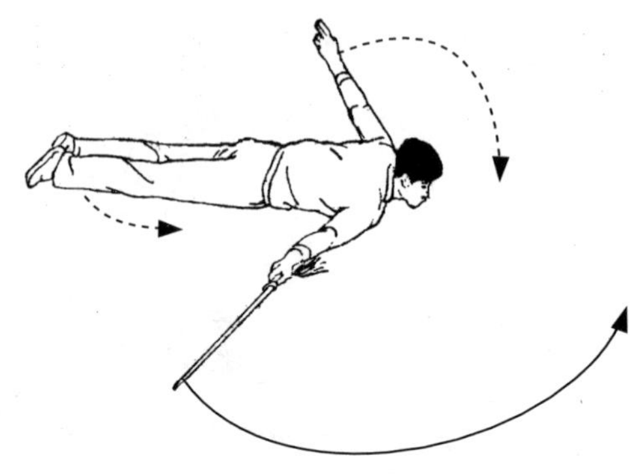

图 5–110

6. 上动稍停，左手剑指放开屈肘摆向前面撑地，使身躯离地；同时，右手握剑贴地使剑向前直臂摆动低扫；身稍右转，左腿屈膝盘起（图 5–111）。

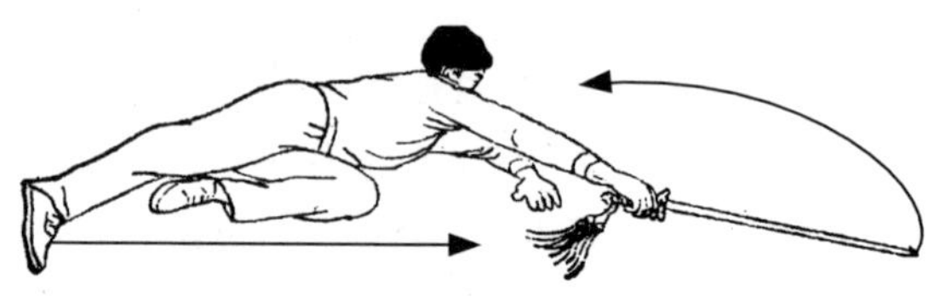

图 5–111

7. 上动未停，身稍左转俯下，左腿跪撑，两手撑起；然后，身躯直起后仰，右脚随之向前上步，右腿屈膝，成为跪步；与此同时，左手剑指离地自然斜举于左下方；右手握剑离地将剑柄提至右耳外侧，肘微屈使剑尖从前向左摆动，手心朝右（图 5–112）。

8. 上动未停，右手握剑在右耳侧以腕关节为轴，转腕使剑尖从左由脸上向后、向右平绕转动；至此，两腿跪起，左腿稍屈膝，右腿伸直，身躯含胸前俯；同时，右手握剑向前摆臂，用剑刃从右向前直臂平斩，手心斜朝上，剑尖朝前，刃分左右；左手剑指则从左向前摆臂使剑指附于右手里侧，手心朝右，剑指朝前，两手均与胸齐平；眼视剑身（图 5–113）。

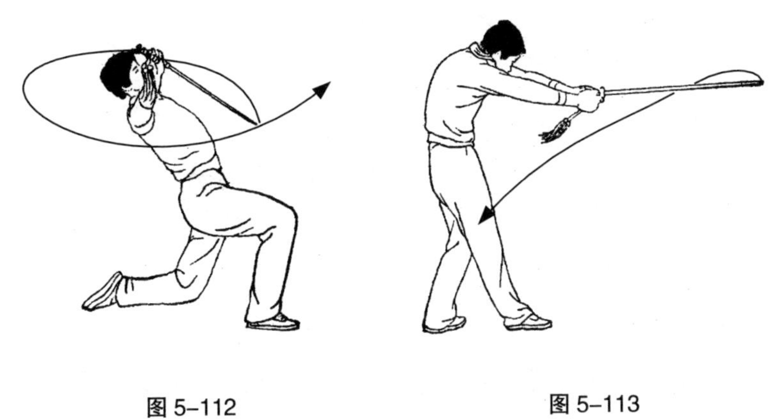

图 5–112　　图 5–113

要点：侧身倒地时，要带有醉意，随着醉势倒卧地下，不要硬跌；向后滚翻时，也随意滚翻，能使腰背竖起更好，不能竖起则卷体后翻也可以；滚翻之后，跪腿的仰身和站起后的俯身都须在醉意之中进行，要以腰使身躯向前后振摆，动作要柔和缓慢一些。

（三十四）退步左右�剑（湖中荡桨）

1. 紧接前动的云剑，右手握剑臂内旋手心朝下，使剑尖稍向左自然摆动，直臂将剑柄向右、向后抽回，用剑刃向右下横斩；左手剑指直臂向左下方摆动；同时，身体重心向后移动；眼视剑身（图 5–114）。

2. 趁重心后移之势，右脚向后退步；右手握剑臂外旋手心朝上，使剑尖自然摆向右后方，屈肘将剑柄向前、向左平摆，用剑刃向左横斩；左手剑指自然摆向身后，肘微屈；眼随剑身（图 5–115）。

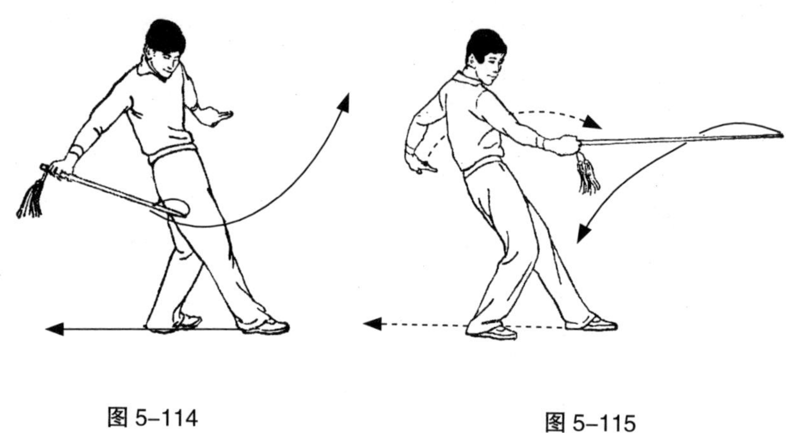

图 5–114　　图 5–115

3. 趁重心后移之势，左脚向后退步；右手握剑臂内旋手心朝下，使剑尖自然摆向左方，屈肘将剑柄从左由腰前向右抽带，用剑刃向右横斩；左手剑指自然从后由左摆向身前；眼随剑身（图 5–116）。

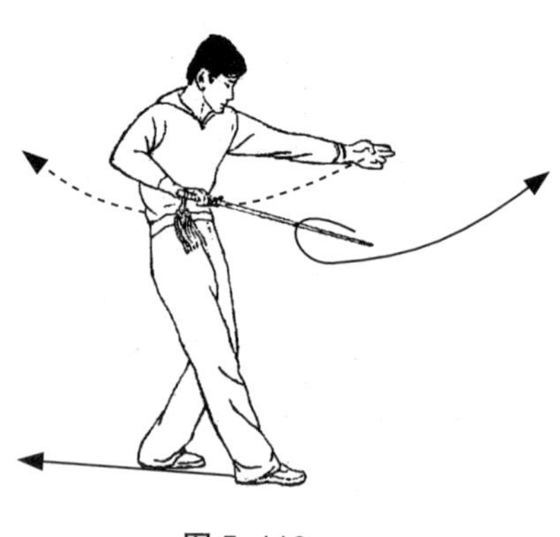

图 5–116

4. 趁重心后移之势，右脚向后退步；右手握剑臂外旋手心朝上，使剑尖自然摆向右方，屈肘将剑柄从右向前、向左平摆，用剑刃向左横斩；左手剑指自然从前由左摆向身后；眼随剑身（图 5–117）。

图 5–117

要点：在退步时，身体重心始终向后移动，以醉倚之势带动步法的后退；剑的左右横斩拂剑，要像荡桨那样自然摆动，在自然摆动之中暗蓄着斩击之意，须用柔劲，不要用刚劲；随着剑的横斩劀动，身躯也必须以腰为轴向左右转动微做摇摆，使身剑合谐。

（三十五）翻身抡劈点步洗剑（麻姑献酒）

1. 前动不停，右手握剑将剑柄从前向左、向后收至腹前，使剑尖稍向左、向下弧形绕行至左腿前；身躯随之右转；左手剑指随身转动，从后摆至左侧；眼视剑尖（图 5–118）。

图 5–118

2. 上动未停，左脚由右腿前向左迈步，

两腿稍屈膝；同时，右手握剑以肘关节为轴，转肘转腕使剑尖从下向右、向上、由脸前向左绕行转动，手心翻转朝后；在剑尖绕至左侧时，左手剑指屈肘附于右腕上面，手心朝下；眼随剑尖（图 5–119）。

图 5–119

3. 上动未停，身向前俯，两脚掌碾地为轴使身躯从右向后上翻转；右手握剑随身翻转，直臂将剑向上举起；左手剑指则直臂摆向左下方；眼随剑尖（图 5–120）。

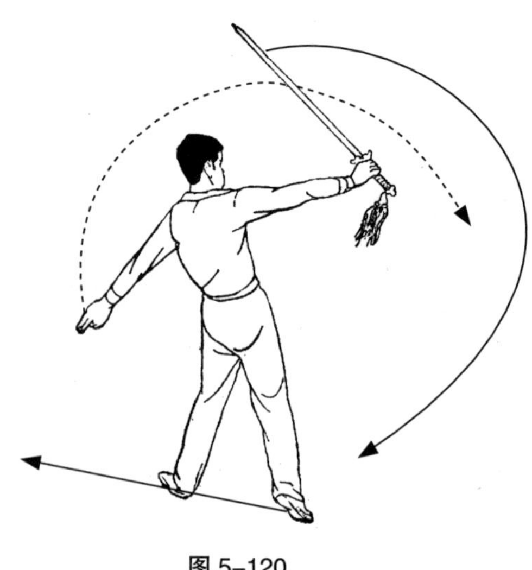

图 5–120

4. 身躯从右向后转，右脚随势向西移步；右手握剑将剑柄从东向下、向西直臂绕行带回，使剑尖向上、向东绕行抡劈；左手剑指随之直臂向上、向东弧形绕行转动；眼随剑尖（图 5–121）。

5. 右手握剑臂由右向上回环，使剑尖从左向下、向右、向上直臂螺把绕行上举；与此同时，身躯左转朝东，左脚向身后退步以脚尖虚点地面；左手剑指方位不变，屈肘举于腹前（图 5–122）。

图 5–121

图 5–122

6. 上动未停，右手握剑臂向前落下，使剑刃直臂向前抡劈，臂内旋转腕使剑尖向下弧形绕行；同时，右脚掌碾地为轴身向左转；左手剑指从身前直臂向下、向左弧形绕行摆动；眼视剑指（图 5–123）。

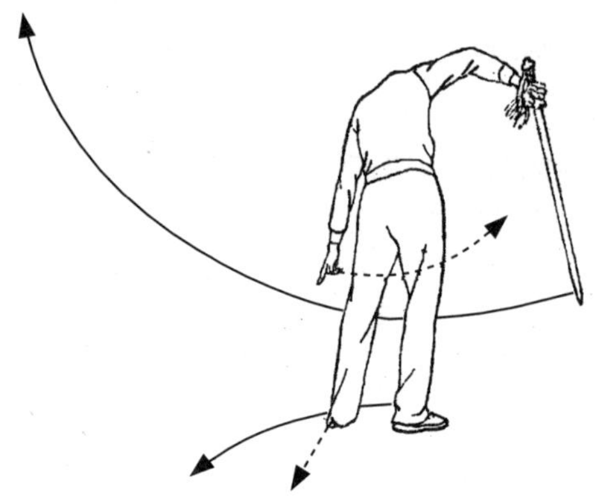

图 5–123

7. 上动未停，左脚向西南移半步，右脚随之向西南方上步；右手握剑手心朝上，用剑尖向西南前上方屈肘螺把洗刺，剑柄高与肩齐，剑身扁平斜上举，刃分左右；与此同时，身躯左转向右后醉倚，左脚尖虚点地面；左手剑指随身转动；眼视剑尖（图 5–124）。

图 5–124

要点：翻身剑的绕行，必须使剑在绕行中带有劈的意思；举剑转身剑的绕行，也必须使剑在绕行中带有劈的意思；此动要有醉颠之势，不可过快。

结束动作

（三十六）行步云剑（醉游三岛）

1. 身向后仰，右手握剑以肘关节为轴，转肘转腕使剑尖从右向后、由脸上向左平绕云剑；随即身向前俯，左脚由右腿前向右迈步（图 5–125）。

2. 右脚向右横跨一步，右腿屈膝（图 5–126）。

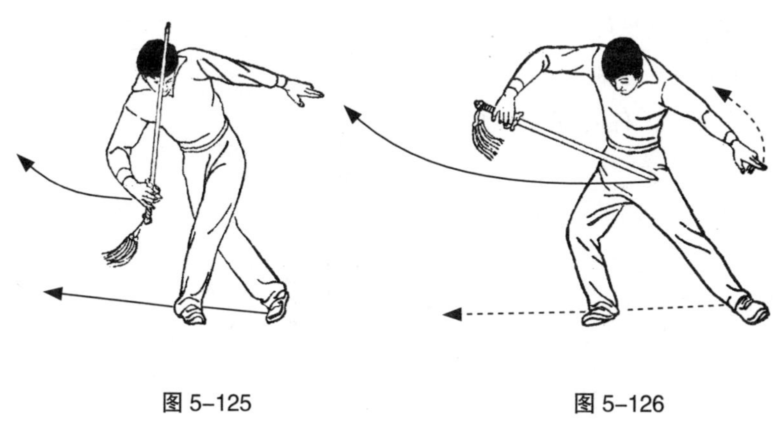

图 5–125　　图 5–126

3. 左脚从身后向右插步，左腿伸直；同时，右手握剑向右直臂平举，使剑尖从左向前、向右弧形平绕，手心朝下，剑身扁平；左手剑指在左侧屈肘平举，拇指一侧朝下，剑指朝前；身躯向右侧倾；回头眼视剑尖（图 5–127）。

图 5-127

4. 上动稍停，右手以腕关节为轴，转腕使剑尖从右向前、向左、由右肩上向后、向右、向前、向左平绕云剑一周半；至此，左脚向东北上步（图 5-128）。

图 5-128

5. 右脚随之向北上步，左脚再向西上步；同时，右手握剑屈肘将剑柄伸向胸前，使剑尖绕向西南斜方，手心朝下；左手剑指放开，手心朝上，伸向剑柄下面准备接剑（图 5-129、图 5-130）。

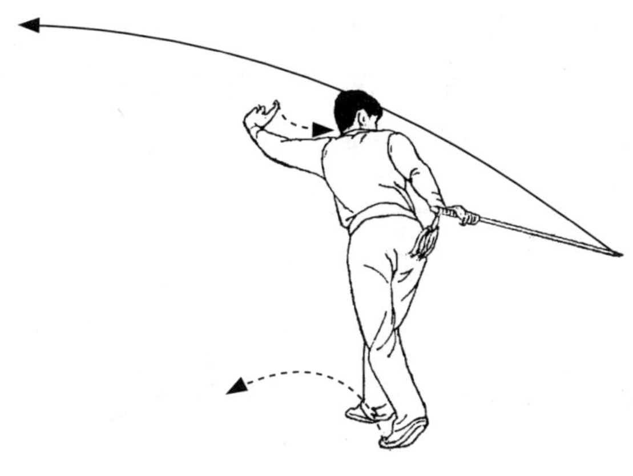

图 5-129

图 5-130

6. 左手将剑柄反手接握过来，向上举过头顶，以腕关节为轴使剑尖从左向后、向右、向前、向左平绕云剑；同时，右脚向西上步，身躯左转向右后醉颠倚靠；右手握成剑指自然直臂在右侧下垂（图 5-131）。

7. 身躯继续向右后醉倚，右脚随势向西北方移动半步，右腿屈膝，左脚随之跟进半步以脚尖虚点地面，左腿伸直；与此同时，左手持剑由身前向下、向左直臂下沉，使剑身靠于左臂后面，剑尖朝上；右手剑指由右侧屈肘向上举起，手心朝左；眼视东南前方（图 5–132）。

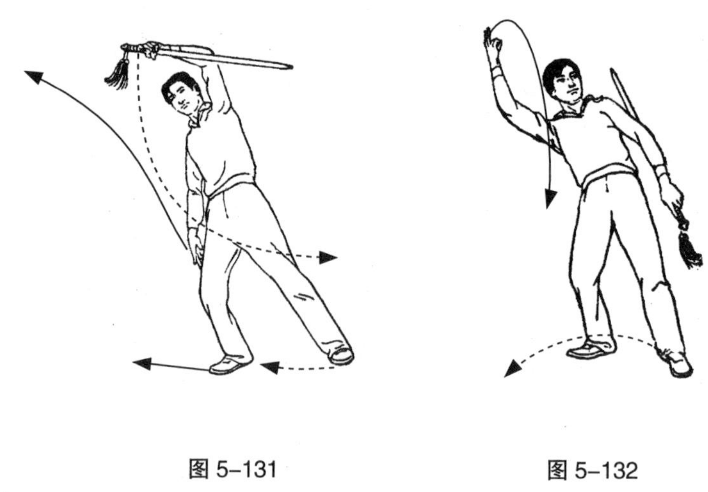

图 5–131　　图 5–132

要点：行步须走半圆弧形，换手接剑后要带醉意，身向右后方醉颠倚靠，移步要踉跄。

（三十七）踉跄醉颠点步背剑（唯我独醒）

1. 左脚趁身躯向右后醉倚之势由右脚上面向左踉跄盖步，身躯随之向前折腰醉颠前冲，右脚离地，右手剑指顺势屈肘向前摆下（图 5–133）。

2. 右脚趁身躯向前醉颠之势从后由右侧绕向左脚前，脚尖朝向东南，身躯随之左转向右折腰醉靠（图 5–134）。

图 5–133

图 5–134

3. 身躯从右向前、向左后回环醉摇倚靠，右脚趁势向西踉跄移步，身向右转；右手剑指从身前屈肘向上环举于头前上方，手心朝下；左手持剑不变（图 5–135）。

图 5–135

4. 身躯继续向右后醉倚，右脚趁势向右后跟跄移步，左脚随右脚也后移以脚尖点地；同时，右手剑指以肘关节为轴在头顶上方使剑指从左向后、向右、向前、向右、向上螺旋绕行上举，手心朝左，剑指朝上，肘稍屈；左手持剑不变（图 5–136）。

图 5–136

5. 上动微停，右脚向北退步，左脚移至右脚前以脚尖虚点地面，两腿伸直；与此同时，右手剑指臂内旋，从上直臂向右后、向下绕行，屈肘由右胸前向上直伸举起，手心朝左，剑指朝上，肘微屈；左手持剑随之伸向身后，以手背贴靠于腰后，剑身向左上方斜举；眼向左侧前方注视（图 5–137）。

图 5–137

要点：此动的步法和身法必须踉跄颠冲如大醉，在背剑时突然刹住将精神提起；步法和身法都要自然，不可拘泥；至背剑时，要沉肩、挺胸、直背、塌腰、收腹、挺膝、敛臀。

收 势

左脚向前上半步，右脚随之向前与左脚靠拢并步，两腿伸直；左手持剑沉向左腿外侧，手心朝后；右手剑指放开，从上向右、向下绕行下沉，五指并拢贴靠右腿侧，掌指朝下，两肘微屈；头转正，眼视前方，立正姿势站好（图 5–138）。

要点：与预备势同。

图 5–138

第六节　飞虹双剑（行剑体）

一、飞虹双剑动作名称

预备动作

预备势
（一）丁字步持剑举臂上指（举手摘星）
（二）弓步前指（羿射九日）
（三）后抬腿独立持剑（金鸡上架）
（四）行步云剑歇步单背剑（苏秦背剑）
（五）提膝独立抱剑（抱提金炉）

第一段

（六）抄挑穿刺绕背花（双龙穿云）
（七）翻身抄挂（出云入水）
（八）云剑探海平衡洗刺（夜叉巡海）
（九）双绕环弓步点剑（金鸡啄食）
（十）跳步倒崩剑（刘海戏蟾）
（十一）云顶提膝独立抱剑（抱提金炉）

第 二 段

(十二) 铺腿前穿弓步刺剑 (苍龙出水)
(十三) 弹踢反手前刺 (浪子蹴球)
(十四) 弓步回身劈剑 (力劈华山)
(十五) 云顶歇步举剑 (白鹤亮翅)
(十六) 提膝独立挽花剑 (风火双轮)
(十七) 双摆剃剑 (顺风摆柳)
(十八) 望月平衡回身劈剑 (飞燕衔泥)
(十九) 击步腾空上架刺剑 (鹞子穿林)
(二十) 云顶虚步举剑 (白鹤亮翅)
(二十一) 踢腿云剑歇步分刺 (云龙吸水)

第 三 段

(二十二) 抄挑穿刺绕背花 (双龙穿云)
(二十三) 翻身歇步双架剑 (推窗望月)
(二十四) 抄撩剑腾空跃叉洗刺 (蛰龙飞腾)
(二十五) 云剑叉步分刺 (二龙吐须)

第 四 段

(二十六) 抄挑穿刺绕背花 (双龙穿云)
(二十七) 翻身抄挂 (乌龙翻身)
(二十八) 举剑燕势平衡 (凤凰展翅)

(二十九) 挽花劈叉反刺 (地龙入洞)

(三十) 跳步倒崩剑 (刘海戏蟾)

(三十一) 翻身抄挂 (双龙入水)

(三十二) 扫腿转身云绞弓步举剑 (凤凰旋窝)

(三十三) 绞绕丁字步错剑 (七星交错)

(三十四) 丁字步双挽花 (风火双轮)

结束动作

收势

二、飞虹双剑动作图解

预备动作

预备势

面向南，两脚并步独立；左手反握双剑柄，使剑贴靠前臂垂立于左臂后面，剑尖朝上；右手五指并拢贴靠右腿侧旁，掌指朝下，两肘微屈；立正姿势站好；眼向身体前方注视（图 6–1）。

图 6–1

要点：两肩松沉，两肘微向前牵引，挺胸，直背，收腹，腿要靠拢，膝要挺直，五趾要抓地，双剑剑身要贴拢。

（一）丁字步持剑举臂上指（举手摘星）

1. 左手持剑从下向东南斜前方直臂举起，高与肩平，手心朝下；右手握成剑指，屈肘收至右腰侧，手心朝上，剑指朝向东南；眼向东南斜前方注视（图 6–2）。

2. 上动未停，右脚向西北斜后方退步，右腿伸直，左腿屈膝；左手持剑从前向上、向左胸处屈肘绕行，手心朝下；右手剑指从腰侧向东南斜前方经左臂下面直臂伸出，手心朝上；眼视剑指（图 6–3）。

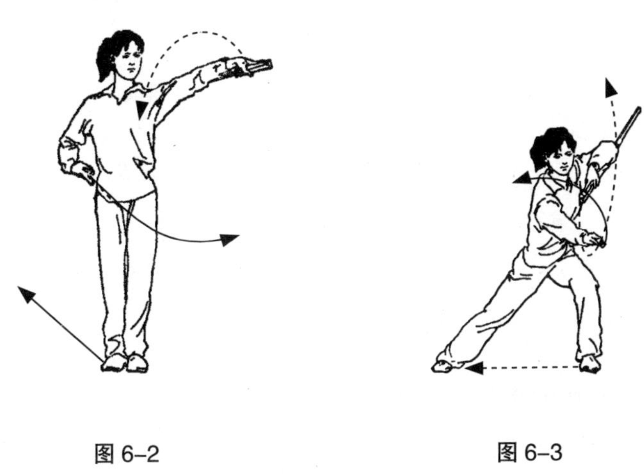

图 6–2　　　　图 6–3

3. 上动未停，左腿伸直，左脚向后与右脚靠拢并步，以脚跟靠于右脚内侧，成丁字步；左手持剑直臂向下、由右手下面向前、向上弧形绕行举起，使剑尖下垂，手心朝左；右手剑指则屈肘由左手上面收至右肩侧，手心朝后，剑指朝上；眼视剑指（图 6–4）。

4. 上动微停，左手持剑从上由身前屈肘向下、向左弧形绕行提于身体左侧，手心朝后，剑尖朝上；同时，右手剑指向上直臂举起，手心朝右前方，剑指朝上；眼向东南斜前方注视（图 6–5）。

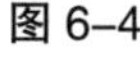

图 6–4

图 6–5

要点：左右两手在身前交叉绕行要左右上下协调一致；成丁字步上指时，身体要微向前倾使脚趾抓地着力，腰背要挺直，颈项要直竖，两肩下沉并向后张，使身体呈挺拔劲紧之势。

（二）弓步前指（羿射九日）

1. 两腿并拢屈膝下蹲；左手持剑从下向左直臂绕行至平举部位，手心朝下，剑身横于身后；同时，右手剑指从上向右、向下直臂绕行；眼视剑指（图 6–6）。

图 6–6

2. 上动未停，右脚蹬地跳起，身体腾空；在空中，左腿屈膝提至右腿内侧，左脚脚尖朝下；右手剑指继续由身前向左、向上直臂绕行；眼视左侧前方(图 6–7)。

3. 右脚落地，右腿屈膝，左脚继之在右侧方落地，左腿伸直；与此同时，左手持剑从左向前、向右直臂弧形平摆，手心朝下，剑身扁平，剑尖朝左；右手剑指从上向右落至平举部位，手心斜朝下，剑指朝上，身向右转；眼视剑身（图 6–8）。

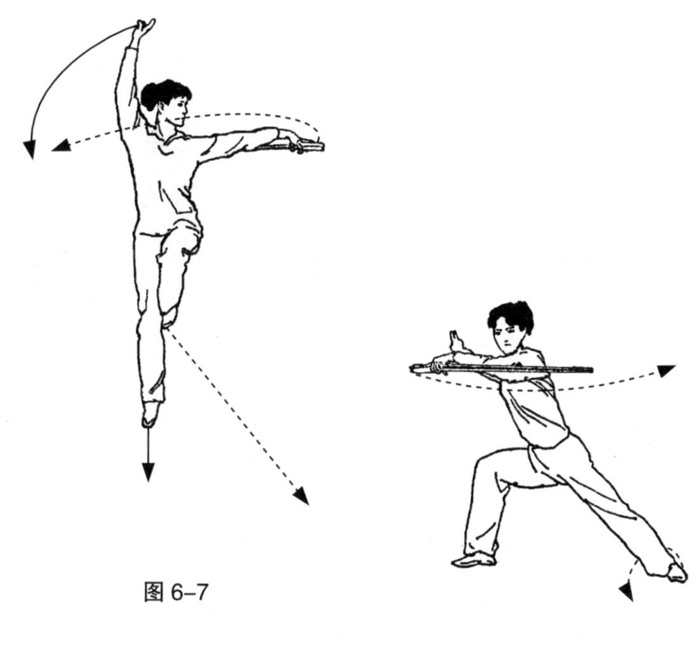

图 6–7

图 6–8

4. 上动未停，左脚跟里转，左腿屈膝，右脚跟外展，右腿伸直；同时，左手持剑与右手剑指一起从右向前、向左弧形平摆；身躯随之左转向东，成左弓箭步；眼视剑指（图 6–9）。

5. 上动未停，步型不变，身向右转；右手剑指屈肘收至左肩前，臂外旋使手心朝里，剑指朝上；同时，左手持剑使剑柄从左向前、向右屈肘平摆，手心仍朝下，剑尖朝左；眼向西南斜前方注视(图 6-10)。

6. 上动未停，左手持剑屈腕使剑柄下垂，剑尖朝上，将剑向左张肩拉开；同时，右手剑指从左肩前向西南斜前方直臂平伸指出，手心朝前，剑指朝上，高与额齐；眼视剑指（图 6-11)。

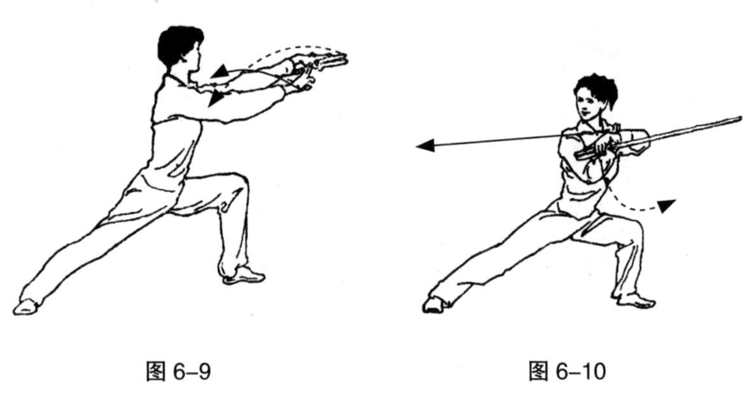

图 6-9　　图 6-10

图 6-11

要点：纵跳要轻灵，落地要稳固；剑的摆动要柔和，线路要平；剑指前指时，左肩要张开，肘与肩要平齐，如开弓状，剑身要垂直，右肩也要向后张，肘臂稍高过肩，剑指高与额齐；身法要注意直背、塌腰、沉胯。

（三）后抬腿独立持剑（金鸡上架）

1. 右手剑指臂外旋，转腕使手心朝里，剑指朝上（图 6–12）。

2. 右手剑指直臂下垂，手心朝左，剑指朝下（图 6–13）。

图 6–12

图 6–13

3. 右手剑指直臂向右、屈肘向上、经脸前向左、向下绕行至左腕，手心朝左，剑指朝上（图 6–14）。

4. 上动微停，右手剑指直臂向上、向右、向下弧形绕行（图 6–15）。

5. 左腿稍直起，左手持剑向下、向左直臂弧形绕行；眼视左手(图 6–16)。

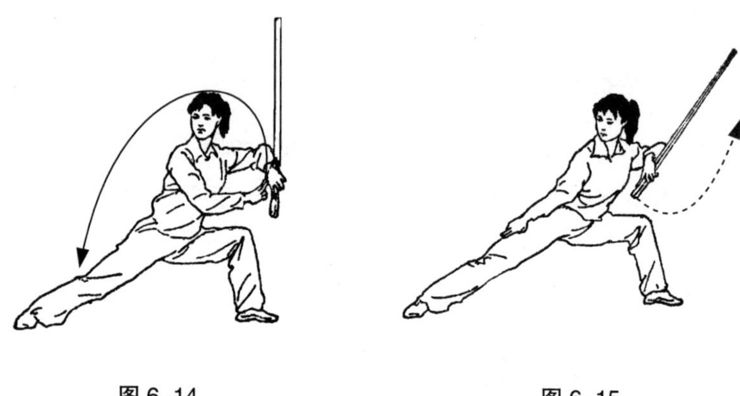

图 6–14　　图 6–15

图 6–16

6. 身躯从左向后转，与此同时，左手持剑向上、向后直臂弧形绕行至平举部位，手心朝下，剑身横于背后，剑尖朝右；右手剑指向下、向前、向上直臂弧形绕行上举，肘微屈，手心斜朝上，剑指朝左；左腿伸直站立，右腿屈膝在身后向左环形抬起，脚底朝上，脚面绷平；眼视左后方（图 6–17、图 6–17 附图）。

图 6–17　　　　图 6–17 附图

要点：转身与两臂的绕行必须同时进行，转身时注意保持两臂的方位不变，不要使之随身转动；成独立势时，右臂肘要成半圆环举，左臂要与肩平，腰要向左后拧，左腿要挺直；防止耸肩、缩胸。

（四）行步云剑歇步单背剑（苏秦背剑）

1. 右脚向身体右侧上步，继之左脚向东方上步，右脚向东南方上步，左脚向北方上步，右脚向西南方上步，共行 5 步绕一半圆；在行至第 5 步的同时，左手持剑从左向身前下方摆动，剑柄高与腰齐；右手剑指则直臂从上向后、向下、屈肘由右腋下向上绕行(图 6–18—图 6–22)。

图 6–18

图 6–19

图 6–20

图 6–21

图 6–22

2. 上动未停，左脚向西方上步，身体从右向后转；左手持剑随身转动摆至左侧平举部位，右手剑指随身转动摆至右侧平举部位，两手心均朝下；身躯向后仰（图 6–23）。

图 6–23

3. 上动未停，以左脚掌碾地为轴，右脚离地，身体从右向后转，右脚随之在身体右侧落步；右手剑指随身转动；左手持剑在转身的同时臂外旋以腕关节为轴，使剑尖从背后右侧方向后、向左、向前经脸部上方向右平绕一周云剑，变手心朝上（图 6–24）。

图 6–24

4. 上动未停，左手持剑臂上举继续转腕使剑尖从身后向下、向左绕行，将剑抱垂于左臂外侧；与此同时，身躯右转；右手剑指放开，臂上举准备接握左手前面的一剑（图 6–25）。

5. 右手满把正握左手前面的一剑，左手的一剑仍反握倒持（图 6–26）。

图 6–25

图 6–26

6. 上动未停，左手反握剑，右手正握剑，两手一起从上向前、向下直臂绕行落下，使剑尖从下向后、向上、向前弧形绕行（图 6–27）。

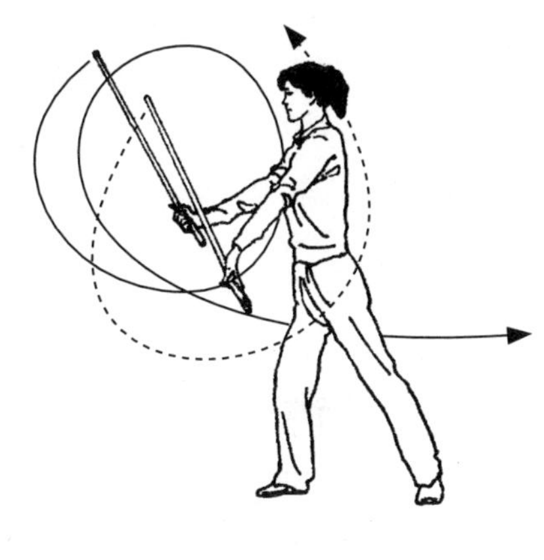

图 6–27

7. 左手持剑以腕关节为轴，臂内旋转腕使剑尖向下、向后、向上弧形绕形；同时，右手握剑以腕关节为轴，臂外旋转腕使剑尖向下、向后、臂内旋向上、向前绕行一周，然后以肩为轴摆臂使剑尖向下经右腿外侧向后弧形绕行，手心朝外；左脚跟趁势离地（图 6–28）。

8. 左手反握持剑屈肘将剑贴靠背后，将剑尖伸向左耳外侧；同时，右手正握剑臂外旋将剑柄从后向上、向前举起，剑尖朝后上方（图 6–29）。

图 6–28

图 6–29

9. 左脚向前稍移，身躯右转向北；同时，右手握剑直臂使剑尖向前、臂内旋向下、经右腿前向右摆臂绕行反手下刺，剑刃分为上下；左手持剑背于身后，手背贴于腰后上面，剑身平贴于左肩后，剑尖斜朝左上方，剑刃分为左右；两腿随之屈膝下蹲成左歇步；眼视右手剑尖（图 6–30、图6–30 附图）。

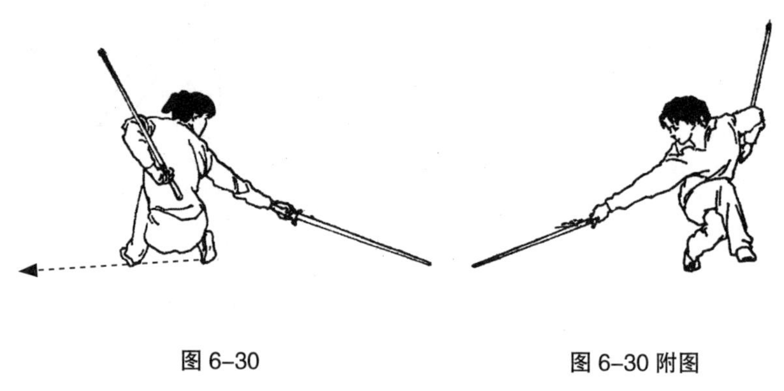

图 6–30　　图 6–30 附图

要点：行步要运用小腿的摆动使步法走得轻快飘逸，走步要注意走圆，从右脚落步开始一个半圆弧线仍要走回起势的地方；云剑时一定要注意仰身，使剑从脸部上面平绕，不可在头顶上面平绕；两剑以腕关节的绕行，腕要灵活，握剑的把法也要注意灵活，不可握得太死妨碍剑的绕行，背剑的歇步必须使臀部坐于左小腿的上面，两腿要交叉叠紧，右脚尖注意稍向外展，左脚跟要离地掀起；两肩必须向后张，腰要有塌劲。

（五）提膝独立抱剑（抱提金炉）

1. 两腿立起，左脚从身后向左上步（图 6–31）。

2. 右脚继之从身前向左盖步；左手在身后将剑变为正握，使剑尖从上向右弧形绕行（图 6–32）。

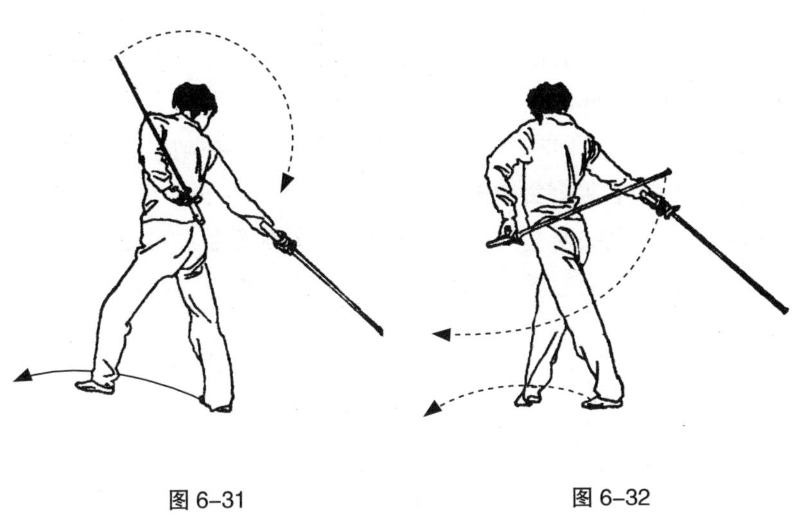

图 6–31　　　　图 6–32

3. 身向左转面对西方，左脚向前上步，左腿屈膝；同时，左手握剑臂外旋从后使剑尖向下、向前直臂摆动弧形绕行，至前方时手心朝右；眼视左剑尖（图 6–33）。

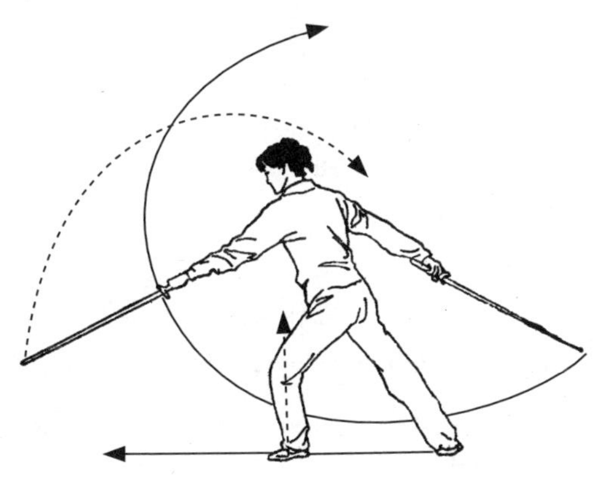

图 6–33

4. 右脚向前上步；同时，右手握剑臂肘不动，仅屈腕满把使剑尖从后向下、向前弧形绕行；上步之后，双剑方位不变，身向左转面对南方；与此同时，两手握剑左臂屈肘、右臂伸直一起使剑尖从正西方向向上、向左（正东）弧形绕行，左手握剑屈肘钳把将剑横抱于胸前，右手握剑肘微屈满把将剑横举于头顶，剑身均横平，剑刃分上下，剑尖朝左；右腿伸直站立，左腿屈膝向身前提起，左脚脚面绷平，脚尖朝下，成独立步；眼视左侧前方（图 6–34）。

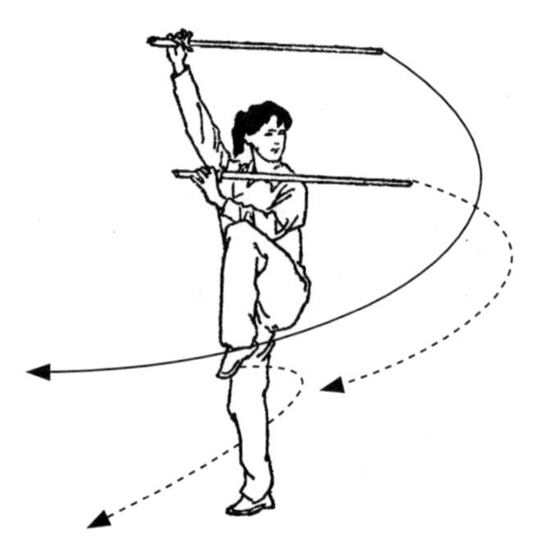

图 6–34

要点：左手变正握剑时，应注意运用手指的灵活，先用食指与中指将剑柄夹住，其次再用拇指与食指钳住近护手处的剑柄，最后中指、无名指和小指变反握为正握剑柄，这样剑柄就很容易地变换过来；上步转身一定要注意保持剑的方位不变，使剑与转身协调一致；提膝要使膝部过腰，小腿向里扣紧，站立要稳。

第一段

（六）抄挑穿刺绕背花（双龙穿云）

1. 右脚不动，右腿屈膝，左脚从身前经左侧由身后向右伸出落步以脚尖点地；同时，两手握剑两臂转肩向左、向下、向右回环，使剑尖从左向下、向右弧形绕行；绕至右侧时，左手握剑在左胸前屈肘，手心朝里，使剑斜向右下方；右手握剑在右侧伸直，臂内旋手心朝后，使剑斜向右下方；眼视右剑尖（图 6–35）。

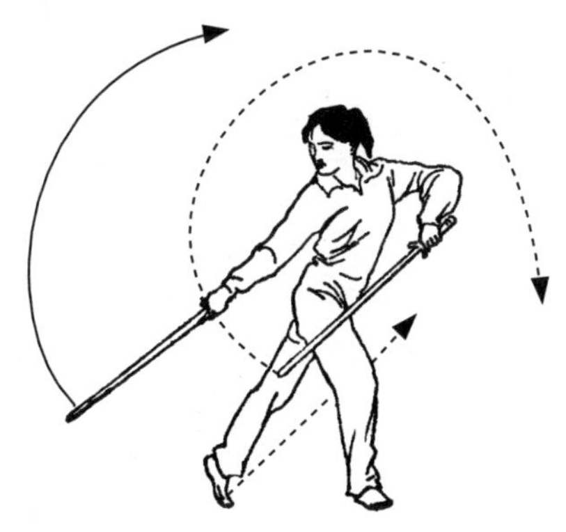

图 6–35

2. 上动未停，身躯左转向东，右腿伸直，左腿向身前屈膝提起，左脚尖朝下；同时，左手握剑屈肘满把将剑向上抄起，臂外旋使剑尖向前、向下直臂绕行穿刺，手心朝左；右手握剑臂外旋手心朝右跟随着左剑直臂满把使剑尖向上、向前绕行穿刺；眼视左剑尖（图 6–36）。

3. 上动未停，左脚向前上步，左手握剑继续使剑尖由左腿外侧向后、向上、向前直臂绕行穿刺，手心仍朝左；同时，右手握剑继续跟随着左剑使剑尖向下，由左腿外侧向后、向上直臂绕行穿刺，手心仍朝右；眼视前下方（图 6–37）。

图 6–36

图 6–37

4. 上动未停，右脚向前上步，右腿屈膝，左腿伸直；左手握剑继续使剑尖直臂向下、由右腿外侧屈肘向后绕行穿刺，手心仍朝左；同时，右手握剑继续跟随着左剑使剑尖屈肘向前、向下绕行穿刺，手心仍朝右；眼视左剑尖（图 6–38）。

图 6–38

5. 两脚不动，左手握剑继续使剑尖屈肘向上、向前绕行穿刺，手心仍朝左；同时，右手握剑继续跟随着左剑使剑尖由右腿外侧直臂向后、向上绕行穿刺，手心仍朝右；眼随左剑尖（图 6–39）。

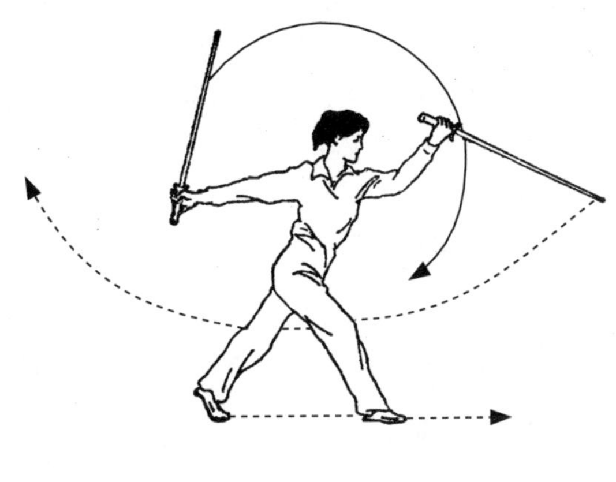

图 6–39

6. 左脚向前上步以脚掌着地，两腿伸直；左手握剑继续使剑尖直臂向下、由左腿外侧向后、向上绕行穿刺，手心仍朝左；同时，右手握剑继续跟随着左剑使剑尖直臂向前、向下绕行穿刺，手心仍朝右；眼视右剑尖（图 6–40）。

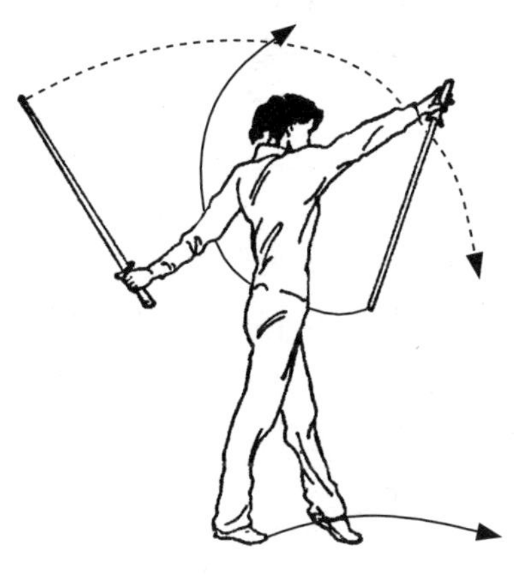

图 6–40

7. 右脚向前上步；左手握剑继续使剑尖直臂向前、向下绕行穿刺，手心仍朝左；同时，右手握剑继续跟随着左剑使剑尖由左腿外侧屈肘向后、向上绕行穿刺，手心仍朝右；眼视左剑尖（图 6–41）。

8. 右脚尖外展，左手握剑继续使剑尖由右腿外侧屈肘向后、向上、向前绕行穿刺，手心仍朝左；同时，右手握剑继续跟随着左剑使剑尖随屈肘向前、向下、由右腿外侧直臂向后、向上绕行穿刺，手心仍朝右；身躯顺势右转；眼视前下方（图 6–42）。

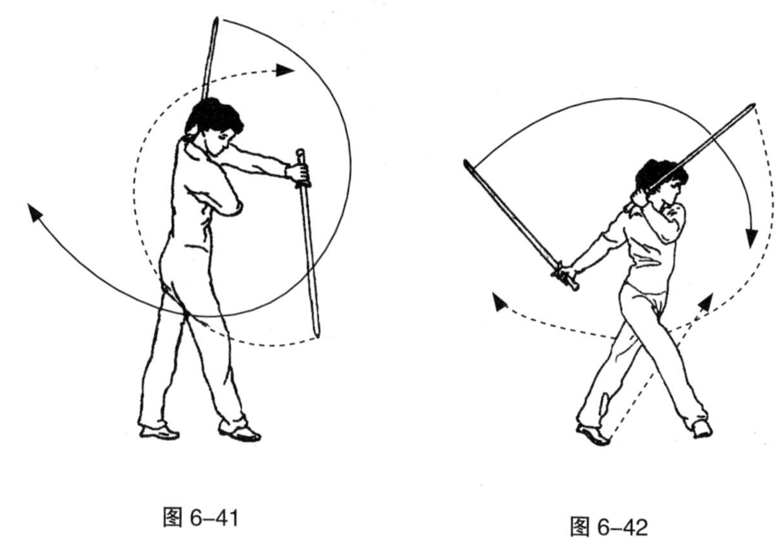

图 6–41

图 6–42

9. 左腿向身前屈膝提起，左脚尖朝下；左手握剑继续使剑尖直臂向下、由左腿外侧向后绕行穿刺，手心仍朝左；同时，右手握剑继续跟随着左剑使剑尖直臂向前、向下绕行穿刺，手心仍朝右；眼视右剑尖（图 6–43）。

10. 左脚向前上步，左手握剑继续使剑尖直臂向上、向前、向下绕行穿刺，手心仍朝左；同时，右手握剑继续跟随着左剑使剑尖由左腿外侧屈肘向后、向上、向前绕行穿刺，手心仍朝右；眼视左剑尖(图6–44)。

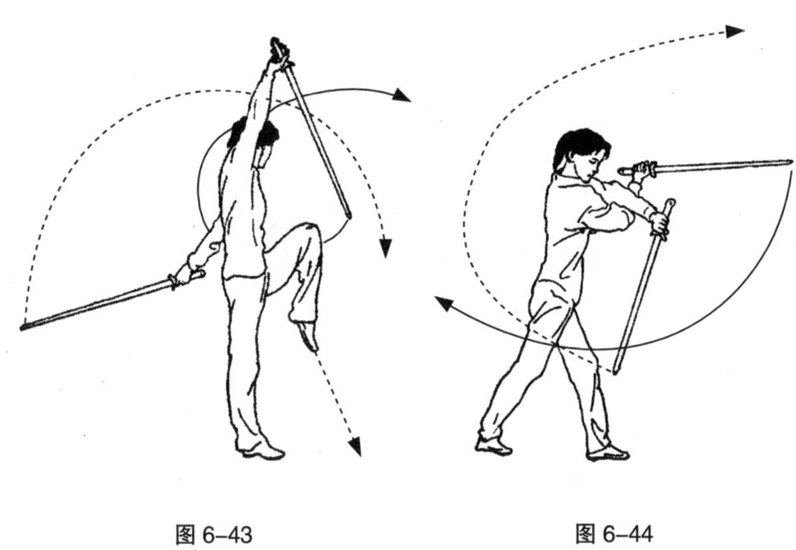

图 6–43　　图 6–44

11. 两脚不动，左手握剑继续使剑尖由右腿外侧屈肘向后、向上、向前绕行穿刺，手心仍朝左；同时，右手握剑继续跟随着左剑使剑尖直臂向下、由右腿外侧向后绕行穿刺，手心仍朝右；在左剑向前、右剑向后绕行穿刺时，身躯随势向右转；眼视右剑尖（图 6–45）。

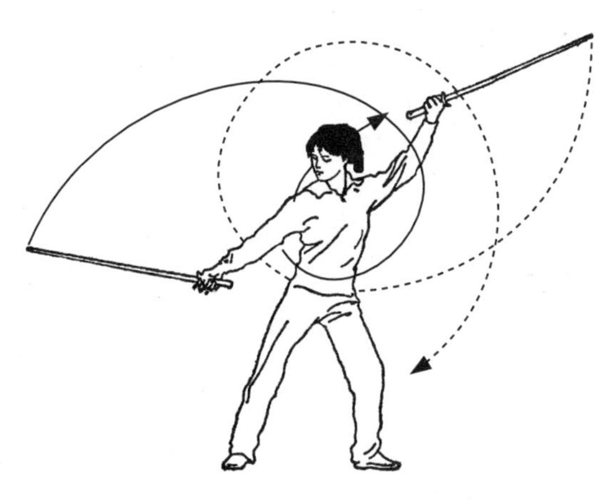

图 6–45

12. 两脚不动，面向南方；左手握剑继续使剑尖直臂向下，由左腿后面向右、向上、向左、向下绕行穿刺，手心朝向身后；右手握剑继续跟随着左剑使剑尖直臂向上屈肘向左、由左肩前向下经腹前向右贴着右腰侧向背后左上方绕行穿刺，手心朝向身前，至向背后左上方穿刺时变手心朝向身后；眼视左剑尖（图 6–46）。

13. 左手握剑继续使剑尖由左腿前面直臂向右绕行穿刺，手心仍朝后；同时，右手握剑剑尖方位不变，臂外旋使手心朝前，继续使剑尖屈肘向左、向下、由腰后直臂向右、向上绕行穿刺；在右剑由腰后向右绕行穿刺时身躯右转向西，在右剑向上绕行穿刺时左腿直立，右腿屈膝在身前提起，右脚尖朝下；眼视前方（图 6–47）。

图 6–46　　图 6–47

要点：两剑绕行穿刺时，始终以左剑在先，右剑随后，宛如双龙在云间追逐一般；行剑线路必须圆、正，速度均匀，肩关节要灵活；注意向下、向后绕行时腕关节须屈紧，防止剑尖触及地面。

（七）翻身抄挂（出云入水）

1. 前动不停，右脚即向身后落步；右手握剑随之使剑尖直臂向后绕行穿刺（图 6–48）。

2. 双剑方位不变，身躯从右向后转朝对东方；在转身的同时，左手握剑使剑尖直臂向上、向东绕行穿刺，手心朝左；右手握剑使剑尖直臂向下、由右腿外面向西绕行穿刺，手心朝右（图 6–49）。

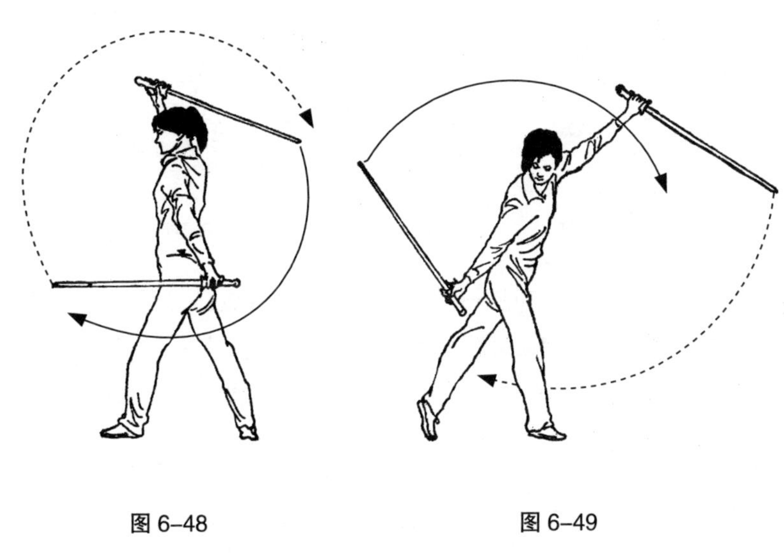

图 6–48　　图 6–49

3. 两脚不动，左手握剑剑尖方位不变，臂外旋继续使剑尖向下，由右腿里面向后绕行穿刺，手心朝左；同时，右手握剑继续使剑尖向上、向前、向下绕行穿刺，手心朝右；身躯顺势左转；眼视左剑尖(图 6–50)。

4. 身躯前俯，从左向上翻转；左脚趁势离地提起，从西由身后向东落步；两手握剑在身躯前俯时一起从右向下、向左抄起，在向上翻身时随身转动（图 6–51）。

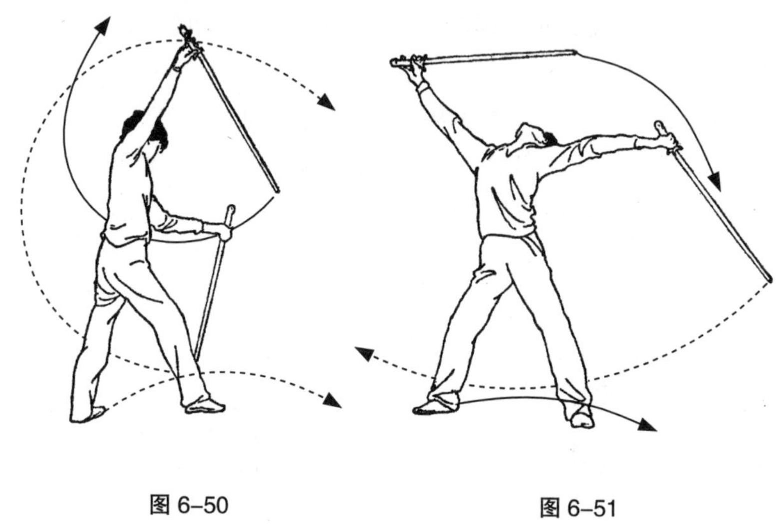

图 6–50　　图 6–51

5. 身躯继续从左向下翻转；右脚趁势离地提起，从西向东落步；两手握剑随身转动继续一起从右向下、向左抄挂（图 6–52）。

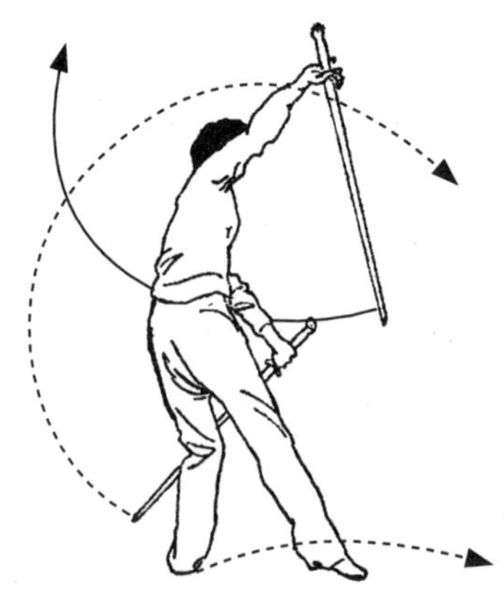

图 6–52

6. 身躯继续从左向上翻转，边翻边直起；右脚趁势离地提起由身后向东落步；同时，左手握剑随身转动抄起屈肘使剑尖向前绕行穿刺，右手握剑随身转动抄起直臂使剑尖向上绕行穿刺；眼视左剑尖（图 6–53）。

7. 身躯左转，左手握剑继续使剑尖直臂向下、由左腿外侧向后、向上、向前、向下绕行穿刺，手心朝左；同时，右手握剑继续使剑尖直臂向前、向下、由左腿外侧屈肘向后、向上、向前绕行穿刺，手心朝右；眼随左剑尖（图 6–54）。

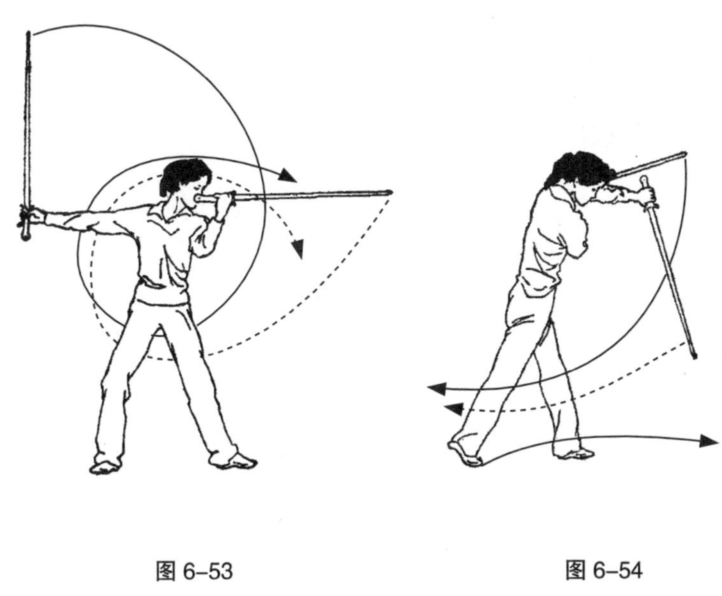

图 6–53　　图 6–54

8. 右脚向前上步，脚尖外展，右腿屈膝，左脚跟离地掀起，左腿伸直，成交叉步；同时，左手握剑臂外旋屈肘使剑尖由右腿外面向后穿刺，手心朝上，剑柄附于胸前；右手握剑直臂使剑尖向下，由右腿外面向后穿刺，手心朝下，剑柄高与腰平，两剑均扁平，刃分左右；身躯随之右转；眼视右剑尖（图 6–55）。

图 6–55

要点：翻身要使身躯前俯构成翻转的横轴，使身躯和双剑绕着横轴翻转；翻身向上时注意挺胸挺腹，不要收腹；翻身之后的两剑绕行穿刺，速度要较之翻身稍快；交叉步两剑向后刺出时，剑身必须扁平，两剑斜向后下方；此动必须与前动连贯一气，不可割裂。

（八）云剑探海平衡洗刺（夜叉巡海）

1. 左脚从身后向左跨步，左腿屈膝，右腿伸直（图 6–56）。

图 6–56

2. 两手握剑一起从右经身前向左平行摆动，至左侧时，左手握剑臂内旋直臂转腕使剑尖从左向上、由脸前向右绕行，横举于胸前，手心朝下，肘臂伸直，剑柄高与耳齐；右手握剑臂外旋手心朝上，屈肘将剑举于左剑下面，剑柄高与胸齐；两剑左上右下交叉相叠形成十字；眼视双剑(图 6–57)。

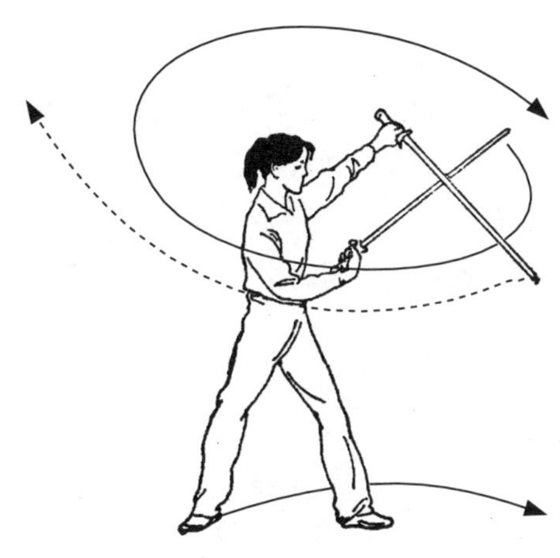

图 6–57

3. 上动未停，两手举起使剑柄在额前靠拢，左手握剑以腕关节为轴，屈肘转腕使剑尖向右、向后、向左平绕；同时，右手握剑以腕关节为轴，屈肘转腕使剑尖向前、向右平绕；随两剑平绕云剑之势，头向后仰，使两剑均在脸面上方云绕；身体随之从右向后转，右脚离地提起随身转动向东落步(图 6–58)。

图 6–58

4. 左手握剑继续使剑尖向胸前平绕摆动，至左胸前时手心朝上；右手握剑继续使剑尖向后、向左平绕摆动，至左侧方时手心朝下，将剑压在左剑上面，两剑右上左下交叉相叠形成十字；在云剑的同时，左脚向东跨步，身体随之右转；眼视双剑（图 6–59）。

5. 上动未停，右脚向前与左脚并步靠拢，左脚即以脚尖在右脚内侧虚点地面，两腿屈膝下蹲；同时，右手由右耳侧旁向后伸出，左手屈肘收至右胸前，两手将双剑向后抽带收回于右肩外侧，右剑尖朝前，左剑尖朝上，两剑仍交叉（图 6–60）。

图 6–59

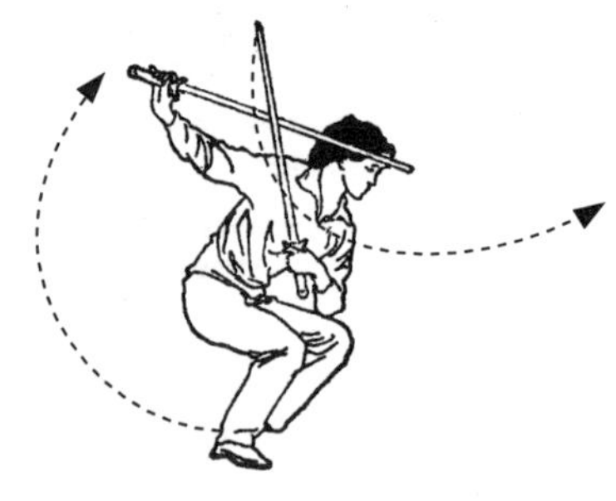

图 6–60

6. 右腿伸直站立，左腿伸直向身后上方举起，左脚脚面绷平，身躯前俯至水平部位，成探海势平衡；同时，右手握剑继续向后直臂钳把收带至水平部位，手心朝右，剑尖朝前，剑身贴耳，刃分上下；左手握剑即向东北斜前方直臂螺把平伸洗刺，手心朝下，剑尖朝前，剑身扁平，刃分左右；眼视左剑尖（图 6–61）。

图 6–61

要求：云剑时一定要抬头仰面，使双剑在脸面上方而不是在头顶上方云绕；双剑剑柄要接近在一起，不可在云绕时相距很大；探海势，左腿要尽可能向后高举，右腿要挺直站稳，头要抬起，胸要挺出，身要翘起，两臂要平直；剑刃一为上下、一为左右，要分置清楚。

（九）双绕环弓步点剑（金鸡啄食）

1. 左脚向东上步，左腿屈膝；左手握剑下沉，臂外旋使手心朝右，将剑伸向正东方向，剑尖斜朝下；右手握剑下沉，臂内旋，将剑收于右腿外侧，剑尖斜朝下；眼视左剑尖（图 6–62）。

图 6–62

2. 上动未停，右脚向前上步，右腿屈膝，左腿伸直；左手握剑屈肘收于左腰侧，将剑向后抽回；同时，右手握剑直臂前伸，用剑尖向前下方直刺；眼视右剑尖（图 6–63）。

图 6–63

3. 上动未停，两手握剑一起从前向上直臂举起；同时，右腿伸直，身左转向北（图 6–64）。

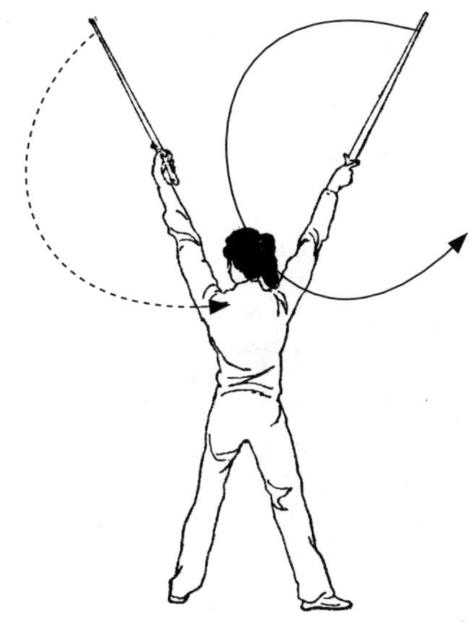

图 6–64

4. 两手以腕关节为轴，转腕使双剑一起从上向左、由背后向下、向右绕行转动（图 6–65）。

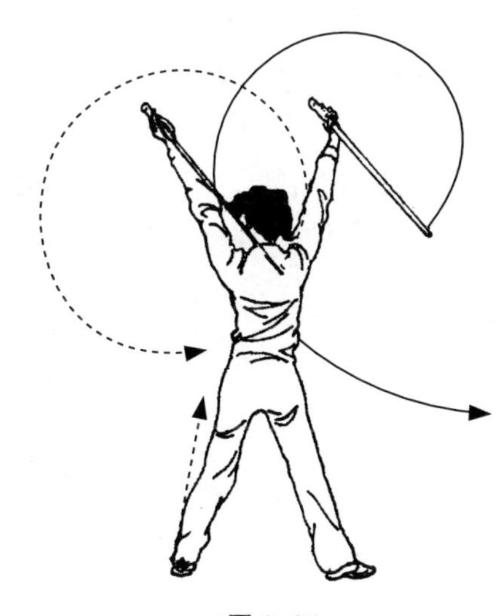

图 6–65

5. 上动未停，两手继续转腕使双剑一起向上绕行，紧接着左手握剑直臂向左落至平举部位，使剑从上继续向左、转腕向下、由身前向右绕行，手心朝后，剑尖靠近右腿前面；同时，右手握剑使剑与左剑一起屈肘由身前向左、直臂向下、向右绕行，手心朝前，双剑剑身均斜向右下方；在双剑由身前向右绕行摆动时，左腿屈膝在左侧提起，左脚脚尖朝下；眼视右剑尖（图 6–66）。

图 6–66

6. 上动未停，身向左转，左脚向身后落步，左腿伸直，右腿屈膝；两手握剑方位不变，左手握剑仅做臂内旋使手心朝下；右手握剑则做臂外旋屈肘收于右耳侧，手心朝左，将剑举至右肩上面，左剑刃分左右，右剑刃分上下；眼视前下方（图 6–67）。

图 6–67

7. 两腿成右弓箭步，身躯稍向前探；左手握剑顺势横置于身前右臂下面，手心朝下，剑尖朝右；右手握剑用剑尖直臂向前下方点击，剑与臂成斜直线；眼视右剑尖（图 6–68）。

图 6–68

要点：双剑绕环的动作要做得圆润灵活，把法不能太死，要间用钳把和刁把，腕关节也须圆活；弓步点剑的动作要力贯剑尖，先用钳把将剑从右肩向前带出，继之变螺把将剑下点，同时还应运用甩腕的技法，这样才能力贯剑尖；弓箭步时，身向前探，但须防止臀部凸起。

（十）跳步倒崩剑（刘海戏蟾）

1. 身躯直起左转向南；两手握剑一起使剑向下、向左绕行摆动，左手直臂手心朝外，右手屈肘手心朝里，双剑斜举于左下方；眼视左剑尖（图 6–69）。

2. 上动微停，两脚蹬地跳起，左脚向右、右脚由左脚后面向左形成两腿交叉落地，两脚均以脚前掌着地，脚跟稍掀起，两腿均伸直；在跳步的同时，左手握剑从左直臂向上举起，使剑尖向左、向上弧形绕行，至上方时屈腕满把使剑尖向右、向下绕行倒崩；右手握剑与左剑同时屈肘举于左胸上方，使剑尖向左、向上弧形绕行，至上方时屈腕钳把剑尖向右、向下绕行倒崩；左手心朝前，右手心朝后，两剑尖斜朝右下方；眼视右剑尖（图 6–70）。

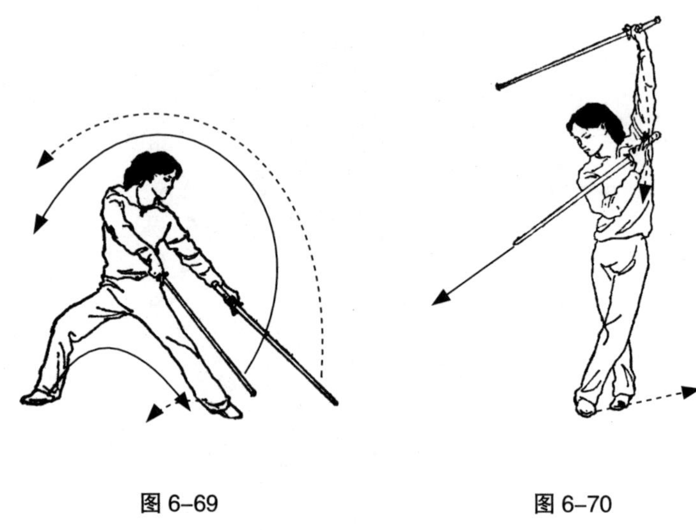

图 6–69　　图 6–70

要点：跳步与倒崩剑的动作必须同时进行，不可分为先后；倒崩剑时一定要使腕关节陡然向拇指一侧上屈，使剑在抖腕的劲力操纵下力贯于剑尖；此势的两腿要挺膝伸直，脚跟要微掀，腰背要挺拔，身躯稍向右侧弯，左臂直举肘微屈，右臂屈肘使肘尖朝下；左剑尖与头齐平，右剑尖与腰齐平。

（十一）云顶提膝独立抱剑（抱提金炉）

1. 两脚跟着地踏实，左脚向左移步；右手握剑臂内旋使剑尖向右侧下方直臂螺把斜伸洗刺，手心朝下；左手握剑与右剑同时屈肘向下收于左肋前，臂外旋手心朝上，将剑尖朝右下方斜举于身前，剑身扁平；眼视右剑尖(图 6–71)。

图 6–71

2. 上动未停，右手握剑屈肘向左，使剑尖向前、向左弧形平绕摆动，将剑压于左剑上面，双剑十字交叉相叠；同时，身向左转，右脚向前上步（图 6–72）。

3. 上动未停，抬头仰身；右手握剑转腕使剑尖向左、由脸上向后、向右平绕摆动云剑；同时，左手握剑转腕使剑尖向前、向左平绕摆动云剑；身躯继续向左转（图 6–73）。

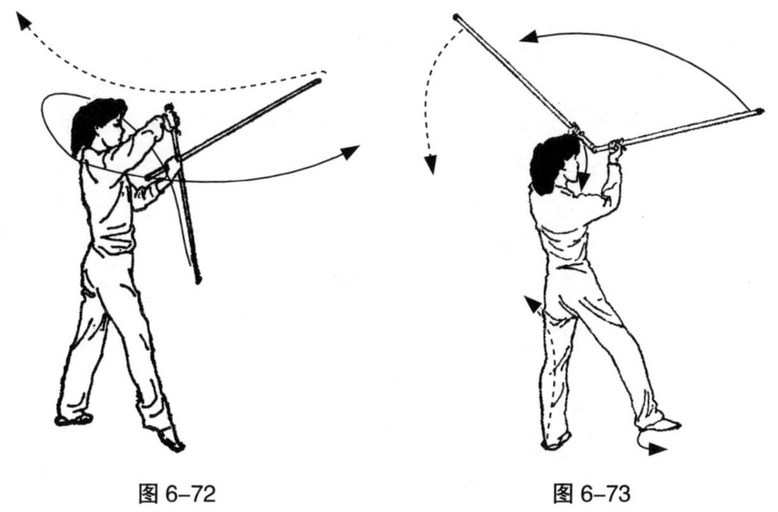

图 6–72　　图 6–73

4. 右脚跟外展，右腿伸直站立，左腿屈膝向身前提起，左脚脚面绷平，脚尖朝下，成独立步；与此同时，左手握剑屈肘收至右胸前，手心朝里，将剑钳把平举于胸前，刃分上下，剑尖朝左；右手握剑继续使剑尖向前、向左平绕摆动，至左方时臂内旋直臂上举，手心朝前，将剑满把平举于头顶上方，刃分上下，剑尖朝左；眼视左侧前方（图 6–74）。

图 6–74

要点：同（五）提膝独立抱剑。

第二段

（十二）铺腿前穿弓步刺剑（苍龙出水）

1. 右腿屈膝下蹲，左腿向西南方向铺地伸出，身向前探；眼视左脚（图 6–75）。

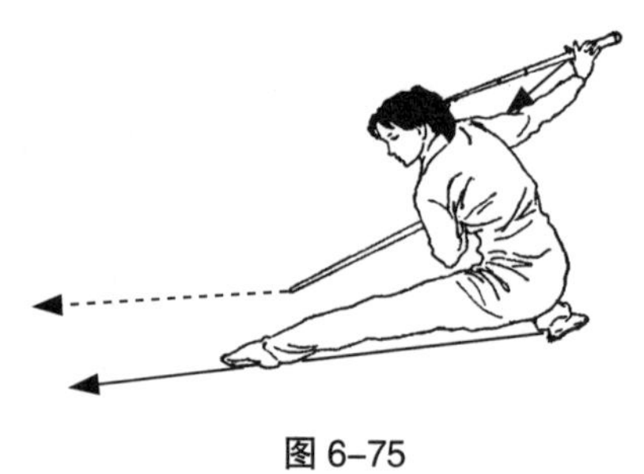
图 6–75

2. 上动未停，重心前移，右腿直起，右脚向前上步；同时，左手握剑使剑贴近地面向前直臂穿出，手心朝右，刃分上下；右手握剑臂外旋屈肘使剑柄收于右肩前，剑尖朝前，手心朝里，刃分上下；眼视左剑尖(图 6–76)。

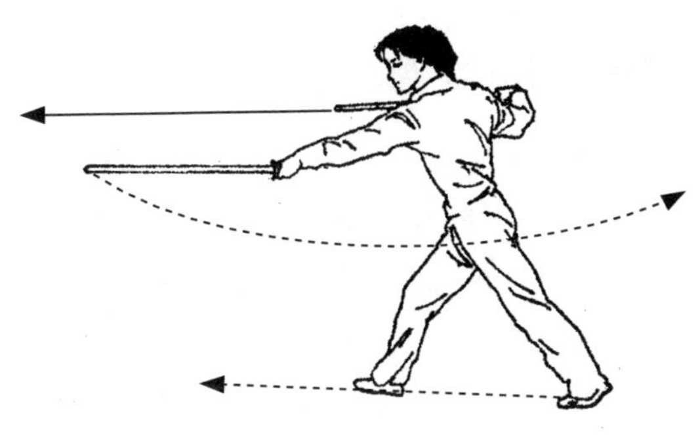

图 6–76

3. 左脚向前上步，左腿屈膝，右腿伸直，成左弓箭步；与此同时，左手握剑臂内旋手心朝下使剑尖从前向左、向后下方直臂弧形绕行摆动，斜举于身后；右手握剑臂内旋手心朝右用剑尖向前上方直臂反手刺出，剑柄高与眉齐；眼视右剑尖（图 6–77)。

图 6–77

要点： 铺腿右脚上步穿剑时，身躯必须继续前探使重心前移，左腿要随势屈膝，这样才能使左手剑贴近地面向前穿出，当剑穿出的时候右脚才随之上步，左腿在后挺膝伸直；弓步刺剑时，要注意右手手心朝右是反手前刺，剑刃分清上下；身向前探，但须防止左脚掀起，要注意直背、塌腰、沉胯。

（十三）弹踢反手前刺（浪子蹴球）

左手握剑屈肘使剑尖从后向左、向前绕行摆动，将剑柄收于左腰侧，手心朝下，然后臂内旋手心朝左，用剑尖向前直臂反手螺把平伸刺出；右手握剑臂外旋手心朝左，屈肘将剑抽回，将剑柄收于右腰侧；与此同时，左腿伸直站立，右脚从后向前平踢，脚面绷平，脚尖朝前；身躯微向右折腰；眼视左剑尖（图 6–78）。

图 6–78

要点： 弹踢的动作，要先使右腿屈膝将脚从身后提起，而后大腿向前抬起，小腿向前摆动将脚弹出，弹踢高度不要过腰；刺剑、抽剑要与弹踢的动作在同一时间内完成，不可有先后之分。

（十四）弓步回身劈剑（力劈华山）

1. 右脚尖外展向前落步，右腿屈膝；同时，左手握剑臂外旋手心朝上将剑身向外翻起，刃分上下；右手握剑屈肘将剑稍向前伸，经左肘近侧臂内旋手心朝右将剑向上平举，由右耳上方向后抽回，刃分上下；眼视左剑（图 6–79）。

图 6–79

2. 上动未停，身躯右转向北，左脚跟随势掀起；左手握剑屈肘以前臂用剑刃前段向上由脸前向右、向下弧形绕行劈击，使剑尖朝向右下方靠近右胯近侧；与左剑同时，右手握剑用剑刃前段直臂向上、向右、向下弧形绕行劈击，使剑柄高与胯齐，两手均作螺把；回头眼视右剑尖（图 6–80）。

图 6–80

要点：身躯稍向左倾，胸要挺，背要直，腰要塌，左脚跟虽随势掀起但仍须有一股向下的踩劲含蓄在内。

（十五）云顶歇步举剑（白鹤亮翅）

1. 右手握剑臂内旋手心朝下，屈肘向左使剑尖向前、向左弧形平绕摆动，将剑压于左剑上面；左手握剑臂外旋使手心翻上，双剑在胸前十字交叉相叠；同时，身向左转（图 6–81）。

图 6–81

2. 上动未停，左脚尖外展，身躯继续向左转，抬头仰身；双剑随身转动，两臂向胸前上方举起（图 6–82）。

3. 右手握剑转腕使剑尖向左由脸上向后、向右平绕摆动云剑；与此同时，左手握剑转腕使剑尖向前、向左平绕摆动云剑；身躯继续向左转，两腿相绞（图 6–83）。

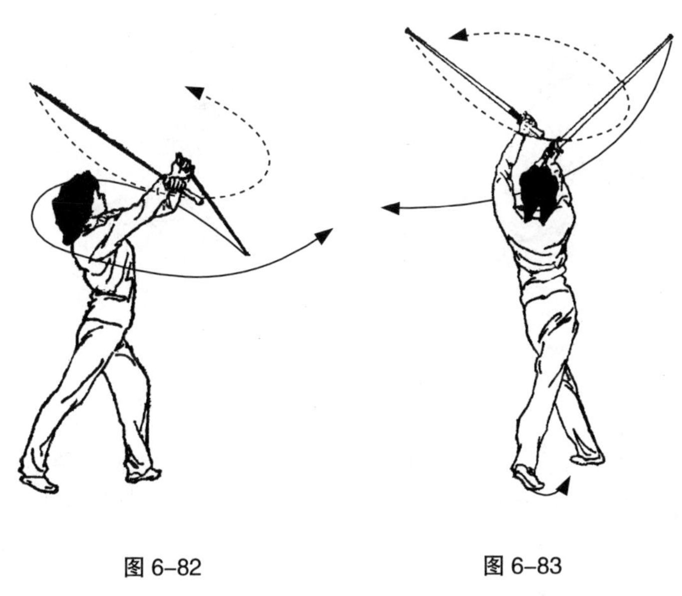

图 6–82　　图 6–83

4. 右手握剑使剑尖继续向前平绕摆动，臂外旋使手心翻向上；左手握剑使剑尖继续向后、向右平绕摆动，臂内旋使手心翻向下，将剑压于右剑上面，十字交叉相叠，两臂由身前屈肘向下将双剑平举于腹前；与此同时，身躯继续左转向西，右脚随身移动，两腿屈膝下蹲成右歇步（图 6–84）。

5. 上动未停，左手握剑直臂将剑向左平摆，剑身与腰平齐，剑尖朝前，剑身扁平，刃分左右；同时，右手握剑将剑向右上方直臂举起，剑尖朝下，刃分前后，手心朝左；眼向西南斜方注视(图 6–85)。

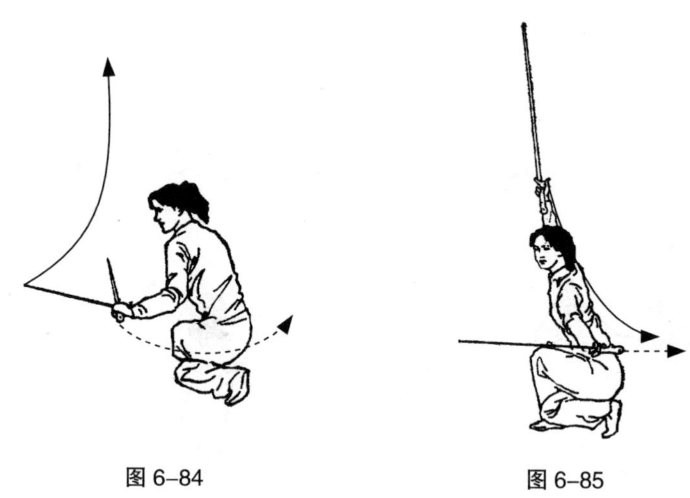

图 6–84　　图 6–85

要点：云剑、转身的动作要配合一致，两剑的剑柄要靠近，注意抬头仰身使剑从脸的上面云绕；歇步应该是随着云剑、转身的动作边云绕、边转身、边屈膝下蹲，不要做成云剑完了之后才下蹲；举剑之势要使两肩下沉向后张展，右剑上举偏斜于右上方而不是垂直举剑，身要微向前倾，腰向下塌劲，两腿要叠拢，臀部靠紧右小腿，右脚跟掀起。

（十六）提膝独立挽花剑（风火双轮）

1. 左手握剑向后稍带，使手心朝右，剑刃分为上下；同时，右手握剑从上屈肘向前、向下，直臂向后抽带，与左剑平行，手心朝左，剑刃分为上下，两手均为满把；眼视前下方（图 6–86）。

2. 上动未停，右脚跟着地踏实，右腿伸直站立，左腿屈膝在身前提起，左脚脚尖朝下，成独立步；同时，两手握剑一起使双剑向前下方直臂螺把伸出（图 6–87）。

图 6–86

图 6–87

3. 上动未停，两手握剑一起直臂向上举起，在额前上方以腕关节为轴钳把转腕使剑尖从前向上、向后绕行回环，肘微屈（图 6–88）。

4. 两手握剑继续转腕使剑尖向下、向前绕行回环；同时，两臂随势从上向腹前直臂落下，两手心向对，变为螺把（图 6–89）。

图 6–88　　图 6–89

要点：挽花在这里是以腕关节为轴向后回环的动作，除腕关节与把法要灵活之外，还须注意回环要圆、要快，使之形如车轮一般。

（十七）双摆剃剑（顺风摆柳）

1. 左脚向左侧南方伸出落步，左腿伸直，右腿屈膝；同时，两剑一起动作，右手握剑臂内旋手心朝下，直臂满把用剑刃中段从前向右平剃摆动，剑身扁平，剑尖朝前，剑高与胸齐；左手握剑臂外旋手心朝上，屈肘满把用剑刃中段从前向右平剃摆动，剑身扁平，剑尖朝前，剑高与腹齐；眼视左剑（图 6–90）。

图 6–90

2. 上动未停，左脚尖外展，左腿屈膝，右腿伸直，身向左转；同时，两剑一起动作，左手握剑臂内旋手心朝下，直臂满把用剑刃中段向前、向左平制摆动，剑身扁平，剑尖朝前，剑高与胸齐；右手握剑臂外旋手心朝上，屈肘满把用剑刃中段向前、向左平制摆动，剑身扁平，剑尖朝前，剑高与腹齐；眼视右剑（图 6–91）。

3. 上动未停，右脚尖外展，右腿屈膝，左腿伸直，身向右转；同时，两剑一起动作，右手握剑臂内旋手心朝下，直臂满把用剑刃中段向前、向右平制摆动，剑身扁平，剑尖朝前，摆至右侧方时稍向上平举使剑高与头齐，手心朝右，剑刃分为上下；左手握剑臂外旋手心朝上，屈肘满把用剑刃中段向前、向右平制摆动，剑身扁平，剑尖朝前，摆至右侧方时稍向上平举使剑高与胸齐，手心朝左，剑刃分为上下；眼视左剑（图 6–92）。

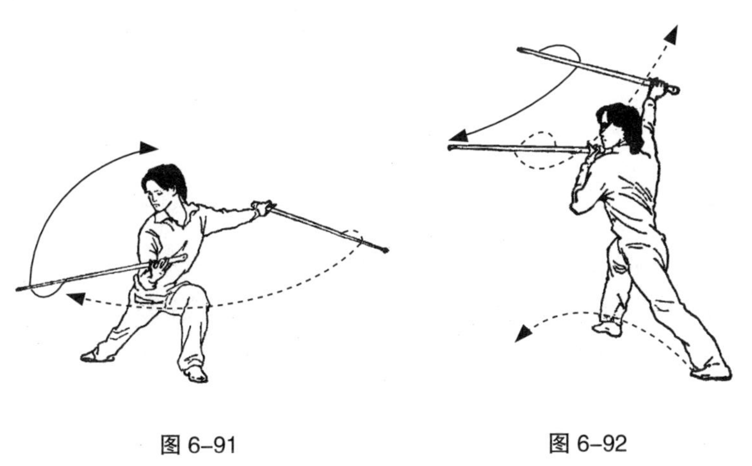

图 6–91　　图 6–92

4. 上动未停，左手握剑剑尖方位不变，从右胸前直臂满把向下、向左、向上弧形绕行举起，臂举直，剑举平，手心朝左；右手握剑剑尖方位不变，跟随着左剑从右上方直臂螺把向下、向胸前弧

形绕行举起，剑柄高与肩齐，手心朝上，两剑尖均微向下；与此同时，右腿伸直，身躯左转，左脚从右腿前面向右盖步，右脚跟离地掀起，重心移于左腿，身向右侧稍屈；眼视右剑尖（图 6–93）。

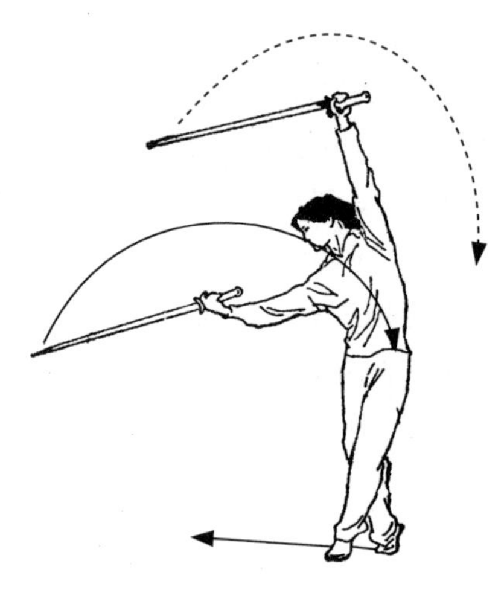

图 6–93

要点：左右�剑时，要特别注意在两手做臂内外旋使手心翻上翻下而剑尖始终保持平行摆动，不可使剑尖向上翘起，要使剑尖像鱼摆尾那样随着手与剑柄摆动；盖步时，双剑均应在头顶上方和右肩前平举，由于身躯的侧屈，才使双剑形如斜向右下方。

（十八）望月平衡回身劈剑（飞燕衔泥）

1. 右脚向西上步，右腿屈膝，左腿伸直，身向左转；两手握剑一起向上、向左绕行（图 6–94）。

2. 上动未停，身向右转，右腿伸直站立，左腿屈膝在身后向上举起；同时，两剑一起动作，右手握剑直臂钳把将剑由身前向上提起，手心朝右；左手握剑屈肘刁把将剑由身前向上提起，手心朝上；右剑柄在右耳侧高过头部，左剑柄在身前高过腰部，两剑尖均向前下方斜垂（图 6–95）。

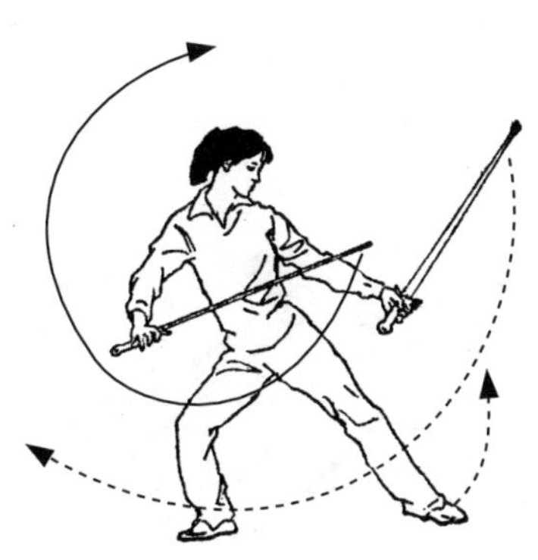

图 6–94

图 6–95

3. 上动未停，右脚不动，左脚方位不变，身躯右转向北；同时，右手握剑直臂螺把使剑尖向上、向右弧形绕行，用剑刃前段向下劈击至平举部位，手心朝前；左手握剑臂向上抬起至肩平部位，臂内旋屈肘满把使剑尖向左、向上、向右弧形绕行，用剑刃前段在身前向右劈击，手心朝后，剑尖高与腹齐；回头眼视右剑尖（图6–96）。

图 6–96

要点：抬头，挺胸，沉肩，直背，塌腰；右腿直立要稳，左腿在身后要伸向右侧高举过腰，屈膝开髋使眼能向右看到脚底。

（十九）击步腾空上架刺剑（鹞子穿林）

1. 两手握剑一起转腕使剑尖从右向下、向左弧形绕行，两肘均稍屈，左手心朝向身前，右手心朝向身后；同时，身向左转，左脚向身前落步，左腿屈膝，右腿伸直；眼视左剑尖（图 6–97）。

2. 右脚随之擦着地面向前迅速碰击左脚，左脚在碰击之下迅速向前上步（图 6–98）。

图 6–97

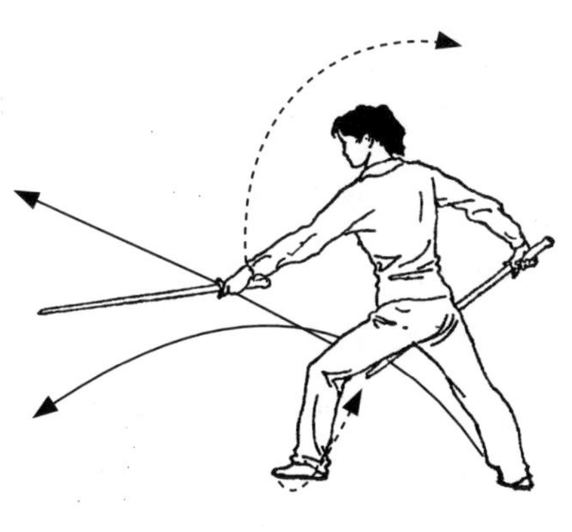

图 6–98

3. 右脚立即向前跃进，左脚蹬地跳起，身体腾空；在空中，身躯左转向南，左脚由身后向右伸去；左手握剑剑尖方位不变，在转身时臂内旋上举将剑横架于头顶上方，肘微屈，手心朝向身前，剑尖朝右，刃分上下；右手握剑用剑尖向身体右侧方直臂螺把平伸直刺，手心朝向身前，刃分上下；眼视右侧前方（图 6–99）。

图 6-99

要点：步法要快速，腾空要稍高；空中的架剑，剑尖要保持向西的方位，不能受转身的影响使剑尖转向正南方之后再向西架举；腾空时要趁击步迅速之势跃起，不能在击步后有略停的现象；跃起时还要防止两肩向上耸起。

（二十）云顶虚步举剑（白鹤亮翅）

1. 右脚先落地，右腿屈膝，左脚继之由身后向右落地，左腿伸直；同时，右手握剑臂内旋使手心朝下，剑身变为扁平，刃分前后；左手握剑臂外旋屈肘向左胸前落下使手心朝上，剑身变为扁平，刃分前后；身稍前俯；眼视右剑（图 6–100）。

2. 上动微停，右手握剑屈肘向左使剑尖从右向前、向左弧形平绕摆动，将剑压于左剑上面，双剑在胸前十字交叉相叠；同时，身直起向左转动（图 6–101）。

图 6–100

图 6–101

3. 上动未停，身体继续左转向北，抬头仰身；同时，两剑一起动作，右手握剑转腕使剑尖向左、由脸上向后、向右平绕摆动云剑；左手握剑转腕使剑尖向前、向左平绕摆动云剑（图 6–102）。

4. 右手握剑使剑尖继续向前平绕摆动，臂外旋使手心由下翻向上；左手握剑使剑尖继续向后、向右平绕摆动，臂内旋使手心由上翻向下，将剑压于右剑上面，双剑在腹前十字交叉相叠；同时，身向左转动（图 6–103）。

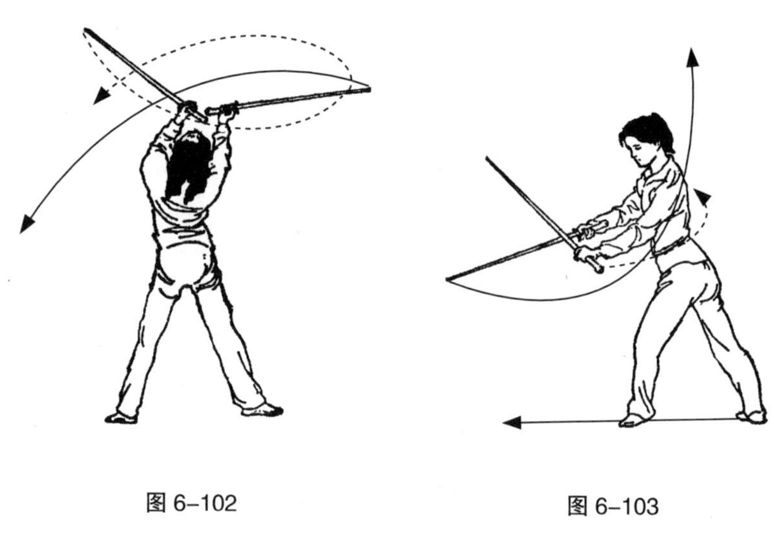

图 6–102　　图 6–103

5. 右脚向前上步，身体带剑从左向后转面对正东，两腿屈膝，重心移于右腿，左脚以脚尖虚点地面，成左虚步；左手握剑直臂将剑向左平带，剑身与腰平齐，剑身扁平，刃分左右，剑尖朝前；右手握剑将剑向右上方直臂举起，剑刃分为前后，手心朝左，肘微屈；眼向东北斜方注视（图 6–104、图 6–104 附图）。

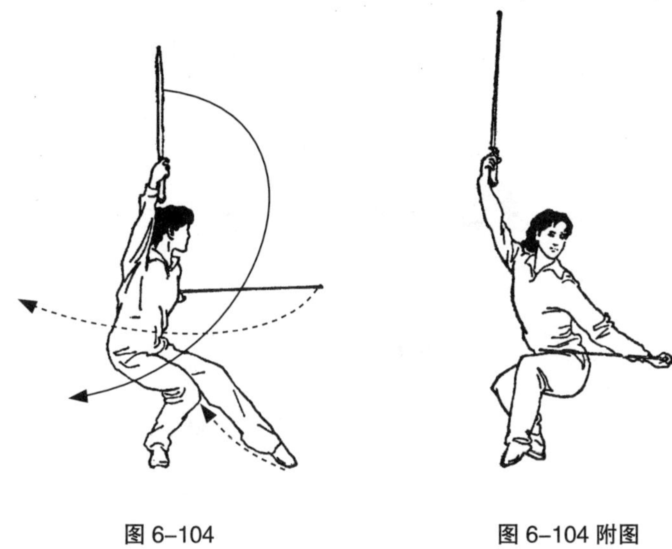

图 6-104　　图 6-104 附图

要点：同（十五）云顶歇步举剑。

（二十一）踢腿云剑歇步分刺（云龙吸水）

1. 左脚收回提于右膝内侧；左手握剑屈肘使剑尖从前向右、向后平绕摆动，臂外旋使手心朝上，将剑柄伸于右腰侧，剑身扁平；右手握剑随之将剑压于左剑上面，臂内旋手心朝下，双剑在右侧后方十字交叉相叠（图 6-105）。

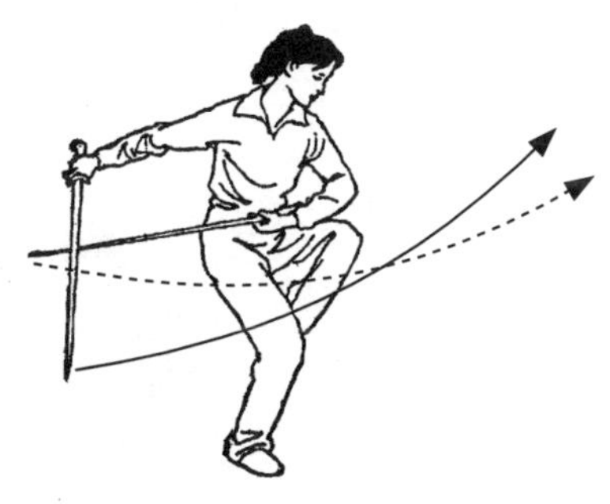

图 6-105

2. 右腿直起，左脚向前平伸踢出，脚面绷平，脚尖朝前，身向后仰；同时，两手握剑屈肘向身前平行摆动（图 6–106）。

图 6–106

3. 右手握剑转腕使剑尖向左、由胸上向后、向右、向前平绕摆动云剑一周，臂外旋使手心由下翻向上，将剑柄收于右腰前；左手握剑随之转腕使剑尖向前、向左、由胸上向后、向右平绕摆动云剑一周，臂内旋使手心由上翻向下，将剑压于右剑上面，双剑在腹前十字交叉相叠；与此同时，身躯直起，左脚脚尖外展在身前落步，两腿屈膝成右歇步；眼视双剑（图 6–107）。

图 6–107

4. 身稍向前探，两剑一起动作，左手握剑用剑尖由左侧向后上方直臂斜伸上刺，螺把手心朝左；右手握剑用剑尖向前下方直臂斜伸下刺，螺把手心朝左，双剑后上、前下斜分；眼视右剑尖（图 6–108）。

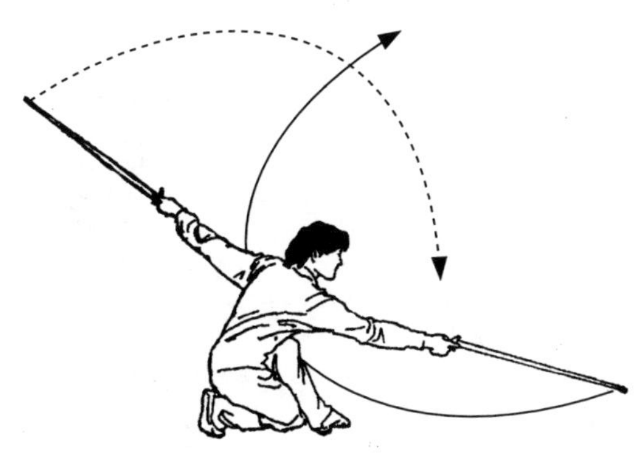

图 6–108

要点：此处的云剑是在胸上绕行，仰身的幅度要较大一些才好，踢腿要平；由于独立步仰身云剑，要防止向后跌倒，站立要稳固；仰身时还应该注意挺胸、挺腹；歇步两剑分刺时须使双剑形成一条斜直线，左剑不要举得太高或太低。

第 三 段

（二十二）抄挑穿刺绕背花（双龙穿云）

1. 两腿直起；左手握剑直臂满把使剑尖从后向上、向前、向下、由右臂外面向后绕行穿刺，手心朝左；右手握剑跟随着左剑臂内旋手心朝右屈肘满把使剑尖从前向下、由左腿外面向后、向上、向前绕行穿刺；眼视左剑尖（图 6–109）。

2. 上动未停，左腿屈膝在身前提起，左脚脚尖朝下；左手握剑继续使剑尖屈肘向上、向前、向下绕行穿刺，手心仍朝左；同时，右手握剑继续跟随着左剑使剑尖直臂向下、由右腿外面向后、向上、向前绕行穿刺，手心仍朝右；眼随左剑尖（图 6–110）。

图 6–109

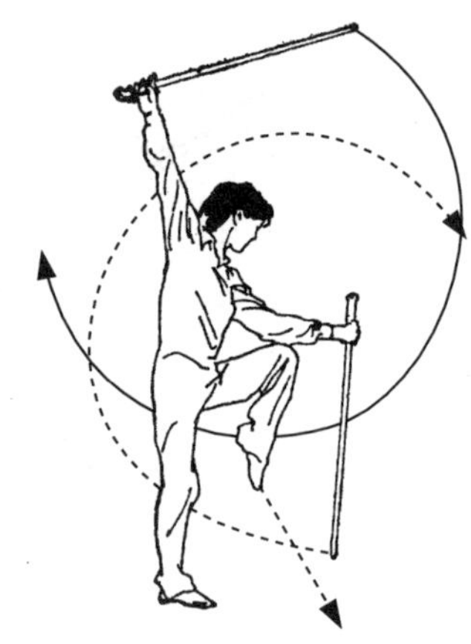
图 6–110

3. 左脚向前上步；左手握剑继续使剑尖直臂由左腿外面向后、向上、向前绕行穿刺，手心仍朝左；同时，右手握剑继续跟随着左剑使剑尖直臂向下、屈肘由左腿外侧向后、向上绕行穿刺，手心仍朝右；眼视前下方（图 6–111）。

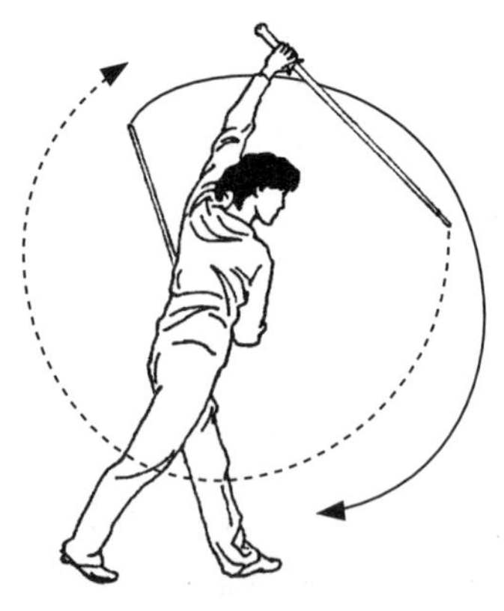
图 6–111

4. 左手握剑继续使剑尖屈肘向下、由右腿外侧向后、向上绕行穿刺，手心仍朝左；同时，右手握剑继续跟随着左剑使剑尖屈肘向前、向下绕行穿刺，手心仍朝右；眼视右剑尖（图 6–112）。

图 6–112

5. 左手握剑继续使剑尖屈肘向前、直臂向下、由左腿外侧向后、向上绕行穿刺，手心仍朝左；同时，右手握剑继续跟随着左剑使剑尖直臂由右腿外侧向后、向上、向前、向下绕行穿刺，手心仍朝右；眼随右剑尖（图 6–113）。

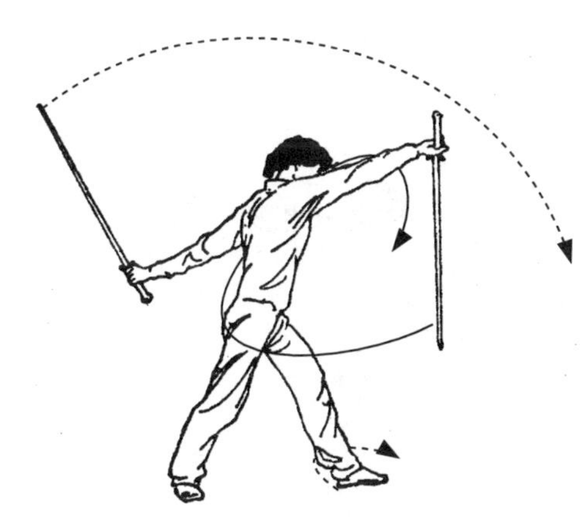
图 6–113

6. 左手握剑继续使剑尖直臂向前绕行穿刺，至前方时变螺把，臂外旋使手心朝右；同时，右手握剑继续使剑尖屈肘向后，贴着右腰侧向背后左上方绕行穿刺，手背贴靠背部；左剑尖方位不变，身躯右转面对西南，右脚脚跟离地掀起（图 6–114）。

图 6–114

7. 右手握剑在背后臂外旋使手心贴靠背部，继续使剑尖随屈肘向左、向下直臂由右臀后侧向前、向上绕行穿刺抄挑；左手握剑直臂举于左侧斜上方；在右手抄挑的同时，右腿屈膝向身前提起，右脚脚面绷平，脚尖朝下；眼视右剑（图 6–115）。

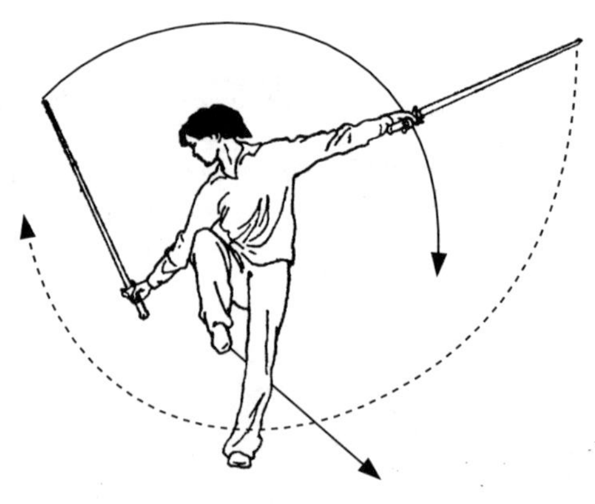

图 6–115

要点：此处的绕剑穿刺，是在原地进行，只有提步和落步，没有上步；剑势要圆活，绕背时要使右手贴紧背部，顺着背、腰、臀将剑绕出抄挑。

（二十三）翻身歇步双架剑（推窗望月）

1. 前动不停，右脚由身后向左落步，两腿形成前后交叉；左手握剑方位不变，臂内旋手心朝后，由下向右摆臂，屈腕满把使剑尖从左向下、由左腿前面向右、向上绕行抄起；右手握剑屈腕满把使剑尖从右向上、向左、向下绕行穿刺；在双剑绕行的同时，以两脚掌碾地为轴，身躯从右向后转（图 6–116）。

图 6–116

2. 身躯转向正东，左手握剑继续使剑尖直臂向前、向下绕行穿刺，手心朝左；同时，右手握剑继续跟随着左剑使剑尖屈肘由左腿外侧向后、向上、向前绕行穿刺，手心朝右；眼视左剑尖（图 6–117）。

3. 左手握剑继续使剑尖屈肘由右腿外侧向后绕行穿刺，手心仍朝左；右手握剑继续使剑尖直臂向下、由右腿外侧向后绕行穿刺伸出，手心仍朝右；在右剑向后穿刺伸出的同时，身右转朝向东南斜方，左腿向左摆起至平举部位，左脚内侧朝下，脚尖朝向身前(图6–118)。

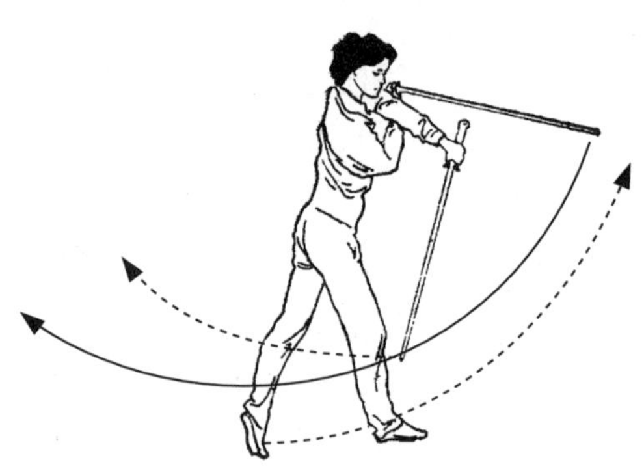

图 6–117

图 6–118

4. 上动未停，左脚向下、由右腿前向右摆动落步，两腿形成交叉；两手握剑一起屈肘将剑向上、向左绕行，在左肩上方右剑压于左剑上面成十字交叉相叠（图 6–119）。

5.上动未停，身向前俯，从右向后上翻转；两手握剑随身翻转（图 6–120）。

图 6–119

图 6–120

6.身躯继从右向下、向右、向上翻转；两腿随之屈膝下蹲成左歇步，身向西南方向；两手握剑随身翻转，使剑十字交叉在额前上架，左手屈肘使剑柄与左肩齐平，右手直臂使剑柄与右肩齐平；眼向西南上方注视（图 6–121）。

图 6–121

要点：摆腿与翻身的动作必须协调；歇步时腰要右拧，身躯虽然向左斜倾，但仍须直背塌腰；两手握剑成歇步时，两手均为满把。

（二十四）抄撩剑腾空跃叉洗刺（蛰龙飞腾）

1. 两腿直起，左脚从身后向东北斜方上步；同时，两剑一起动作，左手握剑使剑尖屈肘向右、臂外旋向下、直臂向左弧形绕行，向东北斜方抄出；右手握剑使剑尖直臂向上、向右、臂内旋向下、向左弧形绕行，向东北斜方抄出；在双剑一起绕行向东北抄出时，身左转朝向东北；眼视前方（图 6–122）

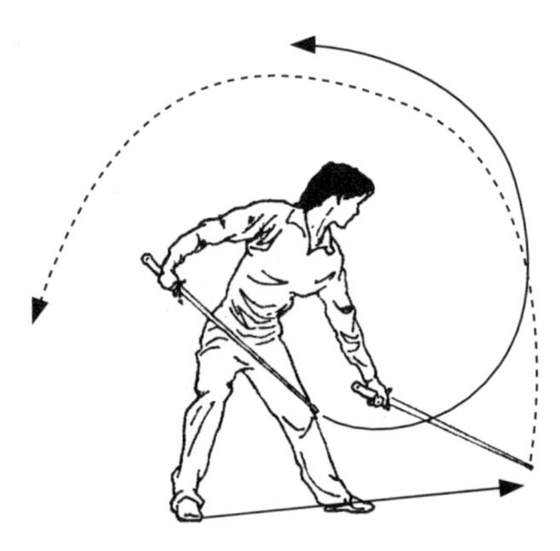

图 6–122

2. 右脚向东北斜前方上步，同时，两手握剑一起将剑向前、向上、身左转向左抄剑绕行；眼视左剑尖（图 6–123）。

3. 身躯继续从左向后转，左脚随转身之势向东上步；两手握剑随之从左向下、向东抄剑绕行；眼随左剑尖（图 6–124）。

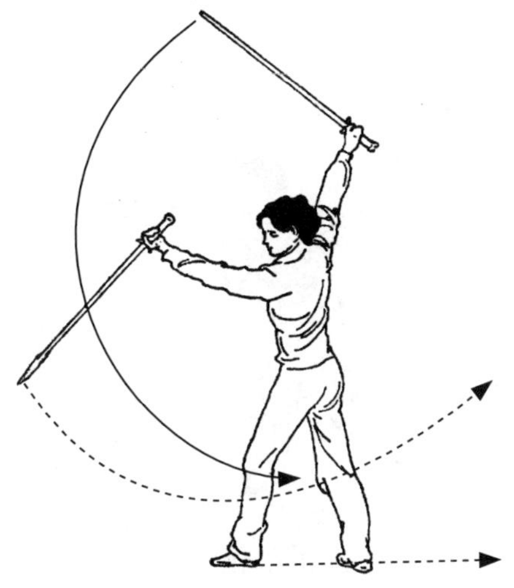

图 6–123

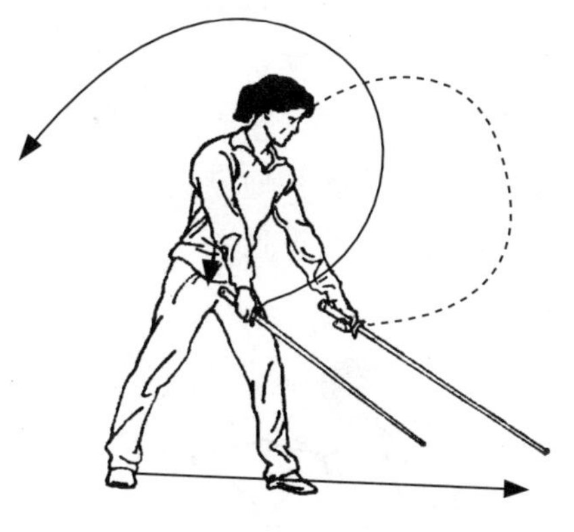

图 6–124

4. 右脚向东南斜方上步，右腿屈膝，左腿伸直；同时，两手握剑一起以肩关节为轴，使两臂从前向上、由右侧向后绕行回环，将双剑举于右侧后方；左臂屈肘，剑柄靠近右肋，手心朝里；右臂伸直平举，手心朝外，剑尖均朝上；眼视东南斜前方（6–125）。

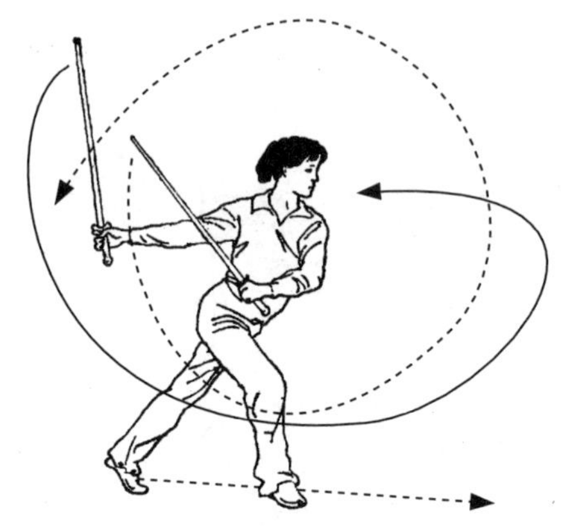

图 6–125

5. 左脚向东南斜方上步，左腿屈膝，右腿伸直；同时，两手握剑一起使两臂从后向下、向前绕行回环；左剑向前反撩，小指一侧朝上，手心朝左；右剑向前正撩，手心朝上；撩剑至前方时，左臂继续向上、向后直臂绕行回环，将剑向后绕至与腰平行部位，变螺把，小指一侧朝下；右臂则转腕使剑尖向上、向后由身前向下绕行至腹前，变满把，肘稍屈；回头眼视左剑（图 6–126）。

图 6–126

6. 左腿直起，右脚顺势在左脚后以脚尖虚点地面，身躯右转向东南斜方；两手握剑以腕关节为轴，一起转腕使剑尖向下、向东南斜前方绕行；左臂在身后斜举，左剑靠于左腰侧旁；右臂在身前平举，右剑伸于前方；眼向前方注视（图 6–127）。

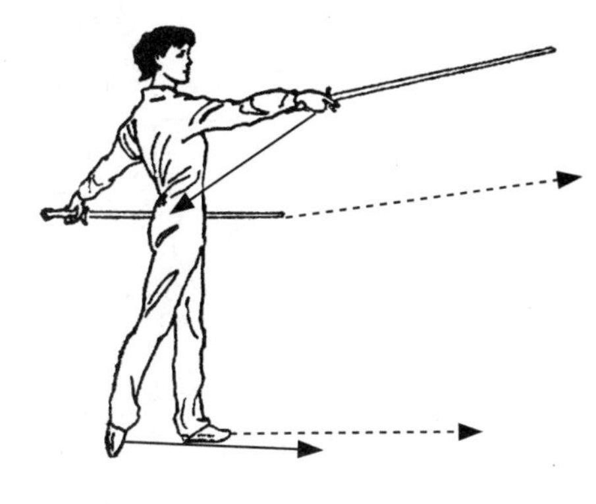

图 6–127

7. 右脚向东南斜前方上步，继之左脚也上前一步，左腿屈膝，右腿伸直；同时，右手握剑屈肘由右腰侧将剑满把向后抽回；左手握剑直臂前伸将剑螺把向前刺出（图 6–128）。

图 6–128

8. 右脚向前上步；右手握剑直臂向后平举，使剑尖向下、臂外旋向后弧形绕行举起（图 6–129）。

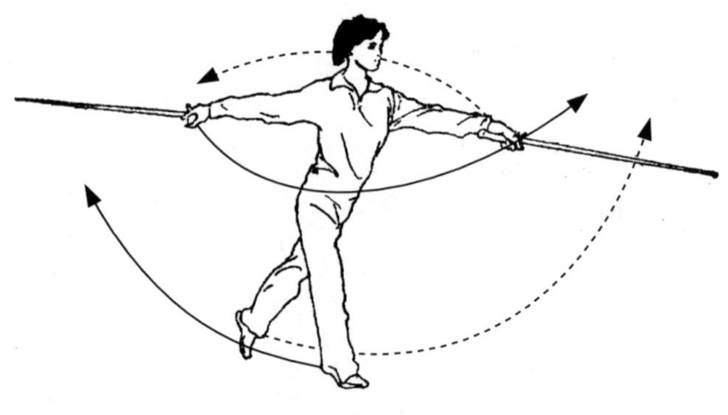

图 6–129

9. 左脚向前跃出，右脚蹬地跳起，身体腾空，在空中，两腿前后向上劈开高举，形成竖叉；左手握剑臂内旋手心朝下，将剑从前向左、向后直臂平绕摆动，举于身后，剑身扁平，刃分左右；右手握剑屈肘经右腰侧使剑尖从后向右、向前平绕摆动，而后臂外旋手心朝上，从右腰侧直臂向前平伸洗刺，剑身扁平，刃分左右；眼视右剑尖（图 6–130）。

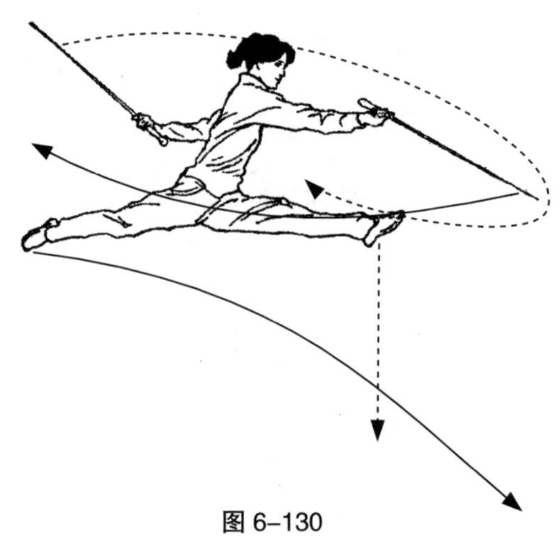

图 6–130

要点：上面诸动必须连贯起来做，使之成为一个整体，中间的抄剑、撩剑、洗剑，都不能间歇。跃叉要使两腿前后举平，不能做成跃步，如受体能的限制也可变跃叉为跃步。

（二十五）云剑叉步分刺（二龙吐须）

1. 左脚先落步，左腿伸直，右脚随之向左脚前落步，右腿稍屈膝，身向右转，两腿形成交叉；在转身的同时，两剑一起动作，右手握剑臂内旋手心朝下，向右摆臂使剑尖直臂向右、向后下方弧形绕行摆动，剑柄高与腰齐，剑身扁平，刃分前后；左手握剑向左摆臂使剑尖直臂向左，微屈肘向前、向右、向后下方绕行摆动，剑柄高与左胸齐，剑尖与腰相齐，剑身扁平，刃分前后；眼随右剑（图 6–131）。

图 6–131

2. 右手握剑屈肘向左，使剑尖从后向右、向前、向左弧形平绕摆动，将剑压于左剑上面；左手握剑即臂外旋使手心由下翻上，双剑在腹前十字交叉相叠；与此同时，身躯左转向东，左脚向前上步，右脚继之向前上步；眼视双剑（图 6–132）。

3. 上动未停，身躯继续左转向北，抬头仰身；两手握剑随身转动向胸前上方屈肘举起，将两剑剑柄靠近（图 6–133）。

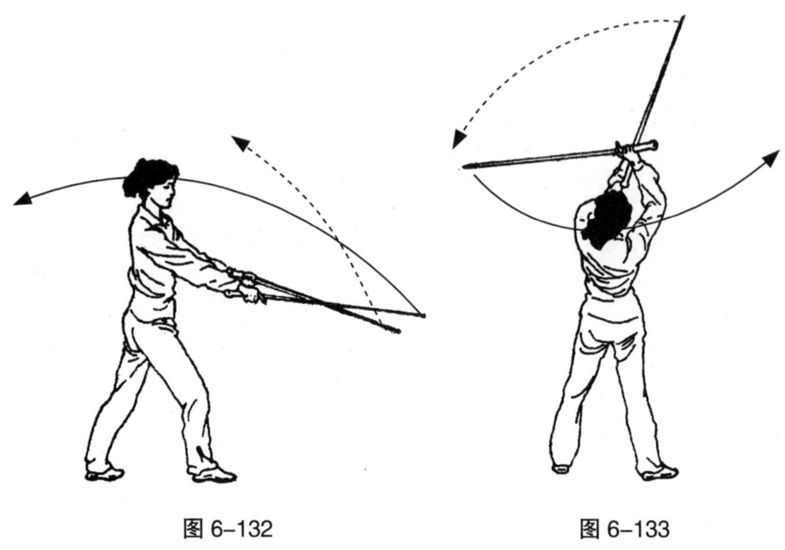

图 6–132　　　　图 6–133

4. 右手握剑转腕使剑尖从左向后、向右平绕摆动云剑；同时，左手握剑转腕使剑尖从右向前、向左平绕摆动云剑两剑一起动作(图 6–134)。

图 6–134

5. 随着云剑身右转向东；右手握剑屈肘将剑柄收于右腰侧，手心朝上，剑平举，刃分左右；同时，左手握剑转腕使剑尖继续向后、向右平绕摆动云剑，至右侧时将剑由身前落下压于右剑上面，手心朝下，剑横身前，刃分前后；身直起右转向东；眼视前方（图 6–135）。

图 6–135

6. 上动不停，左手握剑屈肘将剑向左腰侧抽回，剑柄收至腰后，手心朝右，剑尖朝前，刃分上下；同时，右手握剑用剑尖向前直臂平伸刺出，手心朝左，刃分上下；眼视右剑尖（图 6–136）。

图 6–136

7. 上动仍不停，身躯左转向北，双剑方位不变，右腿伸直站立，左腿屈膝向身前提起，左脚收于右膝内侧，脚尖朝下；同时，右手握剑臂向上直举，使剑尖螺把向上、刁把向左、由身后向下、转腕绕行转动（图 6–137）。

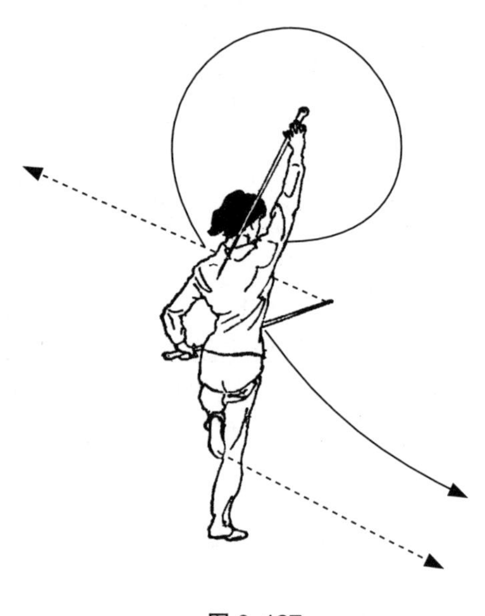

图 6–137

8. 右腿屈膝下蹲，左脚由身后向右插步，脚跟掀起，成大叉步；同时，右手握剑继续使剑尖向右、向上、臂内旋向左绕行转动，至剑尖向左时屈肘使剑尖由左肩前面向下、经右小腿向右下方直臂反手斜伸刺出；左手握剑在右剑由左肩前向下绕行时，使剑尖由右臂里面向上穿出，向左上方直臂斜伸刺出，手心朝上，肘微屈；身躯随之向左倾斜；回头眼视右剑尖（图 6–138）。

图 6–138

要点：左脚从身后向右插步，要与右剑的反手斜刺在同一时间内进行，不要过早地先插步；大叉步，要使头部与左腿形成一条斜直线，左剑尖与右剑尖形成一条斜直线；腰须向后拧，胯须向下沉，防止臀部凸起。

第四段

（二十六）抄挑穿刺绕背花（双龙穿云）

1. 身与右腿直起，左脚向里移进半步；左手握剑臂内旋，向下、摆臂使剑尖向左、向下、由右腿前向右绕行摆动，肘微屈（图 6–139）。

图 6–139

2. 上动未停，剑尖方位不变身躯左转向西，左腿屈膝向身前提起，左脚脚尖朝下；左手握剑使剑尖屈肘向上、向前、向下绕行穿刺，手心朝左；眼视左剑尖（图 6–140）。

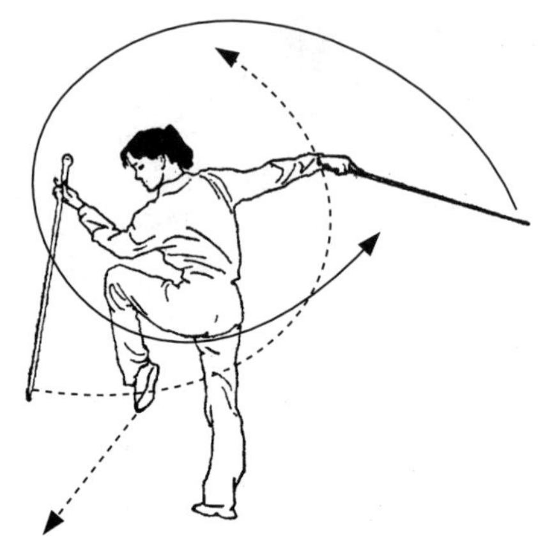

图 6–140

3. 左脚向前上步；左手握剑继续使剑尖直臂由左腿外侧向后、向上、向前绕行穿刺，手心仍朝左；同时，右手握剑跟随着左剑使剑尖直臂向上、向前、向下由左腿外侧向后绕行穿刺，手心朝右；眼视前下方（图 6–141）。

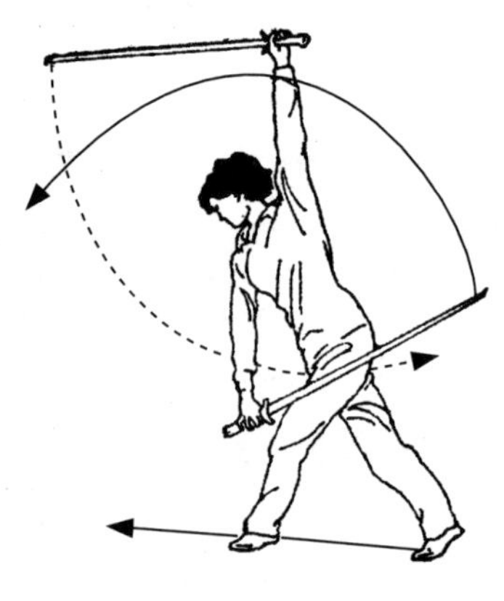

图 6–141

4. 右脚向前上步，右腿屈膝，左腿伸直；左手握剑继续使剑尖直臂向下、由右腿外侧屈肘向后绕行穿刺，手心仍朝左；同时，右手握剑跟随着左剑继续使剑尖屈肘向上、向前绕行穿刺，手心仍朝右；眼视左剑尖（图 6–142）。

5. 两脚不动；左手握剑继续使剑尖屈肘向上绕行穿刺，手心仍朝左；同时，右手握剑继续使剑尖直臂向下，由右腿外侧向后绕行穿刺，手心仍朝右；身躯随势右转向北；眼视右剑尖（图 6–143）。

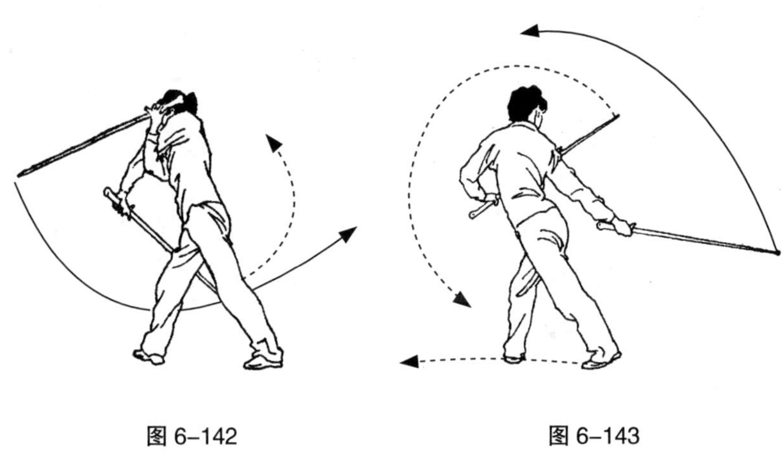

图 6–142　　图 6–143

6. 上动未停，左脚向西跨步，左腿屈膝，右腿伸直；左手握剑继续使剑尖屈肘向左、臂外旋直臂向下、由左腿后面向右绕行穿刺，肘微屈，手心朝后；同时，右手握剑继续使剑尖直臂向上、向左绕行穿刺，手心朝前；眼视左剑尖（图 6–144）。

7. 左手握剑继续使剑尖直臂向上、向左绕行穿刺，手心仍朝后；右手握剑继续使剑尖直臂向下、臂内旋由腿前向右绕行穿刺，手心仍朝前；与此同时，身躯顺势左转向西（图 6–145）。

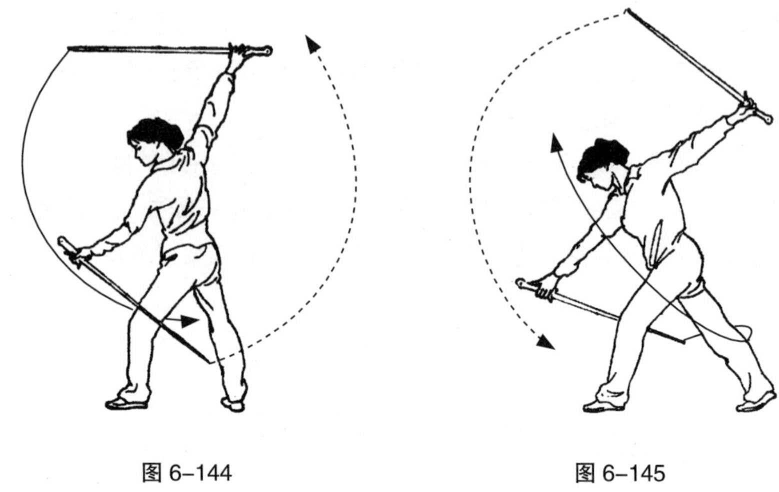

图 6-144　　图 6-145

8. 左手握剑继续使剑尖直臂向下绕行穿刺，手心仍朝后；右手握剑继续使剑尖贴着右腿外侧屈肘向后、由背部向左肩上方绕行穿刺，手背贴腰，手心朝后；与此同时，身躯顺势右转向北（图 6-146）。

图 6-146

9. 左手握剑方位不变；左脚跟外展，身躯右转向东，右腿屈膝在身前提起，右脚脚尖朝下；同时，右手握剑臂外旋使手心贴着腰背，继续使剑尖屈肘向左、向下、直臂由右臀外侧向身前、向上绕行穿刺抄挑，臂平举；眼视前方（图 6–147）。

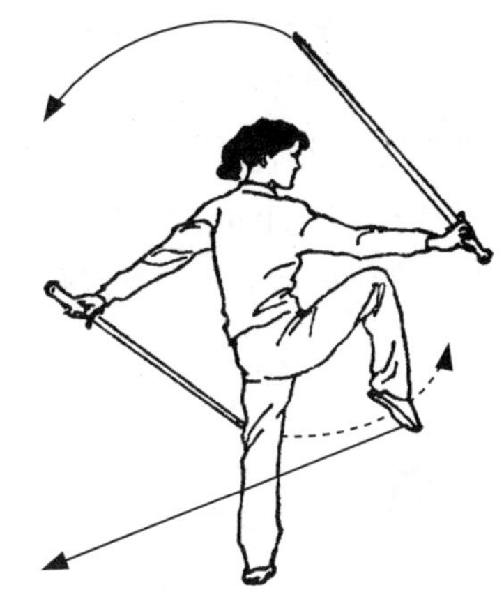
图 6–147

要点：同（二十二）抄挑穿刺绕背花。

（二十七）翻身抄挂（乌龙翻身）

1. 前动不停，左腿屈膝，右脚向身后落步，右腿伸直；同时，左手握剑臂下垂使剑尖向前绕行，手心朝右；右手握剑臂上举使剑尖向后绕行，手心朝左；眼视前下方（图 6–148）。

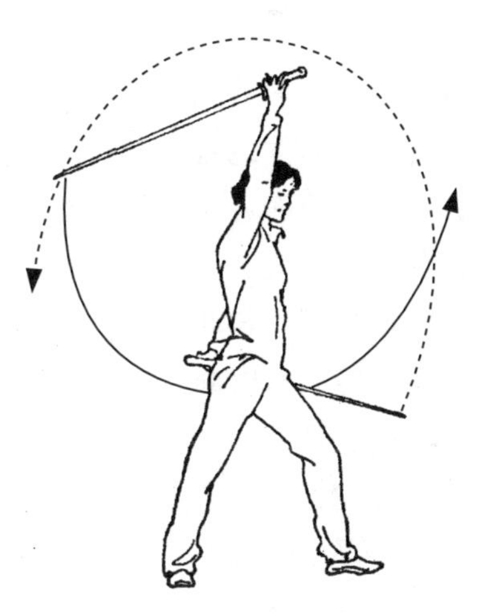
图 6–148

2. 上动未停，左手握剑臂由前上举，继续使剑尖直臂满把向上、向后、向下绕行穿刺；右手握剑臂向背后下沉，继续使剑尖直臂满把向下绕行穿刺；与此同时，身躯从右向后转，右腿屈膝，左腿伸直；左剑变为身前，右手握剑在转身后继续使剑尖由右腿外侧向身后绕行穿刺（图 6–149）。

3. 左手握剑臂下沉，继续使剑尖由右腿外侧屈肘向后绕行穿刺；同时，左脚向前上步，身向右转；眼视右剑（图 6–150）。

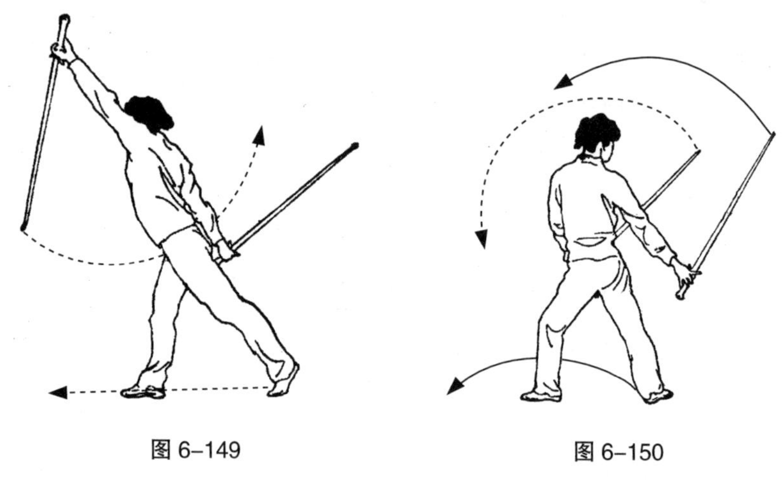

图 6–149　　图 6–150

4. 左手握剑屈肘使剑尖向上、向左、向下绕行穿刺；右手握剑跟随着左剑直臂使剑尖也向上、向左、向下绕行穿刺；与此同时，身向左转，右脚向前上步（图 6–151）。

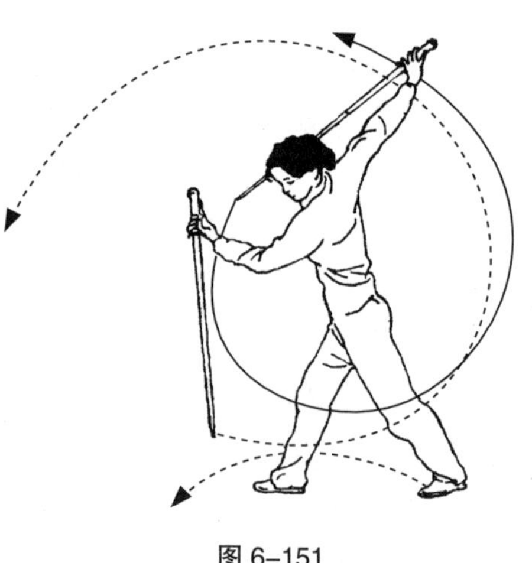

图 6–151

5. 身躯前俯，左脚离地，以右脚掌碾地为轴使身躯从左向后上方翻转；两手握剑直臂随身翻转向上抄起，翻身后，左剑在前，右剑随后；左脚在身体左侧落步；眼视左剑尖(图 6–152)。

图 6–152

6. 身躯继续向前下方翻转，两腿形成交叉，左腿在前屈膝，右腿在后伸直；两手握剑随身翻转，在翻身向前时，左手握剑屈肘将剑柄收于左腰侧，手心朝上，剑身斜垂于左腿外侧；右手握剑直臂将剑压于左剑上面，手心朝下，双剑在左腿前十字交叉相叠（图6–153)。

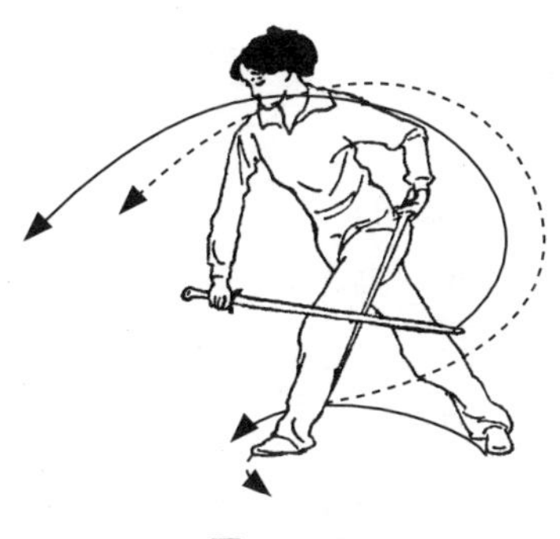

图 6–153

要点：双剑向后绕行穿刺必须与向后转身的动作协调一致，要边转身、边绕行；双剑翻身抄挂的动作必须使身躯向后上翻转时做到挺胸、挺腹，两剑的随身翻转要像车轮滚转一般，线路不可歪斜。

（二十八）举剑燕势平衡（凤凰展翅）

1. 左脚尖外展，左腿屈膝下蹲，右脚向左脚内侧移步屈膝以脚尖虚点地面；与此同时，右手握剑使剑尖从左向上由脸前向右弧形绕行，屈肘将剑柄收至左肋前，手心朝上，剑身扁平，刃分前后；左手握剑使剑尖从下向左、向上由脸前向右弧形绕行，屈肘将剑压于右剑上面，手心朝下，双剑交叉相叠；眼视右剑（图 6–154）。

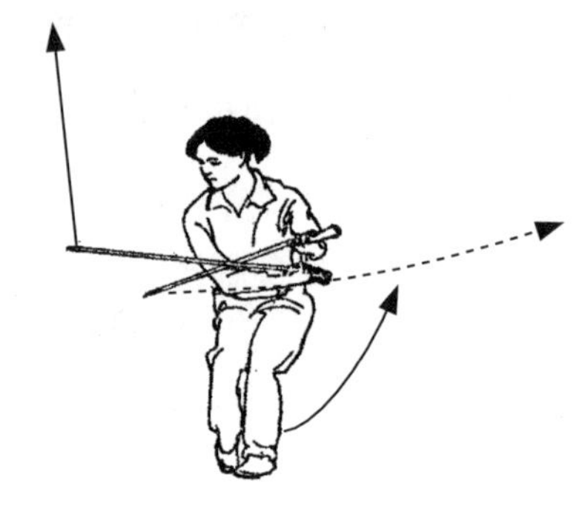

图 6–154

2. 上动微停，左腿伸直站立，右腿由身后向左屈膝举起，右脚脚面绷平，脚尖朝左，脚底朝前，成燕式平衡；同时，两剑一起动作，左手握剑螺把向前、向左平绕摆动，将剑平举于左侧，手心仍朝下，剑身扁平，刃分前后；右手握剑直臂螺把将剑由右肩前向上直举，手心朝左，剑刃分前后；眼向左侧前方注视（图 6–155）。

图 6–155

要点：抬头，挺胸，肩向后张，左腿挺膝伸直，右腿屈膝要成半圆在身后环举，身躯要向上仰，左臂与剑举平，右臂肘微屈使剑向右斜，定势要挺拔舒展，站立要稳健。

（二十九）挽花劈叉反刺（地龙入洞）

1. 身直起，右脚从身后向右落步；右手握剑以腕关节为轴，转腕使剑尖从上向左、向下、由身前向右、向上绕行一周挽花，左腿随之屈膝使左脚提至右腿内侧，左手持剑不动（图 6–156）。

2. 上动未停，右手握剑臂内旋手心朝向身前，臂向左下沉，直臂钳把使剑尖从上向左、由左手前面向下弧形绕行下插；与此同时，双剑方位不变，右脚跟外展，身躯左转向东；低头眼视右剑尖（图 6–157）。

图 6–156

图 6–157

3. 左脚向身后落步贴地伸出，左腿伸直，两腿劈开成为竖叉；同时，右手握剑用剑尖向后反臂斜举直刺，臂伸直，手心朝左，剑刃分为上下；左手握剑随势使手心朝右，臂稍向上斜举，剑刃分为上下；身略向前倾；回头眼视右剑尖（图 6–158）。

图 6–158

要点：挽花、劈叉、反刺等动作要连贯起来做，劈叉两腿成直线，膝须挺直，身法保持直背塌腰，防止耸肩拱背。

（三十）跳步倒崩剑（刘海戏蟾）

1. 左腿屈膝跪起，右腿屈膝使右脚向后收，身直起左转向北；同时，右手握剑反臂从身后向右弧形平绕摆动，左手握剑屈肘将剑柄收至左肋前；眼视右剑尖（图 6–159）。

图 6–159

2. 上动微停，两脚蹬地跳起，左脚向右、右脚由左脚后面向左形成交叉落地，两脚均以脚前掌着地，脚跟稍掀起，两腿均伸直；在跳步的同时，两剑一起动作，左手握剑从左直臂上举，使剑尖满把向下、螺把向左、向上弧形绕行，至上方时屈腕满把使剑尖向右、向下绕行倒崩；右手握剑屈肘向下、向左将剑柄收于左胸上方，使剑尖满把向下、向左、向上弧形绕行，至上方时屈腕钳把使剑尖向右、向下绕行倒崩，左手心朝向身前，右手心朝向身后，两剑尖斜朝右下方；眼视右剑尖（图 6–160）。

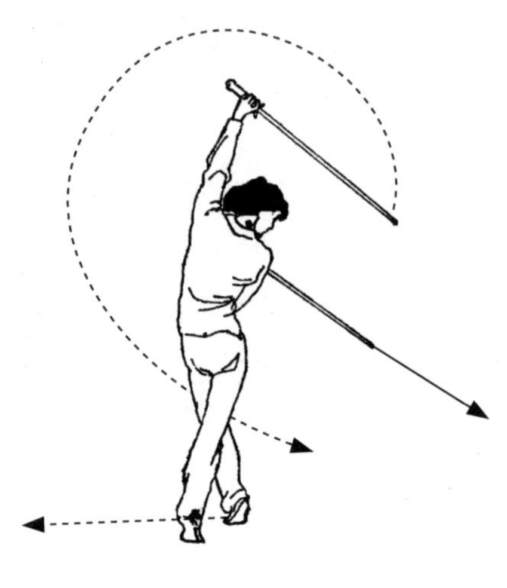

图 6–160

要点：同（十）跳步倒崩剑。

（三十一）翻身抄挂（双龙入水）

1. 右脚跟着地踏实，左脚向左移步；同时，左手握剑直臂向左回环，使剑尖向上、向左、向下由腿前向右绕行，将剑柄附于左腿前面，手心朝向身后；右手握剑臂内旋用剑尖向右下方直臂斜伸螺把下刺，手心朝向身前；眼随右剑尖（图 6–161）。

2. 上动微停，左手握剑屈肘使剑尖从右向上、由额前向左、向下弧形绕行抄剑下插，手心仍朝身后；右手握剑随着左剑直臂使剑尖从右向上、向左弧形绕行抄起，手心仍朝身前；与此同时，身仰起由左向下翻转，左脚踏实，右脚离地直腿向前踢摆（图 6–162）。

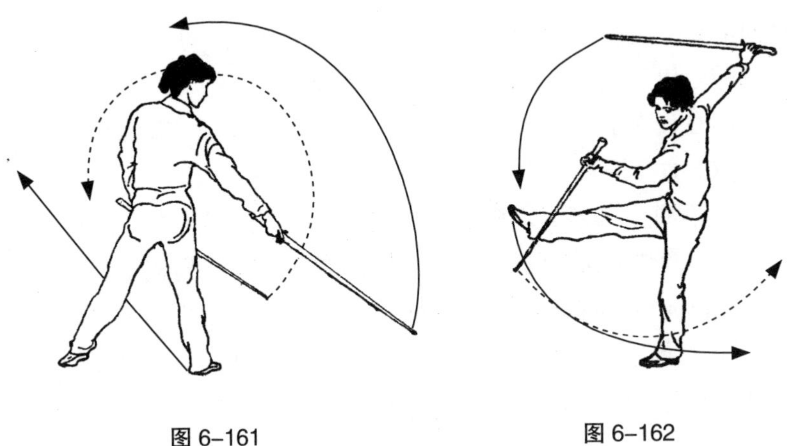

图 6–161　　图 6–162

3. 身躯继续向左翻转；左手握剑直臂使剑尖向左绕行抄起，右手握剑直臂使剑尖向下绕行插刺；同时，右脚随翻身之势由左腿前面向左盖步落地；眼随左剑尖（图 6–163）。

4. 两脚掌碾地，身躯继续向左、向上翻转；两手握剑随身翻转使剑尖向上、向左绕行抄起（图 6–164）。

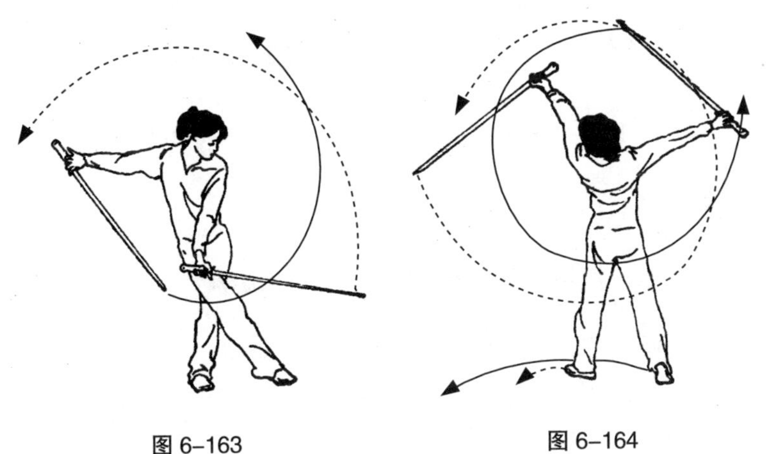

图 6–163　　图 6–164

5. 左脚上半步，身躯直起左转向西；左手握剑继续使剑尖直臂向下，由左腿外侧向后、向上、向前绕行穿刺，手心朝左；右手握剑随之使剑尖直臂向下、由左腿外侧屈肘向后、向上绕行穿刺，手心朝右，附于左肋；在右剑屈肘向后绕行时，右脚向前上一步；眼视前下方（图 6–165）。

6. 右脚尖外展，右腿屈膝，左脚跟离地掀起，左腿伸直，身向右转，两腿交叉；同时，左手握剑继续使剑尖直臂向下、屈肘由右腿外侧向后绕行穿刺，将剑柄附于右肋下，手心朝向身后；右手握剑随之使剑尖屈肘向前、直臂向下由右腿外侧向后绕行穿刺，手心朝向身前；眼视右剑尖（图 6–166）。

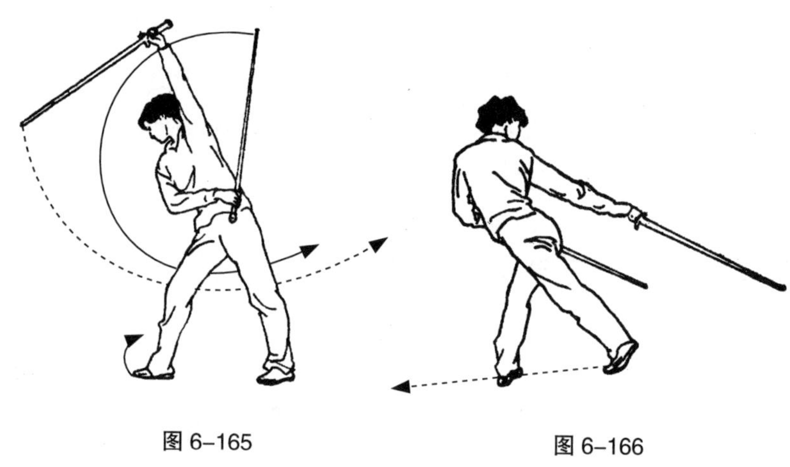

图 6–165　　图 6–166

要点：同（七）翻身抄挂。

（三十二）扫腿转身云绞弓步举剑（凤凰旋窝）

1. 左脚从身后左跨步，左腿屈膝，右腿伸直；左手握剑臂外旋使手心朝上，右手握剑臂内旋使手心朝下，双剑剑身成扁平；眼向左侧方注视（图 6–167）。

2. 上动未停，左脚掌碾地为轴，身躯从左向后转，右脚贴地随身转动前扫半周；同时，右手握剑屈肘使剑尖向身前、向左平绕压于左剑上面，十字交叉相叠；眼视双剑（图 6–168）。

图 6–167

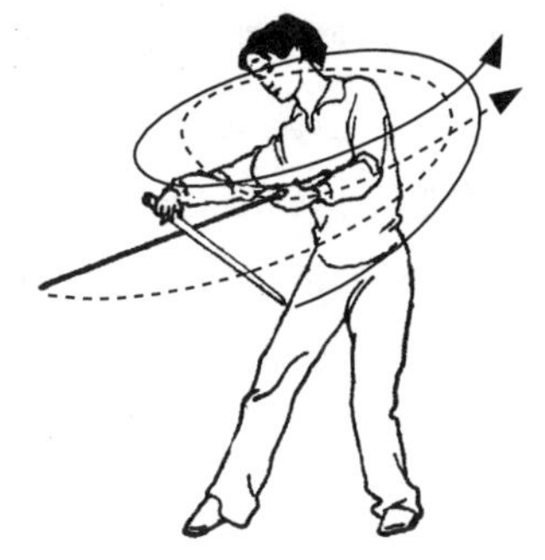

图 6–168

3. 抬头仰身；右手握剑使剑尖屈肘向后、由脸上转腕向右、向前、向左平绕云剑，臂外旋使手心翻向上；左手握剑随着右剑使剑尖屈肘向前、向左、向后，由脸上转腕向右、向前平绕云剑，臂内旋使手心翻向下，将剑压于右剑上面，双剑在胸前十字交叉相叠；同时，身躯继续向左转，至双剑交叉时身直起；眼视双剑（图 6–169）。

图 6–169

4. 身躯右转向南，向左折腰，左腿伸直，右腿屈膝，右脚以脚尖点地；同时，左手握剑使剑尖向右、向上、向左绕行，臂外旋屈肘将剑柄收于右腋前，手心朝后，剑身平举，刃分上下；右手握剑随之使剑尖向前、向右、向上、向左、向下绕行，臂内旋向上举起将剑倒提，手心朝前，使剑身贴靠于左剑后面，剑身下垂，刃分左右，眼视右剑尖（图 6–170）。

5. 右手握剑使剑尖向左、向上、向右绕行，屈肘将剑柄收于右腰侧，手心朝上；左手握剑随着右剑肘臂向上抬起，使剑尖向上、向右、向下绕行，屈肘将剑柄提于右肩前，手心朝下，剑尖压于右剑上面；同时，右腿离地屈膝将右脚提至左腿膝内侧，身躯向右折腰前俯；眼视右剑尖（图 6–171）。

图 6–170

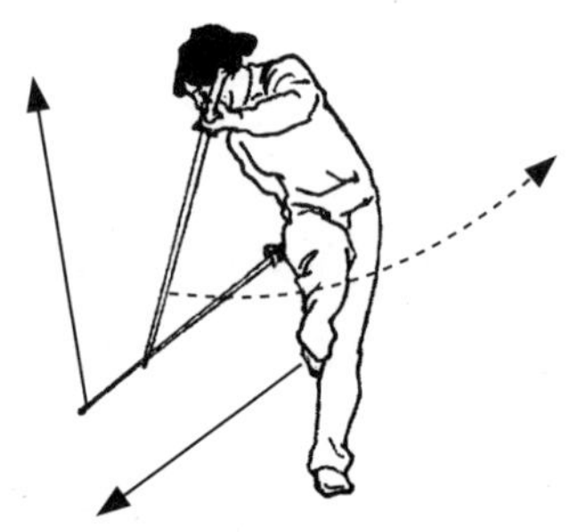

图 6–171

6.上动微停，身躯直起，右脚向西上步，右腿屈膝，左腿伸直，成右弓箭步；同时，左手握剑臂向左摆，使剑尖向前、向左直臂平绕至平举部位，螺把手心朝下，剑身扁平，刃分前后；右手握剑臂上举，使剑向右上方直臂举起，肘微屈，螺把手心朝左，剑稍向右倾斜，刃分前后；眼向东南斜前方注视（图 6–172）。

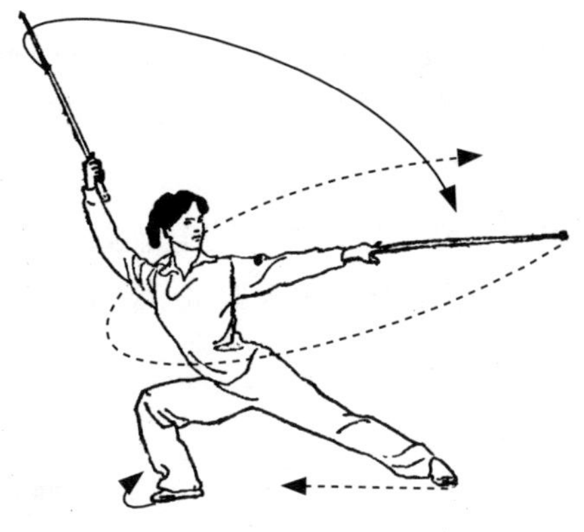

图 6-172

要点：右脚前扫要贴地迅速扫转；左右两个折腰动作要随着左右绞剑之势做得干脆，节奏性要强；云剑与扫转的动作要旋转得协调，边扫边云，中间不可分割。

（三十三）绞绕丁字步错剑（七星交错）

1. 右腿直起，右脚尖外展，身躯从右向后转，左脚随之向里移近半步；两手握剑，右剑从上、左剑从左一起向右绕行摆动，左手握剑屈肘满把将剑柄收附于左腰前，手心朝后，剑尖朝右，刃分上下；右手握剑直臂满把将剑柄摆至右胯外侧，手心朝前，剑尖朝右下方，刃分上下；眼视右剑尖（图 6-173）。

图 6-173

2. 身向左转，左脚脚尖外展向前上步（图 6–174）。

3. 右脚向前上步，身躯继续左转向东，右腿伸直，左腿屈膝，成左弓箭步；双剑随身转动，在弓箭步形成的同时，左手握剑屈肘将剑横举于胸前，手心朝下，剑尖朝右，剑身扁平，刃分前后；右手握剑屈肘将剑附于左剑下面，手心朝上，剑尖朝前，剑身扁平，刃分左右，双剑十字交叉相叠；眼视双剑（图 6–175）。

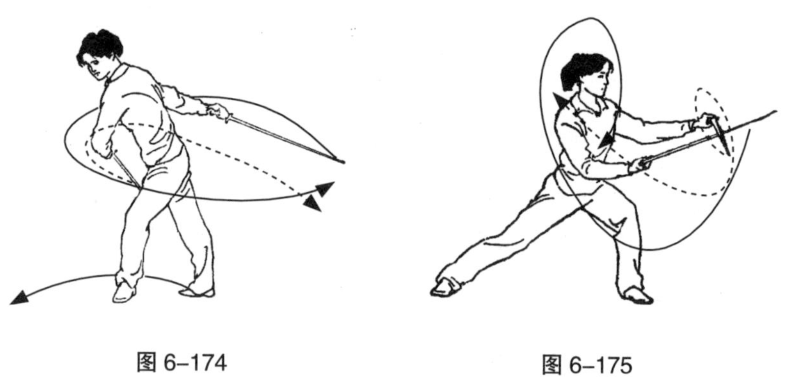

图 6–174　　图 6–175

4. 上动微停，右手握剑屈肘转腕使剑尖从前向下、由右腿外侧向后、向上、向前、向下绕行转动，臂内旋直臂上举，钳把将剑提于右肩前，剑刃分为前后；左手握剑随着右剑屈肘转腕使剑尖从右向上、向左、向下、向右、向上绕行转动，臂外旋屈肘向右挎起，将剑附于右剑外面，手心朝左，剑刃分为前后；同时，身向右转，腰向左折，右腿屈膝，左腿伸直，眼视下方（图 6–176）。

5. 腰直起，身躯左转向东，左腿屈膝，右腿伸直，成左弓箭步；同时，两剑一起动作，左手握剑臂内旋屈肘将剑柄收至左胸前，手心朝下，剑身横举于身前，剑尖朝右，刃分前后；右手握剑臂外旋屈肘将剑柄收至右腰侧，手心朝上，剑身直举于身前，剑尖朝前，刃分左右；双剑十字交叉相叠，然后两手一起将双剑向前推出，至右肘移于右肋前为止；眼视双剑（图 6–177）。

图 6–176

图 6–177

6. 上动微停，左腿直起，身躯转向东南，左脚撤至右脚以脚跟紧靠右脚内侧，成丁字步；两手握剑屈肘向后收，右手将剑柄收至右腰近侧，左手将剑柄收至左腰远侧，两剑以剑尖交叉相叠朝向东南，剑尖稍高过腰；眼向东南前方注视（图 6–178）。

图 6–178

要点： 两手上下绞剑要快速，折腰须随着绞剑的动作向左折，不能先折腰后绞剑；双剑向前推出，左剑力点在剑刃中段，右剑力点在剑尖；双剑收回成丁字步时，肩须下沉，腰背须直，胸须挺起，身体须向前微倾使两脚掌着力。

（三十四）丁字步双挽花（风火双轮）

1. 身躯转向正南；两臂从身前上举，两手握剑钳把使双剑一起从身前向上、向后、向下绕行下插，将剑倒提于背后，肘稍屈，手心朝上，眼视前方（图 6–179）。

2. 上动微停，两臂向身前屈肘下沉，两手握剑使剑尖从后向上、向前绕行，剑柄与肋齐平（图 6–180）。

图 6–179

图 6–180

3. 两手以腕关节为轴，转腕使剑尖向下、分由两侧向后、向上经两肩外侧向前绕行一周；至前方时，两臂伸直将剑收于两胯外侧，手心相对，剑尖朝前，眼向东南方注视（图 6–181）。

图 6-181

要点：同前述。

结束动作

收势

两手在胸前相合，右手将剑交与左手，助左手将剑反持于左臂后；右脚向左脚并拢，回原至预备势（图 6-182）。

要点：与预备势同。

图 6-182

第七节　三合对剑（工剑体）

一、三合对剑动作名称

预备动作

预备势
（ 一 ）甲乙虚步持剑前指
（ 二 ）甲乙独立步持剑屈肘平举
（ 三 ）甲乙弓步持剑前指
（ 四 ）甲乙虚步抱剑

第　一　段

（ 五 ）乙弓步刺胸，甲虚步点腕
（ 六 ）乙并步撤剑，甲弓步刺面
（ 七 ）乙虚步点腕，甲弓步击腿
（ 八 ）乙提膝击腕，甲马步抱剑
（ 九 ）乙弓步刺肋，甲叉步撩腕
（ 十 ）乙马步抱剑，甲弓步刺肋
（十一）乙叉步撩腕，甲马步抱剑
（十二）乙弓步刺肋，甲盖步点腕
（十三）乙弓步劈头，甲回身剉腕
（十四）甲乙虚步撤剑

第 二 段

（ 十五 ）甲弓步刺胸，乙虚步点腕
（ 十六 ）甲并步撤剑，乙弓步刺面
（ 十七 ）甲虚步点腕，乙弓步击腿
（ 十八 ）甲提膝击腕，乙马步抱剑
（ 十九 ）甲弓步刺肋，乙叉步撩腕
（ 二十 ）甲马步抱剑，乙弓步刺肋
（二十一）甲叉步撩腕，乙马步抱剑
（二十二）甲弓步刺肋，乙盖步点腕
（二十三）甲弓步劈头，乙回身剉腕
（二十四）甲歇步撤剑，乙并步撤剑

第 三 段

（二十五）乙并步刺面，甲并步剉腕
（二十六）乙斩胸撩臂，甲弓步击腿
（二十七）乙提膝击腕，甲跪步挑腕
（二十八）乙弓步刺喉，甲仰身点腕
（二十九）乙马步抱剑，甲弓步刺肋
（ 三十 ）乙叉步撩腕，甲马步抱剑
（三十一）乙弓步刺肋，甲叉步撩腕
（三十二）乙马步抱剑，甲弓步刺肋
（三十三）乙叉步撩腕，甲马步抱剑
（三十四）乙弓步刺肋，甲盖步点腕
（三十五）乙弓步劈头，甲回身剉腕

（三十六）乙歇步撤剑，甲并步撤剑

第四段

（三十七）甲并步刺面，乙并步剉腕
（三十八）甲斩胸撩臂，乙弓步击腿
（三十九）甲提膝击腕，乙跪步挑腕
（ 四十 ）甲弓步刺喉，乙仰身点腕
（四十一）甲马步抱剑，乙弓步刺肋
（四十二）甲叉步撩腕，乙马步抱剑
（四十三）甲扣腿劈臂，乙退步点腕
（四十四）甲乙并步撤剑

结束动作

收势

二、三合对剑动作图解

预备动作

预备势

甲乙两人侧面相对站立，甲面向南，乙面向北，两人中间距离约 4～5 步，两人前后交错距离约 1 步；左手反握剑柄使剑尖朝上贴靠于臂后，右手五指并拢掌指朝下，贴靠右腿侧，两臂自然垂直，两脚靠拢，两腿挺膝伸直；眼向身前注视，成立正姿势站好

图 7–1

（图 7–1）。

要点：挺胸，收腹，直背，两肩松沉，两肘稍向前抱，膝挺直，趾抓地。

（一）甲乙虚步持剑前指

甲乙两人同做：1. 左腿屈膝，右脚向身后退步；右手握成剑指，屈肘向左肩前抄起，手心朝下，剑指朝左，左手持剑不变；头向左转，眼视对方（图 7–2）。

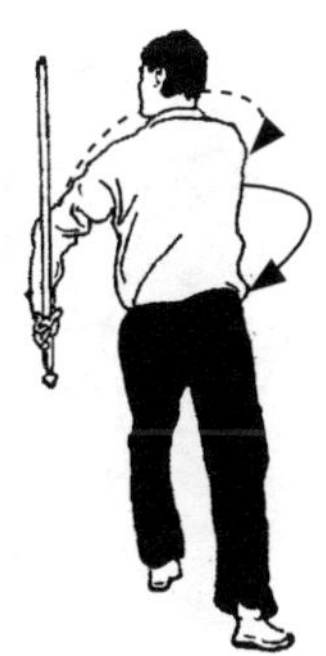

图 7–2

2. 上动未停，右手剑指从左肩向前、向右直臂平摆弧形绕行，至右后方时臂外旋屈肘收于右腰侧，手心朝上；左手持剑随着右手剑指的绕行直臂向左平举，手心朝下，将剑柄从左向前、向右平摆弧形绕行，屈肘收于右肩前；同时，右腿随之屈膝使身体重心移后（图 7–3）。

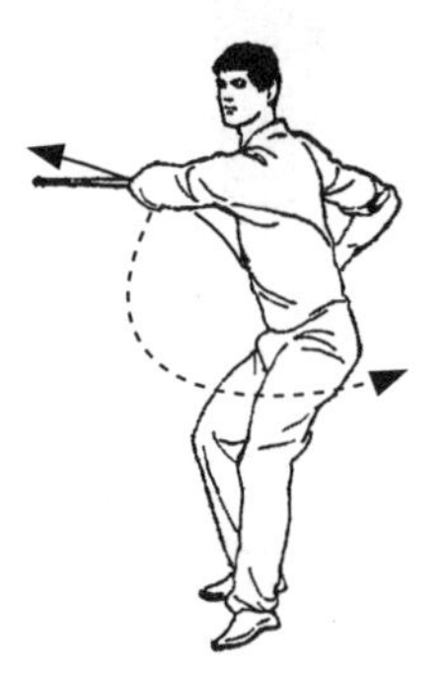

图 7–3

3. 上动未停，右腿屈膝半蹲，左腿屈膝以左脚尖虚点地面，成为左虚步；同时，左手持剑将剑柄从右肩向下、向前、向左直臂弧形绕行，屈肘将剑提于身体左侧，剑尖朝上；右手剑指即向身前平伸指出，拇指一侧朝上；眼视对方（图 7–4）。

图 7–4

要点：两手的绕行，要注意右手先、左手后的先后顺序，层次一定要清楚。虚步要注意直背、塌腰、沉肩、坐胯，虚实要分清。

（二）甲乙独立步持剑屈肘平举

甲乙两人同做：1. 右腿直起，左脚向身前上半步，重心移前，左腿屈膝；左手持剑方位不变；右手剑指屈肘向上、经脸前向左弧形绕行，至左侧方时手心朝左，剑指朝上（图 7–5）。

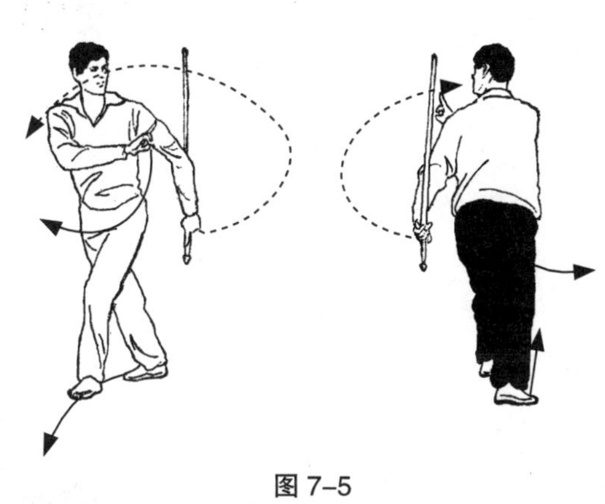

图 7–5

2. 上动未停，右手剑指臂外旋使手心朝上，从左继续向下、向右后直臂弧形绕行；左手持剑随之将剑柄从下直臂向左、屈肘向上、向右弧形绕行，至右肩前时拇指一侧朝下；同时，右脚向身前上步（图 7–6）。

3. 上动未停，右腿伸直站立；左腿离地屈膝在身前提起，小腿向右斜垂，左脚脚面绷平，脚尖朝下，成独立步；与此同时，右手剑指从下向右、向上弧形绕行，屈肘举于头顶上方，手心斜朝上，剑指朝左；左手持剑将剑柄移于左胸前，手心朝前，剑身举平；眼视对方（图 7–7）。

图 7–6

图 7–7

要点：独立步，支撑腿要挺膝伸直，五趾抓地；提膝腿要屈膝提高，脚要向裆间扣紧；剑身平贴前臂使剑刃分向上下。

（三）甲乙弓步持剑前指

甲乙两人同做：身向左转，左脚向身前落步，左腿屈膝，右腿伸直，成左弓箭步；在落步的同时，左手持剑将剑柄向下、向左直臂弧形绕行，肘微屈提于身体左侧，手心朝后，剑尖朝上；右手剑指经右耳侧向前平伸指出，手心朝前，剑指朝上；眼视对方（图 7–8）。

图 7–8

要点：左手提剑不要使剑贴紧身体，要离身 10 厘米左右，肘要稍屈，剑要垂直；右手剑指高不过眉，手臂要平；弓箭步要前腿弓出，后腿蹬直，两脚不可有掀脚拔跟的现象，注意塌腰、沉胯。

（四）甲乙虚步抱剑

甲乙两人同做：1. 右手剑指臂外旋直腕使手心朝上，从前向下、向后直臂弧形绕行；左手持剑相应地向后摆动；身向右转；眼视右手（图 7–9）。

2. 上动未停，左手持剑臂内旋使拇指一侧朝下，右手剑指臂外旋使拇指一侧朝上，两手一起从后向上绕行，至平举部位时分由两侧向胸前平摆绕行环抱，至胸前时，左手在里，右手在外，右手剑指放开贴于剑柄外面，准备换手握剑；与此同时，身稍向左转，右腿屈膝半蹲，左腿屈膝以左脚尖虚点地面，成左虚步；眼视对方（图 7–10）。

图 7–9

图 7–10

要点：两肘要平，两手离身约 10 厘米，剑刃上下分清，剑尖不要低于水平部位。

第 一 段

（五）乙弓步刺胸，甲虚步点腕

1. 乙方换右手满把正握剑柄，左手握剑成指，两手一起直臂下垂收于两腰后侧，剑尖与剑指均朝前；同时，左脚向前上步，右脚离地在身后提起（图 7–11）。

图 7–11

2. 上动未停，乙方左脚向前跳进一步，右脚随之向前落步，右腿屈膝，左腿伸直，成右弓箭步；同时，右手握剑用剑尖向前螺把直刺甲方左胸部，拇指一侧朝上；左手剑指顺势平举于身后，拇指一侧朝上；眼视对方左胸部（图 7–12）。

3. 甲方左脚向左侧横移一步，左腿屈膝，右腿随之伸直，身向左闪，避开乙方的刺胸；同时，换右手正握剑柄，以腕为轴将剑向下、由乙方剑身的下面向左绕环，臂内旋使手心朝下，小指一侧朝前；左手握成剑指，随之附于右手腕上，手心朝下；眼视对方右腕（图 7-13）。

图 7-12

图 7-13

4. 上动未停，甲方右脚向左侧横移一步，在左脚前以脚尖虚点地面，两腿屈膝成右虚步；同时，右手握剑满把将剑柄向上屈肘提起，使剑尖向上、向前绕行，直臂用剑尖向下螺把点击乙方右腕，拇指一侧朝上；左手剑指随之从前直臂向下、向后、屈肘向上弧形绕行，环举于头顶上方，拇指一侧朝下；眼视对方右腕（图 7–14）。

图 7–14

要点：乙方直刺力点在剑尖，身要前探，肩要前顺，腿要后蹬；甲方点腕力点在剑尖，移步闪身要快速，点击时腕部稍向上提吊，步法虚实要清。

（六）乙并步撤剑，甲弓步刺面

1. 乙方右手握剑满把向下沉腕将剑向右腿外侧后方直臂撤回，手心朝里，剑尖朝向身前，闪开甲方的点腕；同时，身体直起，右脚撤步向后与左脚靠拢并步；左手剑指直臂向上举起，手心朝右，剑指朝上；眼视对方（图 7–15）。

2. 甲方右手握剑直臂下沉将剑向后收回；左手剑指与之一起直臂从上向前、向下、向后收回，剑尖与剑指均屈腕朝前；与此同时，左腿直起，右腿屈膝在身前提起，右脚脚尖朝下；眼视对方脸部（图 7–16）。

图 7–15

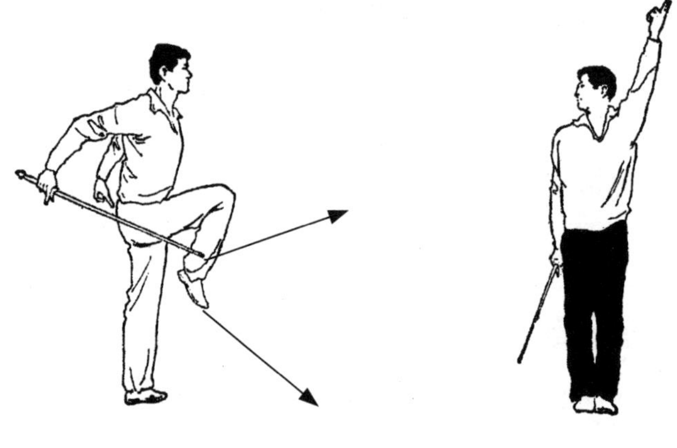

图 7–16

3. 上动未停，甲方右脚向前落步，右腿屈膝，左腿伸直，成右弓箭步；右手握剑用剑尖向前直刺乙方面部，拇指一侧朝上；左手剑指顺势附于右腕处；眼视对方脸部（图 7–17）。

图 7–17

要点：乙方撤剑时注意身体要半面左转朝向西南方；甲方的收剑、直刺要成为一个完整的动作，中间不能停顿，应在乙方并步时即完成刺面的动作。

（七）乙虚步点腕，甲弓步击腿

1. 乙方左脚向南横移一步，左腿屈膝，右腿伸直，身向左闪，避开甲方的刺面；同时，右手握剑使剑由身前伸向左侧后方，臂内旋屈肘翻腕将剑柄提起，手心朝左；左手剑指顺势由身前收下附于右腕处，手心朝下；眼视对方右腕（图 7–18）。

2. 上动未停，乙方右脚向左侧横移在左脚前以脚尖虚点地面，两腿屈膝成右虚步，同时，右手握剑使剑尖向上、向前绕行，直臂螺把用剑尖向下点击甲方右腕，拇指一侧朝上；左手剑指随之从前直臂向下、向后、屈肘向上弧形绕行，环举于头顶上方，拇指一侧朝下；眼视对方右腕（图 7–19）。

图 7–18

图 7–19

3. 甲方右手握剑向下沉腕臂内旋翻腕使剑尖朝前向左、向下绕环搅动，用剑刃前段向右截击乙方右腿，手心朝下；同时，身向前探；左手剑指从前向下、向后直臂弧形绕行举起，拇指一侧朝上；眼视对方右腿（图 7–20）。

图 7–20

要点：乙方点腕时，腕部要稍向上提吊；甲方击腿时，剑的绕环要以腕关节为轴，剑尖的方向不变；击腿动作要及时，应在乙方点击将及腕部时即翻转下击。

（八）乙提膝击腕，甲马步抱剑

1. 乙方左腿直起站立，右腿屈膝在身前提起，右脚脚尖朝下，闪开甲方的击腿；同时，右手握剑臂内旋翻腕使剑尖朝前向上、向左、向下绕环，用剑刃前段向右截击甲方右腕，手心朝下；同时，身向前探；左手剑指由身前收下附于右腕处，手心朝下；眼视对方右腕（图 7–21）。

图 7–21

2.甲方身体直起，右脚尖里扣，两腿屈膝成马步，闪开乙方的击腕；同时，右手握剑臂外旋，屈肘钳把将剑收至面前平端，剑尖朝右；左手剑指屈肘附于右腕里侧，拇指一侧朝下，两臂环抱；眼视对方。此时，乙方右手握剑直臂下沉将剑向身后收回，左手剑指与之一起直臂下沉收向身后，剑尖与剑指均屈腕朝前；眼视对方（图7–22）。

图 7–22

要点：乙方提膝击腕，站立要稳，肩要下沉，防止耸肩拱背；甲方抱剑，左肘臂要成环形向里环抱，右肘臂要成环形向上环抱，剑高不要过头，背要直，腰要塌，防止身体前俯。

（九）乙弓步刺肋，甲叉步撩腕

1. 乙方右脚向前落步，右腿屈膝，左腿伸直，成右弓箭步；同时，右手握剑用剑尖向前直刺甲方右肋，拇指一侧朝上；左手剑指顺势附于右腕处，手心朝下；眼视对方肋部（图 7–23）。

2. 甲方两腿直起，右脚从身后向左插步，闪开乙方的刺肋；同时，身体半面向右转，右手握剑屈肘转腕使剑尖向上、向左、向下绕行，臂内旋直臂向前、由乙方剑身的下面用剑刃前段向上反撩乙方右腕，拇指一侧朝下；左手剑指与之一起从胸前直臂向下、向后绕行平举，拇指一侧朝上；眼视对方右腕（图 7–24）。

图 7–23

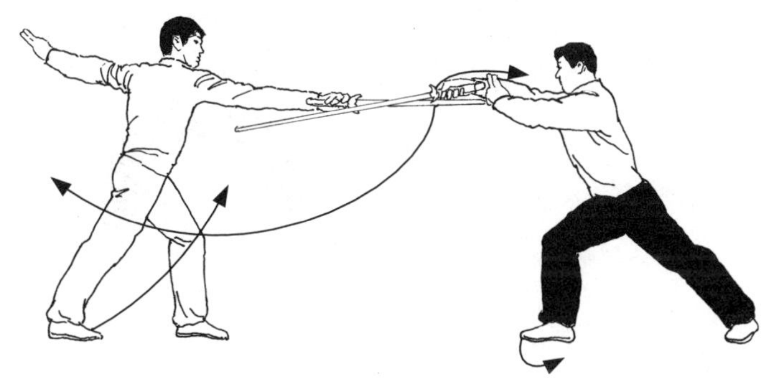

图 7–24

要点：叉步撩腕时，两腿前后交叉，前面的腿略屈，后面的腿伸直；剑与剑指绕行时要两臂协调一致，同时从胸前向下、向前后分开，注意右手握剑是反臂向前。

（十）乙马步抱剑，甲弓步刺肋

1. 乙方右脚尖里扣，两腿屈膝成马步，闪开甲方的撩腕；同时，右手握剑臂外旋，屈肘钳把将剑收至面前平端，剑尖朝右；左手剑指仍附于右腕里侧，臂内旋使拇指一侧朝下，两臂环抱；眼视对方。与此同时，甲方右手握剑臂外旋使拇指一侧朝上，直臂下沉将剑向身后收回，屈腕使剑尖朝前；左手剑指臂内旋在身后屈腕使剑指朝前；左腿伸直站立，右腿屈膝在身前提起，右脚尖朝下；眼视对方（图 7–25）。

图 7–25

2. 上动未停，甲方右脚即向前落步，右腿屈膝，左腿伸直，成右弓箭步；同时，右手握剑用剑尖向前直刺乙方右肋，拇指一侧朝上；左手剑指顺势附于右腕处，手心朝下；眼视对方肋部（图 7–26）。

图 7–26

要点：甲方的提膝收剑、弓步刺肋要与乙方的马步抱剑协调一致，在乙方完成马步抱剑时，甲方的刺肋动作也应及时完成，不能使乙方有等待的现象。

（十一）乙叉步撩腕，甲马步抱剑

1. 乙方两腿直起，右脚从身后向左插步，闪开甲方的刺肋；同时，身体半面向右转；右手握剑屈肘转腕使剑尖向上、向左、向下绕行，臂内旋直臂向前、由甲方剑身的下面用剑刃前段向上反撩甲方右腕，拇指一侧朝下；左手剑指与之一起从胸前直臂向下、向后绕行平举，拇指一侧朝上；眼视对方右腕（图 7–27）。

2. 甲方右脚尖里扣，两腿屈膝成马步，闪开乙方的撩腕；同时，右手握剑臂外旋，屈肘将剑收至面前平端，剑尖朝右；左手剑指仍附于右腕里侧，臂内旋使拇指一侧朝下，两臂环抱；眼视对方。与此同时，乙方右手握剑臂外旋使拇指一侧朝上，直臂下沉将剑向身后收回，屈腕使剑尖朝前；左手剑指臂内旋在身后屈腕使剑指朝前；左腿伸直站立，右腿屈膝在身前提起，右脚尖朝下；眼视对方（图 7–28）。

要点：同前述。

图 7–27

图 7–28

（十二）乙弓步刺肋，甲盖步点腕

1. 乙方右脚即向前落步，右腿屈膝，左腿伸直，成右弓箭步；同时，右手握剑用剑尖向前直刺甲方右肋，拇指一侧朝上；左手剑指顺势附于右腕处，手心朝下；眼视对方肋部（图 7–29）。

2. 甲方两腿直起，右脚从身前向左盖步以脚尖点地，两腿前后交叉，闪开乙方的刺肋；同时，右手握剑臂内旋直臂用剑尖向下点击乙方右腕，拇指一侧朝上；左手剑指屈肘向头顶左上方环举，拇指一侧朝下，剑指朝右；眼视对方右腕（图 7–30）。

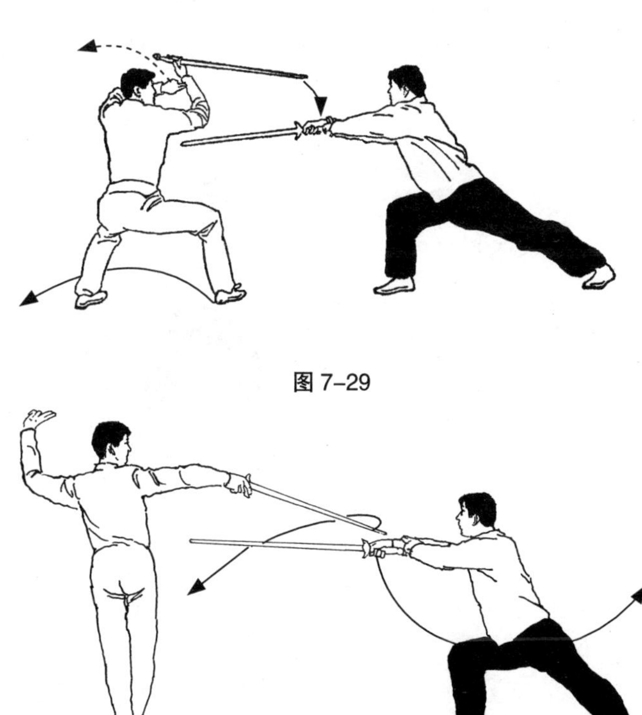

图 7–29

图 7–30

要点： 甲方盖步点腕时，右脚尖虚点地面，重心由左腿支撑，右手点剑腕要向上稍吊，肩要下沉，腰背要直，防止耸肩、弯腰。乙方刺肋要点同前。

（十三）乙弓步劈头，甲回身剉腕

1. 乙方右手握剑直臂满把向下沉腕，闪开甲方的点腕，将剑向身后收回，屈腕使剑尖仍朝前方；左手剑指仍在前方，指向对方，拇指一侧朝上；同时，右腿稍向上直起，左脚向前上步；眼视对方；甲方在乙方上步的同时，身向左转，左脚向西南方向上步，左腿屈膝，右手握剑从后向右、向前屈腕平摆绕行，将剑提于右腿外侧；左手剑指顺势前指；眼仍注视对方（图 7–31）。

图 7–31

2. 上动未停，乙方右脚向前上一步，右腿屈膝，左腿伸直，成右弓箭步，同时，右手握剑臂外旋转腕使剑尖向下、向后绕行，在身后屈肘向上举起，直臂用剑刃向前、向下劈击甲方头部；左手剑指则随之从前向下、向后直臂弧形绕行，平举于后，拇指一侧朝上；眼视对方（图 7–32）。

3.上动未停，甲方在乙方劈头的同时，右脚离地，以左脚掌碾地为轴使身体从左向后转回，回身后右脚在右侧落步，右腿屈膝，左腿伸直，身向右侧倾斜，以提步转身之势闪开乙方的劈头；随即右手握剑用剑刃前段伸向乙方的右手上面斲截乙方右腕，拇指一侧朝上；左手剑指附于右腕里侧，拇指一侧朝下，两臂屈肘环抱，剑身上下成斜线；眼视对方右腕（图 7–33）。

图 7–32

图 7–33

要点：甲乙双方的步法快慢要协调一致，甲方左脚的上步一定要在西南方向，为闪避对方的劈剑和回身剉截做好准备；甲方回身与剉腕要形成完整的动作，不能有先后之分；剉腕时应用剑刃前段向前锉切对方之腕，不能做成劈击的动作。

（十四）甲乙虚步撤剑

乙方右手握剑直臂满把向下沉腕，闪开甲方的剉腕，将剑向身后收回，剑尖仍朝前方；左手剑指臂内旋，在身后直臂下垂，屈腕使剑指朝前；同时，右腿直起，右脚向后移步以脚尖虚点地面，左腿屈膝稍蹲；眼视对方，与此同时，甲方右腿直起，右脚向身前移步以脚尖虚点地面，左腿屈膝稍蹲；剑与剑指一起向身后收回，姿势与乙方相同；眼视对方（图 7–34）。

图 7–34

要点：身体保持沉肩、直背、塌腰，两脚虚实分清。

第 二 段

（十五）甲弓步刺胸，乙虚步点腕

1. 甲方左脚向前上步，乙方右脚向后退步（图 7–35）。

2. 甲方右脚离地提起，左脚向前跳进；乙方左脚离地撤向身后，右脚蹬地跳起；双方身体均腾空（图 7–36）。

图 7–35

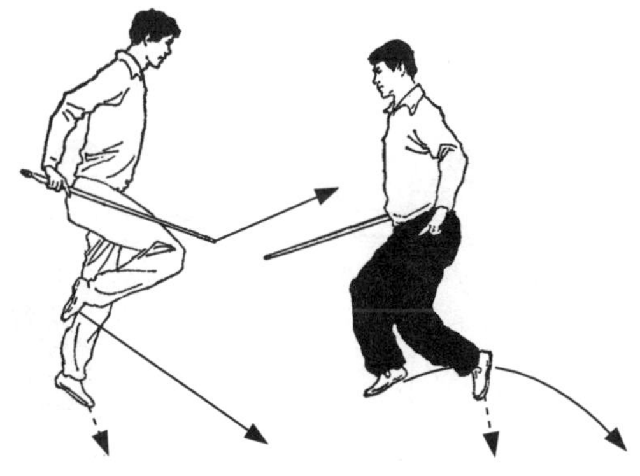

图 7–36

3. 乙方左脚先在身后落步，右脚继之向后落步，左腿屈膝，右腿伸直；剑与剑指不变；眼视对方；与此同时，甲方左脚落步，右脚继之向前落步，右腿屈膝，左腿伸直，成右弓箭步；右手握剑用剑尖向前螺把直刺乙方左胸部，拇指一侧朝上；左手剑指顺势附于右腕处，手心朝下，眼视对方（图 7–37）。

4. 乙方左脚向左侧横移一步，左腿屈膝，右腿伸直，身向左闪，避开甲方的刺胸；同时，右手握剑屈肘使剑由身前伸向左侧后方，手心朝下；左手剑指附于右腕处，手心朝下；眼视对方右腕（图 7–38）。

图 7–37

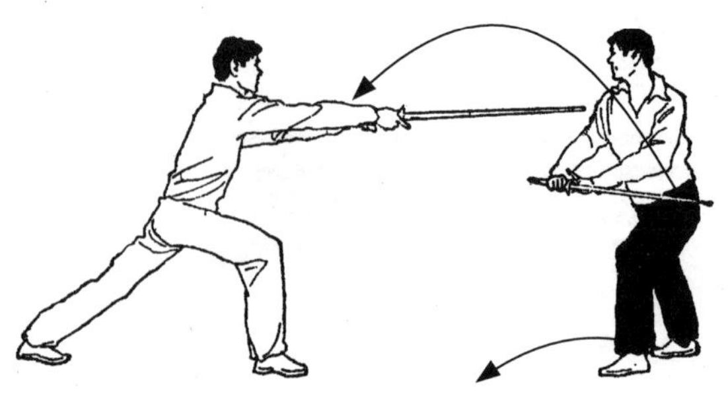

图 7–38

5. 上动未停，乙方右脚向左侧横移一步，在左脚前以脚尖虚点地面，两腿屈膝成右虚步；同时，右手握剑满把将剑柄向上屈肘提起，使剑尖向上、向前绕行，直臂用剑尖向下螺把点击甲方右腕，拇指一侧朝上；左手剑指随之从前直臂向下、向后、屈肘向上弧形绕行，环举于头顶上方，拇指一侧朝下；眼视对方右腕（图 7–39）。

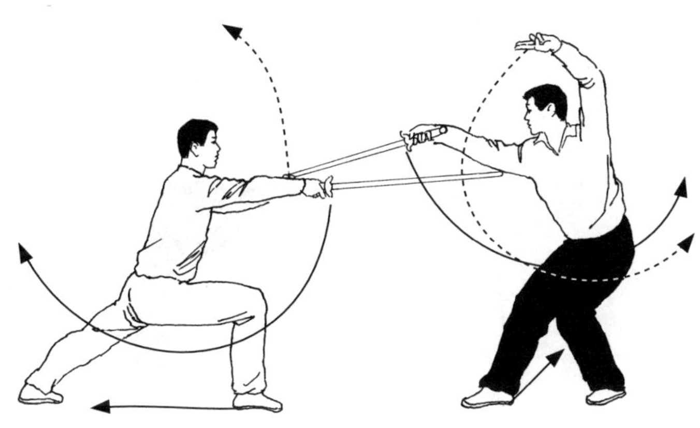

图 7–39

要点：甲方直刺，身要向前探，左手剑指也可直臂平伸于身后，乙方点腕，移步闪身要快，点击时腕部要稍向上提吊，步法虚实要清。

（十六）甲并步撤剑，乙弓步刺面

1. 甲方右手握剑满把向下沉腕将剑向右腿外侧后方直臂撤回，手心朝里，剑尖朝前，闪开乙方的点腕；同时，身体直起，右脚撤步向后与左脚靠拢并步；左手剑指直臂向上举起，手心朝右，剑指朝上；眼视对方。乙方此时两腿直起，右腿离地屈膝在身前提起，右脚脚尖朝下；左手剑指从上向前绕行，由身前与右手握剑一起直臂向下、分由两侧向后收回，均屈腕使剑尖与剑指朝前；眼视对方脸部（图 7–40）。

2. 上动未停，乙方右脚向前落步，右腿屈膝，左腿伸直，成右弓箭步；右手握剑用剑尖向前直刺甲方面部，拇指一侧朝上；左手剑指顺势附于右腕处；眼视对方脸部（图 7–41）。

图 7–40

图 7–41

要点：甲方撤剑时身体要半面左转朝向东北方，并步要挺拔直立，保持身法的沉肩、直背、收腹，腿要并拢，脚要五趾抓地；乙方的收剑与直刺要成为完整的动作，不要中间分割。

（十七）甲虚步点腕，乙弓步击腿

1. 甲方左脚向北横移一步，左腿屈膝，右腿伸直，身向左闪，避开乙方的刺面；同时，右手握剑使剑由身前伸向左侧后方，臂内旋屈肘翻腕将剑柄提起，拇指一侧朝下；左手剑指顺势由身前收下附于右腕处，手心朝下；眼视对方右腕（图 7–42）。

图 7–42

2. 上动未停，甲方右脚向左横移在左脚前以脚尖虚点地面，两腿屈膝成右虚步；同时，右手握剑使剑尖向上、向前绕行，直臂螺把用剑尖向下点击乙方右腕，拇指一侧朝上；左手剑指随之从前直臂向下、向后、屈肘向上弧形绕行，环举于头顶上方，拇指一侧朝下；眼视对方右腕（图 7–43）。

3. 乙方右手握剑向下沉腕，臂内旋翻腕使剑尖朝前向左、向下绕环搅动，用剑刃前段向右截击甲方右腿，手心朝下；同时，身向前探；左手剑指从前向下、向后直臂弧形绕行举起，拇指一侧朝上；眼视对方右腿（图 7–44）。

图 7–43

图 7–44

要点：甲方点腕，力点在剑尖，点击时握剑的手腕须稍向上吊起；乙方击腿，力点在剑刃前段，截击时剑的绕环须以腕关节为轴，使剑在绕环搅动中剑尖的方向不变。

（十八）甲提膝击腕，乙马步抱剑

1. 甲方左腿直起站立，右腿屈膝在身前提起，右脚脚尖朝下，闪开乙方的击腿；同时，右手握剑臂内旋翻腕使剑尖朝前向上、向左、向下环绕，用剑刃前段向右截击乙方右腕，手心朝下；同时，身向前探；左手剑指由身前收下附于右腕处，手心朝下；眼视对方右腕（图 7–45）。

图 7–45

2. 乙方身体直起，右脚尖里扣，两腿屈膝成马步，闪开甲方的击腕，同时，右手握剑臂外旋，屈肘钳把将剑收至面前平端，剑尖朝右；左手剑指屈肘附于右腕里侧，拇指一侧朝下，两臂环抱；眼视对方。此时甲方右手握剑直臂下沉将剑向身后收回，左手剑指与之一起直臂下沉收向身后，剑尖与剑指均屈腕朝前；眼视对方（图 7–46）。

要点：甲方击腕时，一定要使剑在环绕中保持剑尖朝前的方向不变；乙方抱剑，两臂要成环形相抱。

图 7–46

（十九）甲弓步刺肋，乙叉步撩腕

1. 甲方右脚向前落步，右腿屈膝，左腿伸直，成右弓箭步；同时，右手握剑用剑尖向前直刺乙方右肋，拇指一侧朝上；左手剑指顺势附于右腕处，手心朝下；眼视对方肋部（图 7–47）。

图 7–47

2. 乙方两腿直起，右脚从身后向左插步，闪开甲方的刺肋；同时，身体半面向右转，右手握剑屈肘转腕使剑尖向上、向左、向下绕行，臂内旋直臂向前、由甲方剑身的下面用剑刃前段向上反撩甲方右腕，拇指一侧朝下；左手剑指与之一起从胸前直臂向下、向后绕行平举，拇指一侧朝上；眼视对方右腕（图 7–48）。

图 7–48

要点：同前述。

（二十）甲马步抱剑，乙弓步刺肋

1. 甲方右脚尖里扣，两腿屈膝成马步，闪开乙方的撩腕；同时，右手握剑臂外旋，屈肘钳把将剑收至面前平端，剑尖朝右；左手剑指仍附于右腕里侧，臂内旋使拇指一侧朝下，两臂环抱，眼视对方。与此同时，乙方右手握剑臂外旋使拇指一侧朝上，直臂下沉将剑向身后收回，屈腕使剑尖朝前；左手剑指臂内旋在身后屈腕使剑指朝前；左腿伸直站立，右腿屈膝在身前提起，右脚尖朝下；眼视对方（图 7–49）。

2. 上动未停，乙方右脚即向前落步，右腿屈膝，左腿伸直，成右弓箭步；同时，右手握剑用剑尖向前直刺甲方右肋，拇指一侧朝上；左手剑指顺势附于右腕处，手心朝下；眼视对方肋部（图 7–50）。

要点：同前述。

图 7–49

图 7–50

（二十一）甲叉步撩腕，乙马步抱剑

1. 甲方两腿直起，右脚从身后向左插步，闪开乙方的刺肋；同时，身体半面向右转，右手握剑屈肘转腕使剑尖向上、向左、向下绕行，臂内旋直臂向前、由乙方剑身的下面用剑刃前段向上反撩乙方右腕，拇指一侧朝下；左手剑指与之一起从胸前直臂向下、向后绕行平举，拇指一侧朝上；眼视对方右腕（图 7–51）。

图 7–51

2. 乙方右脚尖里扣，两腿屈膝成马步，闪开甲方的撩腕；同时，右手握剑臂外旋，屈肘将剑收至面前平端，剑尖朝右；左手剑指仍附于右腕里侧，臂内旋使拇指一侧朝下，两臂环抱；眼视对方。与此同时，甲方右手握剑臂外旋使拇指一侧朝上，直臂下沉将剑向身后收回，屈腕使剑尖朝前；左手剑指臂内旋在身后屈腕使剑指朝前；左腿伸直站立，右腿屈膝在身前提起，右脚尖朝下，眼视对方（图 7–52）。

要点：同前述。

图 7–52

（二十二）甲弓步刺肋，乙盖步点腕

1. 甲方右脚即向前落步，右腿屈膝，左腿伸直，成右弓箭步；同时，右手握剑用剑尖向前直刺乙方右肋，拇指一侧朝上；左手剑指顺势附于右腕处，手心朝下；眼视对方肋部（图 7–53）。

图 7–53

2. 乙方两腿直起，右脚从身前向左盖步以脚尖点地，两腿前后交叉，闪开甲方的刺肋；同时，右手握剑臂内旋直臂用剑尖向下点击甲方右腕，拇指一侧朝上；左手剑指屈肘向头顶左上方环举，拇指一侧朝下，剑指朝右；眼视对方右腕（图 7–54）。

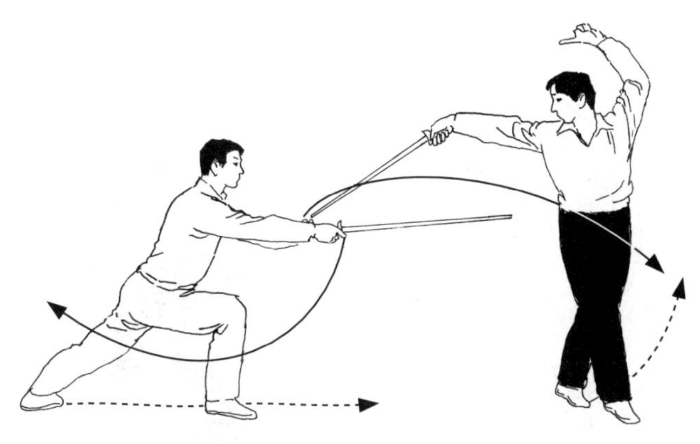

图 7–54

要点：同前述。

（二十三）甲弓步劈头，乙回身剉腕

1. 甲方右手握剑直臂满把向下沉腕，闪开乙方的点腕，将剑向身后收回，剑尖仍朝前方；左手剑指仍在身前指向对方，拇指一侧朝上；同时，右腿稍向上直起，左脚向前上步；眼视对方。乙方在甲方上步的同时，身向左转，左脚向东北方向上步，左腿屈膝；右手握剑从后向右、向前屈腕平摆绕行，将剑提于右腿外侧；左手剑指顺势前指；眼仍注视对方（图 7–55）。

2. 上动未停，甲方右脚向前上一步，右腿屈膝，左腿伸直，

成右弓箭步；同时，右手握剑臂外旋转腕使剑尖向下、向后绕行，在身后屈肘向上举起，直臂用剑刃向前、向下劈击乙方头部；左手剑指则随之从前向下、向后直臂弧形绕行，平举于后，拇指一侧朝上，眼视对方（图 7–56）。

图 7–55

图 7–56

3. 上动未停，乙方在甲方劈头的同时，右脚离地，以左脚掌碾地为轴使身体从左向后转回，回身后右脚在右侧落步，右腿屈膝，左腿伸直，身向右侧倾斜，以提步转身之势闪开甲方的劈头；随即右手握剑用剑刃前段伸向甲方右手上面剉截甲方右腕，拇指一侧朝上；左手剑指附于右腕里侧，拇指一侧朝下，两臂屈肘环抱；眼视对方右腕（图 7–57）。

图 7–57

要点：回身剉腕，一定要用剑刃向前锉切对方的手腕，不能做劈腕的动作；两手环抱，剑柄高不过胸，使剑尖与剑柄上下斜垂。

（二十四）甲歇步撤剑，乙并步撤剑

甲方右手握剑直臂满把向下沉腕，闪开乙方的剉腕，将剑向身后收回，剑尖仍朝前方；左手剑指臂内旋，在身后直臂下垂，屈腕使剑指朝前；同时，左脚在身后向右侧移步，两腿屈膝交叉叠拢成歇步；眼视对方。与此同时，乙方右腿直起，左脚向右脚靠拢并步；

右手握剑与左手剑指一起向下、向后收回，屈腕使剑尖与剑指均朝前；眼视对方（图 7–58）。

图 7–58

要点： 歇步撤剑，两腿必须上下叠拢，右腿弯叠在左腿上面，两腿要全蹲，左脚跟应掀起以脚掌支撑地面。

第 三 段

（二十五）乙并步刺面，甲并步剉腕

1. 乙方右手握剑直臂用剑尖向前下方洗刺甲方面部，剑身扁平，刃分左右，手心朝下；左手剑指顺势附于右腕处，手心朝下；眼视对方脸部（图 7–59）。

2. 甲方身体向右折腰，闪开乙方的刺面，随之两腿直起，左脚向右脚靠拢并步；同时，右手握剑臂外旋翻腕使手心朝上，用剑刃前段直臂向前剉截乙方右腕里侧，剑身扁平，刃分左右，拇指一侧朝右；左手剑指向前附于右腕处，手心朝下；眼视对方右腕（图 7–60）。

图 7–59

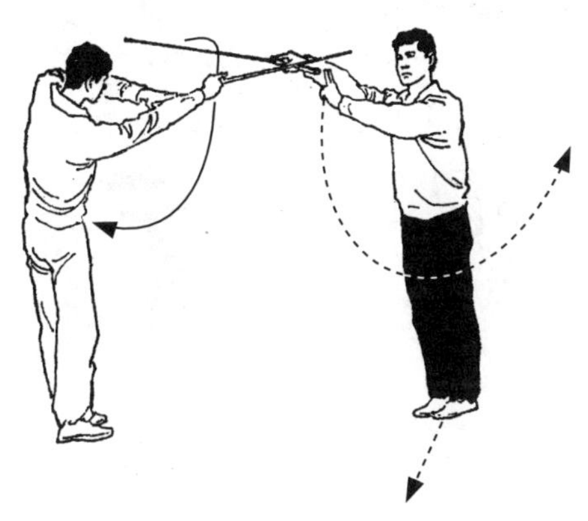

图 7–60

要点：乙方洗刺，注意手心朝下，剑身平端；甲方剉腕，注意手心朝上，剑身平端。甲方的折腰、并步和剉腕要贯穿一气，中间不能有割断现象；剉腕时要注意用剑刃在对方腕部向前锉切，不要做成横劈。

（二十六）乙斩胸撩臂，甲弓步击腿

1. 乙方左脚向左斜前方上步，左腿屈膝，右腿伸直；左手剑指直臂向下、向左、向上弧形绕行；右手握剑稍向下沉腕，闪开甲方的剉腕，随即右臂外旋使手心朝上，用剑刃由甲方剑身下面向左横斩甲方胸部；身体趁势左转。当甲方两臂向上举起、身向后仰，闪开乙方的斩胸时，乙方又随即臂外旋翻腕用剑刃顺斩胸之势向上撩截甲方两臂（图 7–61）。

图 7–61

2. 甲方两臂和身体继续上举后仰，闪开乙方的撩臂；随之左脚向西北方向跨出一步，右脚离地提起（图 7–62）。

3. 上动未停，甲方左脚蹬地跳起，右脚迅速在左脚的原步位落步，左脚随之向西落步，右腿屈膝，左腿伸直，成右弓箭步；同时，右手握剑臂内旋屈肘翻腕使剑尖向上、向左绕行，用剑刃前段

直臂向前、向下截击乙方右腿，手心朝下；左手剑指顺势平举于身后，拇指一侧朝上；眼视对方右腿（图 7–63）。

图 7–62

图 7–63

要点：此动作双方的协调性要求很高。乙方的斩胸和撩臂要斩里带撩，既不能在斩和撩之间有丝毫停顿，又不能形成为弧形的上撩而没有斩的意义；斩和撩还须逼近对方，使对方有闪避困难的感觉才好。甲方的仰身举臂，既要闪开对方的斩撩，又不能闪避得过分，要做到恰如其分刚刚避开其锋才好；左脚向西北方跨步时，身体要借后仰之势从后向左回环，成弓箭步时要向前、向右回环，回环的幅度又不宜太大，以后仰的角度为准；击腿时身要向前探，剑身与两臂成直线。

（二十七）乙提膝击腕，甲跪步挑腕

1. 乙方左腿直起站立，右腿屈膝在身前提起，右脚高过对方剑身，闪开甲方的击腿；同时，右手握剑臂内旋翻腕使剑尖向左、向前、向下绕环，用剑刃前段直臂向右截击甲方右腕，手心朝下；身向右转并向前探；左手剑指由身前收下附于右腕处，手心朝下；眼视对方右腕（图 7–64）。

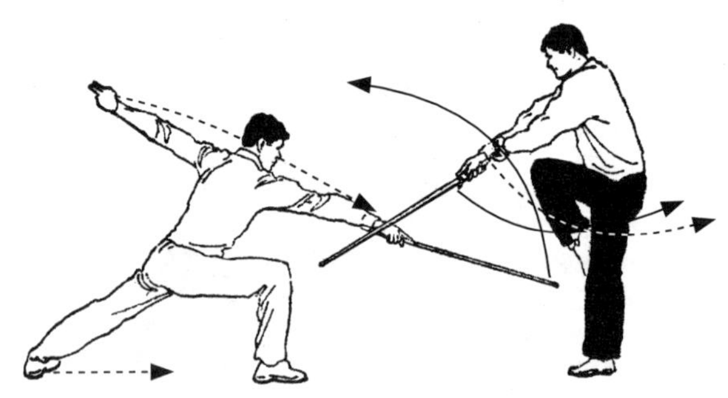

图 7–64

2. 甲方右手握剑稍向下沉，闪开乙方的击腕，臂外旋使拇指一侧朝上，肘稍屈，屈腕用朝向虎口一侧的剑刃最前段由乙方两手中间向上挑击乙方右腕；同时，左脚移进半步，左腿跪地，左手剑指向前附于右腕处。乙方两手向两侧分开将剑向身后收回闪避甲方的挑腕；此时，甲方顺挑腕之势将剑向身前带回（图 7–65）。

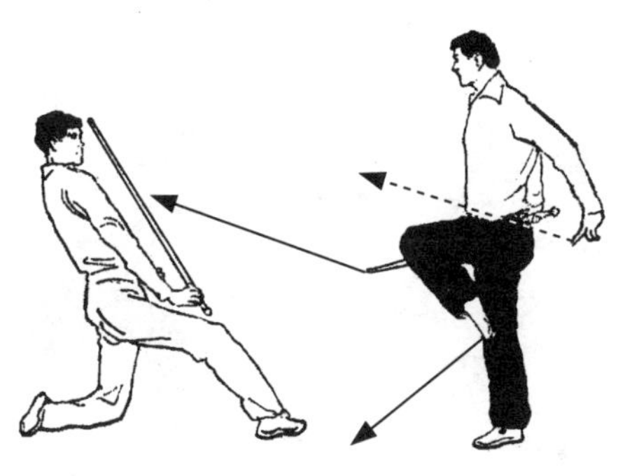

图 7–65

要点：乙方击腕时注意翻腕，当对方击腿剑锋将要触及腿部时应迅速提膝，右腕立即向下一翻去截击对方腕部，动作不可迟缓。甲方挑腕时注意屈腕，要用臂向下沉腕的劲使剑向上挑击；跪步时右脚不动，左脚的移进是边进边跪，不要移步之后再做跪步；挑腕之后，抱剑于身前应使剑尖位于面前，剑柄位于腹前。

（二十八）乙弓步刺喉，甲仰身点腕

1. 乙方右脚即向前落步，右腿屈膝，左腿伸直，成右弓箭步；同时，右手握剑用剑尖由甲方剑的里侧向前直刺甲方喉部，臂伸直，拇指一侧朝上；左手剑指顺势附于右腕处，手心朝下；眼视

对方喉部（图 7–66）。

2. 甲方身向后仰闪开乙方的刺喉，左手剑指趁势松开，用手掌直臂伸向身后撑地；右手握剑臂向上抬，腕向下屈，用剑尖向前、向下点击乙方右腕，眼视对方右腕；此时，乙方左手剑指即摆向左后，拇指一侧朝上（图 7–67）。

图 7–66

图 7–67

要点：仰身点腕时，身体要顺势左转，两臂均伸直，右手腕下屈，跪撑要稳，点腕要及时。

（二十九）乙马步抱剑，甲弓步刺肋

1. 乙方右脚尖里扣，两腿屈膝成马步，闪开甲方的点腕，同时，右手握剑臂外旋，屈肘钳把将剑收至面前平端，剑尖朝右；左手剑指屈肘附于右腕里侧，拇指一侧朝下，两臂环抱；眼视对方。与此同时，甲方站起，左腿伸直站立，右腿屈膝在身前提起，右脚尖朝下；右手握剑从身前下沉直臂向后收回，屈腕使剑尖朝前；左手握成剑指在身后屈腕使剑指朝前；眼视对方（图 7–68）。

图 7–68

2. 上动未停，甲方右脚即向前落步，右腿屈膝，左腿伸直，成右弓箭步；同时，右手握剑用剑尖向前直刺乙方右肋，拇指一侧朝上；左手剑指顺势附于右腕处，手心朝下；眼视对方肋部（图 7–69）。

图 7–69

要点：同前述。

（三十）乙叉步撩腕，甲马步抱剑

1. 乙方两腿直起，右脚从身后向左插步，闪开甲方的刺肋；同时，身体半面向右转，右手握剑屈肘转腕使剑尖向上、向左、向下绕行，臂内旋直臂向前、由甲方剑身的下面用剑刃前段向上反撩甲方右腕，拇指一侧朝下；左手剑指与之一起从胸前直臂向下、向后绕行平举，拇指一侧朝上；眼视对方右腕（图 7–70）。

图 7–70

2. 甲方右脚尖里扣，两腿屈膝成马步，闪开乙方的撩腕；同时，右手握剑臂外旋，屈肘将剑收至面前平端，剑尖朝右；左手剑指仍附于右腕里侧，臂内旋使拇指一侧朝下，两臂环抱；眼视对方。与此同时，乙方右手握剑臂外旋使拇指一侧朝上，直臂下沉将剑向身后收回，屈腕使剑尖朝前；左手剑指臂内旋在身后屈腕使剑指朝前；左腿伸直站立，右腿屈膝在身前提起，右脚尖朝下；眼视对方（图 7–71）。

图 7–71

要点：同前述。

（三十一）乙弓步刺肋，甲叉步撩腕

1. 乙方右脚向前落步，右腿屈膝，左腿伸直，成右弓箭步；同时，右手握剑用剑尖向前直刺甲方右肋，拇指一侧朝上；左手剑指顺势附于右腕处，手心朝下；眼视对方肋部（图 7–72）。

2. 甲方两腿直起，右脚从身后向左插步，闪开乙方的刺肋；同时，身体半面向右转，右手握剑屈肘转腕使剑尖向上、向左、向下绕行，臂内旋直臂向前、由乙方剑身的下面用剑刃前段向上反撩乙方右腕，拇指一侧朝下；左手剑指与之一起从胸前直臂向下、向后绕行平举，拇指一侧朝上；眼视对方右腕（图 7–73）。

图 7–72

图 7–73

要点：同前述。

（三十二）乙马步抱剑，甲弓步刺肋

1. 乙方右脚尖里扣，两腿屈膝成马步，闪开甲方的撩腕；同时，右手握剑臂外旋，屈肘钳把将剑收至面前平端，剑尖朝右；左手剑指仍附于右腕里侧，臂内旋使拇指一侧朝下，两臂环抱；眼视对方。与此同时，甲方右手握剑臂外旋使拇指一侧朝上，直臂下沉将剑向身后收回，屈腕使剑尖朝前；左手剑指臂内旋在身后屈腕使剑指朝前；左腿伸直站立，右腿屈膝在身前提起，右脚尖朝下；眼视对方（图 7–74）。

2. 上动未停，甲方右脚即向前落步，右腿屈膝，左腿伸直，成右弓箭步；同时，右手握剑用剑尖向前直刺乙方右肋，拇指一侧朝上；左手剑指顺势附于右腕处，手心朝下；眼视对方肋部（图 7–75）。

要点：同前述。

图 7–74

图 7–75

（三十三）乙叉步撩腕，甲马步抱剑

1. 乙方两腿直起，右脚从身后向左插步，闪开甲方的刺肋；同时，身体半面向右转，右手握剑屈肘转腕使剑尖向上、向左、向下绕行，臂内旋直臂向前、由甲方剑身的下面用剑刃前段向上反撩甲方右腕，拇指一侧朝下；左手剑指与之一起从胸前直臂向下、向后绕行平举，拇指一侧朝上；眼视对方右腕（图 7–76）。

图 7–76

2. 甲方右脚尖里扣，两腿屈膝成马步，闪开乙方的撩腕；同时，右手握剑臂外旋，屈肘将剑收至面前平端，剑尖朝右；左手剑指仍附于右腕里侧，臂内旋使拇指一侧朝下，两臂环抱；眼视对方。与此同时，乙方右手握剑臂外旋使拇指一侧朝上，直臂下沉将剑向身后收回，屈腕使剑尖朝前；左手剑指臂内旋在身后屈腕使剑指朝前；左腿伸直站立，右腿屈膝在身前提起，右脚尖朝下；眼视对方（图 7–77）。

图 7–77

要点：同前述。

（三十四）乙弓步刺肋，甲盖步点腕

1. 乙方右脚即向前落步，右腿屈膝，左腿伸直，成右弓箭步；同时，右手握剑用剑尖向前直刺甲方右肋，拇指一侧朝上；左手剑指顺势附于右腕处，手心朝下；眼视对方肋部（图 7–78）。

2. 甲方两腿直起，右脚从身前向左盖步以脚尖点地，两腿前后交叉，闪开乙方的刺肋；同时，右手握剑臂内旋直臂用剑尖向下点击乙方右腕，拇指一侧朝上；左手剑指屈肘向头顶左上方环举，拇指一侧朝下，剑指朝右；眼视对方右腕（7–79）。

图 7–78

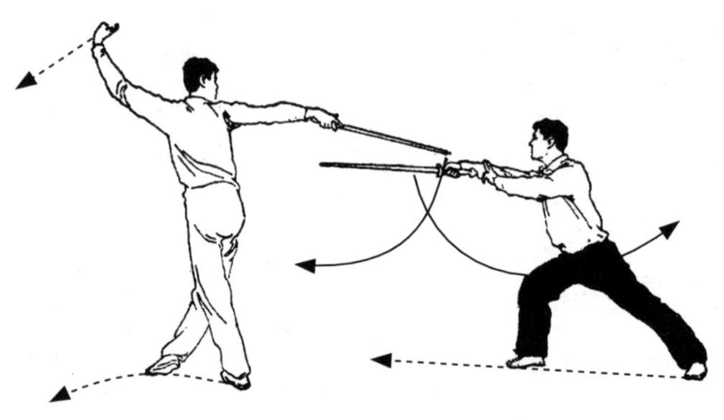

图 7–79

要点：同前述。

（三十五）乙弓步劈头，甲回身剉腕

1. 乙方右手握剑直臂满把向下沉腕，闪开甲方的点腕，将剑向身后收回，剑尖仍朝前方；左手剑指仍在身前指向对方，拇指一侧朝上；同时，右腿稍向上直起，左脚向前上步；眼视对方。甲方在乙方上步的同时，身向左转，左脚向西南方向上步，左腿屈膝；右手握剑从后向右、向前屈腕平摆绕行，将剑提于右腿外侧；左手剑指顺势前指；眼仍注视对方（图 7–80）。

图 7–80

2. 上动未停，乙方右脚向前上一步，右腿屈膝，左腿伸直，成右弓箭步；同时，右手握剑臂外旋转腕使剑尖向下、向后绕行，在身后屈肘向上举起，直臂用剑刃向前、向下劈击甲方头部；左手剑指则随之从前向下、向后直臂弧形绕行，平举于后，拇指一侧朝上；眼视对方（图 7–81）。

3. 上动未停，甲方在乙方劈头的同时，右脚离地，以左脚掌碾地为轴使身体从左向后转回，回身后右脚在右侧落步，右腿屈膝，左腿伸直，身向右侧倾斜，以提步转身之势闪开乙方的劈头；随即右手握剑用剑刃前段伸向乙方右手上面剉截乙方右腕，拇指一侧朝上；左手剑指附于右腕里侧，拇指一侧朝下，两臂屈肘环抱；眼视对方右腕（图 7–82）。

图 7–81

图 7–82

要点：甲乙双方的动作要协调一致，步法要齐；回身截腕要用剑刃向前去剉切对方的手腕，不要做成劈腕。

（三十六）乙歇步撤剑，甲并步撤剑

乙方右手握剑直臂满把向下沉腕，闪开甲方的剉腕，将剑向身后收回，剑尖仍朝前方；左手剑指臂内旋，在身后直臂下垂，屈腕使剑指朝前；同时，左脚在身后向右侧移步，两腿屈膝交叉叠拢成歇步；眼视对方。与此同时，甲方右腿直起，左脚向右脚靠拢并步；右手握剑与左手剑指一起向下、向后收回，屈腕使剑尖与剑指均朝前；眼视对方（图 7–83）。

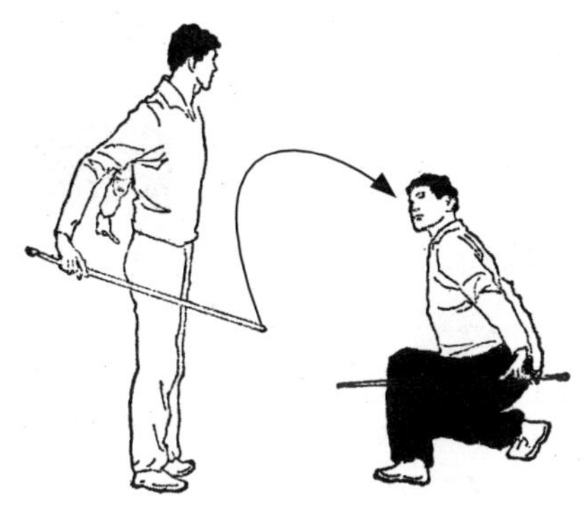

图 7–83

要点：同前述。

第 四 段

（三十七）甲并步刺面，乙并步剉腕

1. 甲方右手握剑直臂用剑尖向前下方洗刺乙方面部，剑身扁平，刃分左右，手心朝下；左手剑指顺势附于右腕处，手心朝下；

眼视对方脸部（图 7-84）。

2. 乙方身体向右折腰，闪开甲方的刺面，随之两腿直起，左脚向右脚靠拢并步；同时，右手握剑臂外旋翻腕使手心朝上，用剑刃前段直臂向前斟截甲方右腕里侧，剑身扁平，刃分左右，拇指一侧朝右；左手剑指向前附于右腕处，手心朝下；眼视对方右腕（图 7-85）。

图 7-84

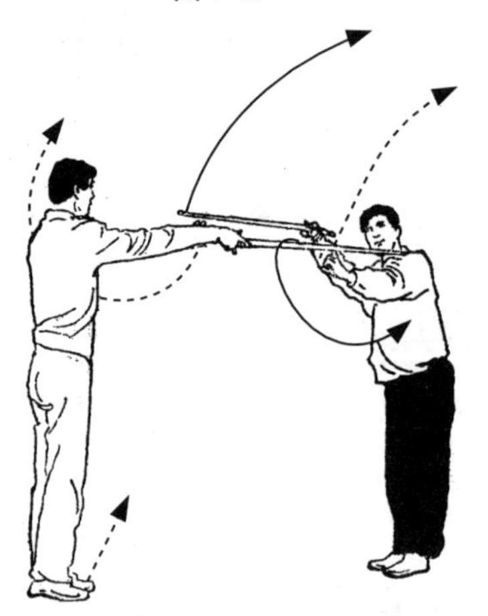

图 7-85

要点：甲方洗刺，手心朝下，剑身成扁平；乙方斟腕，手心朝上，剑身扁平。

（三十八）甲斩胸撩臂，乙弓步击腿

1. 甲方左脚向左斜前方上步，左腿屈膝，右腿伸直；左手剑指直臂向下、向左、向上弧形绕行；右手握剑稍向下沉腕，闪开乙方的剉腕；随即右臂外旋使手心朝上，用剑刃由乙方剑身下面向左横斩乙方胸部；身体趁势左转。当乙方两臂向上举起、身向后仰，闪开甲方的斩胸时；甲方又随即臂外旋翻腕用剑刃顺斩胸之势向上撩截乙方两臂（图 7–86）。

图 7–86

2. 乙方两臂和身体继续上举后仰，闪开甲方的撩臂；随之左脚向东南方向跨出一步，右脚离地提起（图 7–87）。

图 7–87

3. 上动未停，乙方左脚蹬地跳起，右脚迅速在左脚的原位落步，左脚随之向东落步，右腿屈膝，左腿伸直，成右弓箭步；同时，右手握剑臂内旋屈肘翻腕使剑尖向上、向左绕行，用剑刃前段直臂向前、向下截击甲方右腿，手心朝下；左手剑指顺势平举于身后，拇指一侧朝上；眼视对方右腿（图 7–88）。

图 7–88

要点：同前述。

（三十九）甲提膝击腕，乙跪步挑腕

1. 甲方左腿直起站立，右腿屈膝在身前提起，右脚高过对方剑身，闪开乙方的击腿；同时，右手握剑臂内旋翻腕使剑尖向左、向前、向下绕环，用剑刃前段直臂向右截击乙方右腕，手心朝下；身向右转并向前探；左手剑指由身前收下附于右腕处，手心朝下；眼视对方右腕（图 7–89）。

图 7–89

2. 乙方右手握剑稍向下沉，闪开甲方的击腕，臂外旋使拇指一侧朝上，肘稍屈，屈腕用朝向虎口一侧的剑刃最前段由甲方两手中间向上挑击甲方右腕；同时，左脚移进半步，左腿跪地；左手剑指向前附于右腕处。当甲方两手向两侧分开将剑向身后收回闪避乙方的挑腕时，乙方顺挑腕之势将剑向身前带回（图 7–90）。

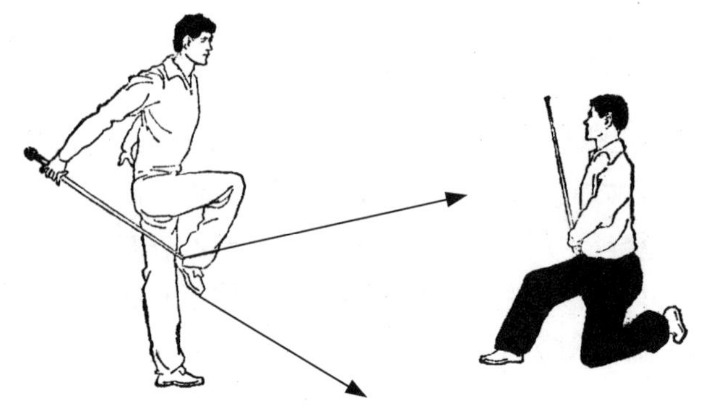

图 7–90

要点：同前述。

(四十) 甲弓步刺喉，乙仰身点腕

1. 甲方右脚即向前落步，右腿屈膝，左腿伸直，成右弓箭步；同时，右手握剑用剑尖由乙方剑的里侧向前直刺乙方喉部，臂伸直，拇指一侧朝上；左手剑指顺势附于右腕处，手心朝下；眼视对方喉部（图 7–91）。

图 7–91

2. 乙方身向后仰闪开甲方的刺喉，左手剑指趁势松开，用手掌直臂伸向身后撑地；右手握剑臂向上抬，腕向下屈，用剑尖向前、向下点击甲方右腕；眼视对方右腕（图 7–92）。

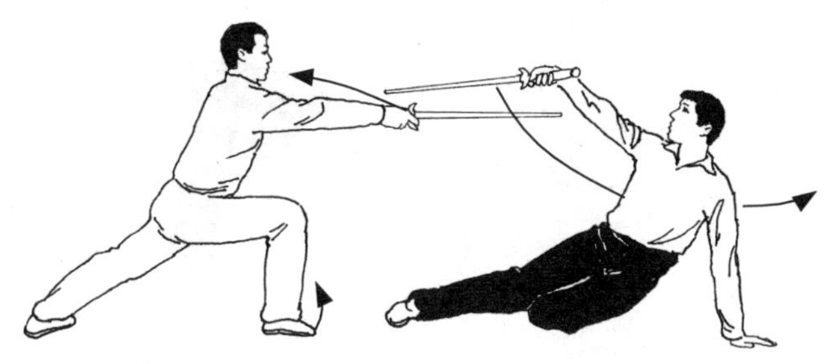

图 7–92

要点：同前述。

（四十一）甲马步抱剑，乙弓步刺肋

1. 甲方右脚尖里扣，两腿屈膝成马步，闪开乙方的点腕；同时，右手握剑臂外旋，屈肘钳把将剑收至面前平端，剑尖朝右；左手剑指屈肘附于右腕里侧，拇指一侧朝下，两臂环抱；眼视对方。与此同时，乙方站起，左腿伸直站立，右腿屈膝在身前提起，右脚尖朝下；右手握剑从身前下沉直臂向后收回，屈腕使剑尖朝前；左手握成剑指在身后屈腕使剑指朝前；眼视对方（图 7–93）。

2. 上动未停，乙方右脚即向前落步，右腿屈膝，左腿伸直，成右弓箭步；同时，右手握剑用剑尖向前直刺甲方右肋，拇指一侧朝上；左手剑指顺势附于右腕处，手心朝下；眼视对方肋部（图 7–94）。

图 7–93

图 7–94

要点：同前述。

（四十二）甲叉步撩腕，乙马步抱剑

1. 甲方两腿直起，右脚从身后向左插步，闪开乙方的刺肋；同时，身体半面向右转，右手握剑屈肘转腕使剑尖向上、向左、向下绕行，臂内旋直臂向前、由乙方剑身的下面用剑刃前段向上反撩乙方右腕，拇指一侧朝下；左手剑指与之一起从胸前直臂向下、向后绕行平举，拇指一侧朝上；眼视对方右腕（图 7–95）。

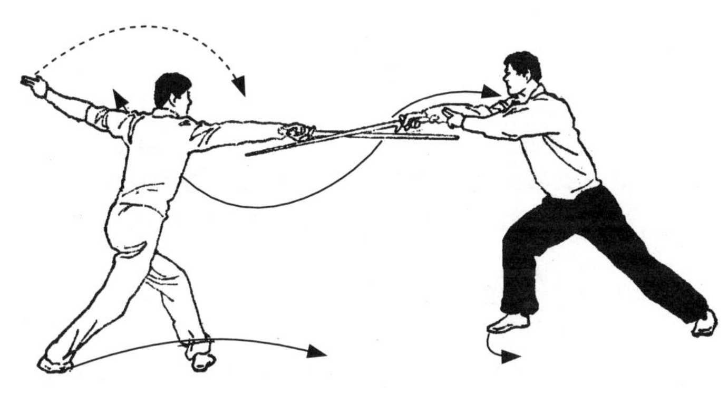

图 7–95

2. 乙方右脚尖里扣，两腿屈膝成马步，闪开甲方的撩腕；同时，右手握剑臂外旋，屈肘将剑收至面前平端，剑尖朝右；左手剑指仍附于右腕里侧，臂内旋使拇指一侧朝下，两臂环抱；眼视对方。与此同时，甲方右脚向前上步；右手握剑屈肘转腕使剑尖向下、向后绕行，在身体左侧将剑提起；左手剑指随之屈肘向上、由右臂里面向前绕行，眼视对方右肘臂（图 7–96）。

图 7–96

要点：甲方剑与剑指的绕行，要剑尖向下、剑指向上，剑尖向后、剑指向前同时绕行，不要一手绕行完了一手再绕行。

（四十三）甲扣腿劈臂，乙退步点腕

1. 前动未停，甲方右腿屈膝半蹲，左腿离地屈膝提起，将左脚勾扣于右腿膝弯后面；右手握剑继续转腕使剑尖向上、向前绕行，用剑刃前段直臂向前、向下劈砍乙方右肘臂，拇指一侧朝上；同时，左手剑指继续直臂向下、向后绕行，屈肘向上环举，拇指一侧朝下；眼视对方右肘臂（图 7–97）。

2. 乙方右手握剑直臂从身前下沉由甲方剑的下面向后抽出，闪开甲方的劈臂；左手剑指随之一起直臂从身前下沉；而后，身向右转，右脚向后退步，左腿屈膝，右腿伸直；同时，右手握剑向后、向上绕行屈肘将剑举起，用剑尖直臂向前、向下点击甲方右腕，拇指一侧朝上；左手剑指则向后直臂平举，拇指一侧朝上；眼视对方右腕（图 7–98）。

图 7–97

图 7–98

要点：甲方扣腿劈臂，要和前一动连贯起来做，剑的绕行要运用肘腕的灵活转动，扣腿要扣紧站稳；乙方退步点腕，右手握剑下沉向后抽出的动作要和身向右转、右脚退步的动作同时完成，点腕时右手腕要稍向上提吊。

（四十四）甲乙并步撤剑

1. 甲方右手握剑直臂向下沉腕，闪开乙方的点腕，将剑向身后收回，屈腕使剑尖仍朝前方；左手剑指与之一起从上向前直臂下沉，向身后收回，屈腕使剑指朝前；同时，左脚向后落步，左腿伸直，右腿仍屈膝；眼视对方。与此同时，乙方右手握剑直臂下沉，将剑向身后收回，屈腕使剑尖仍朝前方；左手剑指臂内旋，在身后屈腕使剑指朝前；同时，左脚向后退一步，左腿伸直，右腿屈膝；眼视对方（图 7–99）。

图 7–99

2. 上动未停，甲乙两人同做：右脚后退与左脚靠拢并步，两腿伸直；左手剑指向下、向前、向上绕行直臂上举，拇指一侧朝后，手心朝右；右手握剑不变；眼视对方（图 7–100）。

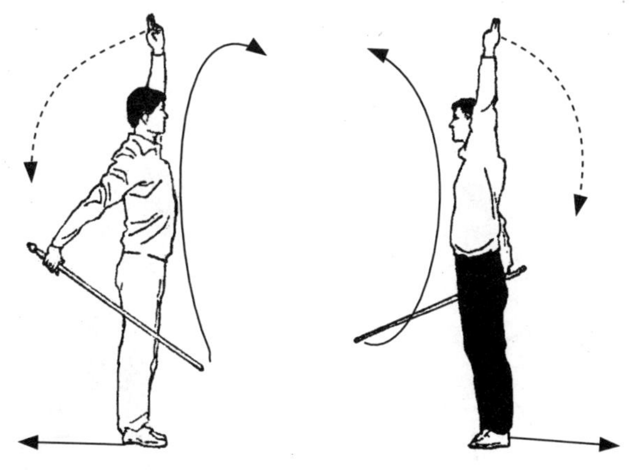

图 7–100

要点：甲乙双方的动作要协调一致，并步时保持身法的沉肩、挺胸、直背、收腹、膝后挺、五趾抓地等要求。

结束动作

收 势

甲乙两人同做：1.右脚向身后退一步，右腿伸直，左腿屈膝；左手剑指从上向后、向下直臂弧形绕行；右手握剑由两腿前向左、向上屈肘绕行举起，手背朝前，剑尖朝上；眼视对方（图 7–101）。

2. 上动未停，右手握剑臂外旋屈腕使剑尖向右、向下绕行倒垂；左手剑指放开，从后屈肘向前、向上绕行，至剑柄处将剑柄反握；与此同时，身向右转；在左手接剑后，右手握成剑指屈肘收于左腋前，手心朝上；眼仍注视对方（图 7-102）。

图 7-101

图 7-102

3. 上动未停，左手反持剑由身前下垂，使剑尖向后、向上绕行，剑身贴靠于臂后；右手剑指从左腋处直臂向下、向右弧形绕行，手心朝上；同时，身向右转，左腿伸直，右腿屈膝；眼随右手剑指（图 7–103）。

4. 上动未停，右腿伸直，左脚向右脚靠拢并步；右手剑指屈肘向上由右耳侧直臂向下绕行，垂于右腿侧旁，屈腕使剑指朝向身前，手心朝下；左手持剑垂于左腿侧旁，手心朝后；眼视对方（图 7–104）。

图 7–103

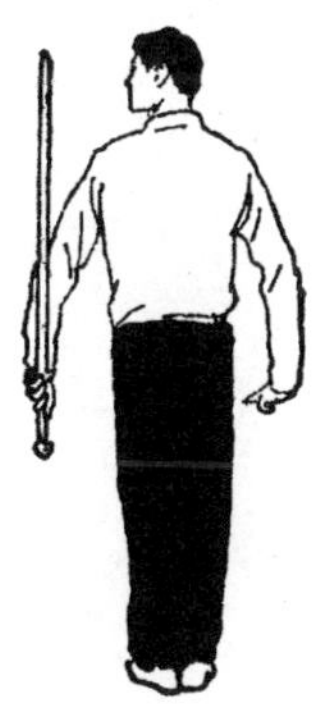

图 7–104

5. 右手剑指放开，五指并拢贴靠于右腿侧；头转正，眼向身前注视，成立正姿势站好（图 7–105）。

要点：同预备势。

图 7–105

第四章　怎样练习剑术

怎样练习剑术？按照传统的基本技法必须做到以下七点：

第一，形体工整。剑术练习时的每个动作势式，都必须按照一定的规格要求，做到准确、齐正、匀称，结构严整，线路清楚，一丝不苟。《华拳谱》里说："五体称，乃可谓之形备。""五体"即身体的躯干、两上肢和两下肢，共为五体。也唤作"五骨"或"五筋"。剑术的每一个动作、每一个势式，无不都是由这五条线结合剑器所组成。如果这五条线的结构组合不工正、不匀称，就不能算完美。怎样才能使动作势式的形体做到工正、匀称，达到完整呢？《华拳谱》里接着说："其形方中矩，圆中规，自中衡平均施，敛束相抱，左右顾盼，八面供心。"每个动作势式都需顾到前后左右、上下高低。要是动作势式的形体做不到"整"的话，不仅显得难看，而且劲力也不容易发挥出来。比如"弓箭步前刺剑"这个简单的动作，假若做成耸肩、弯腰、屈腿，结构缩作一团，不舒展匀称，其形象一定是很难看的。同时，由于腿屈、腰弯、肩耸，也就难以使劲力蹬之于腿、主之于腰、送之于肩、顺之于臂、达之于剑。刺剑的劲力就不能够凭借地面的反作用力上下贯通完整地发挥出来。所以练习剑术，形体必须工正、匀称，做到一个"整"字。

第二，筋骨遒劲。筋骨遒劲就是使组成动作势式的"五骨"，每根线条都要具有遒劲。剑术的动作势式仅仅做到形体工整还是不够的，缺乏遒劲，只有皮肉没有筋骨，形体动作就成了空洞欲坍的架势。即使是绵剑体的剑术，也不是不讲究筋骨遒劲的，只是较工剑体的剑术显得含蓄蕴藏，所谓“绵里裹针”柔中含刚，不把遒劲暴露于外。因之任何剑术“体称劲遒”才能算是形质完备。怎样才能使“五骨”具有遒劲呢？要使“五骨”具有遒劲，须从拳术中的“骨法”着手。例如“弓箭步前刺剑”这样一个动作势式。躯干这根线条的遒劲，就在于它的头向上“顶”，颏向里“收”，项背向上“拔”，胸向外“张”，腰向下“塌”；上肢两根线条的遒劲，则在于它的肩向下“沉”，臂向前“撑”；至于下肢两根线条的遒劲，还在于它的前腿膝部前“顶”，胯外“展”，髋下“沉”，后腿膝部后“绷”，髋下“沉”，脚尖紧“扣”，脚跟“蹬”、“踩”。这样，五根线条都由于肌腱韧带的极力伸缩而处在紧张的状况之下，显出剑拔弩张之势，遒劲就由此产生出来了。

第三，心力坚强。这是要求内心里面也要鼓足一股劲。剑术的形体动作一般都有它的意向，要把动作意向表现得完美，内心必须参与一起活动。这个特点决定了剑术的形体动作一定要“心动形随”，它随着内心意识的活动而运动。心力不坚，形体的动作势式就会松懈，筋骨也不可能刚健遒劲，所谓“心力不坚，则无劲健”。而动作的意向则更难以表现出来了，动作没有意向，运动就失掉了生气。因此，练习剑术心力要坚，要使内心里的一股劲和形体动作的一股劲两者内外结合起来，成为“合力”。这样才能做到劲力遒健，动有意向。

第四，气势连贯。在一路剑术里，所有的动作都应该是“始终连绵相属，气脉不断”。连绵不断固然是绵剑体剑术的特点，但其他剑体的剑术也同样要有这种连绵相属的要求。对工剑体等其他剑体的剑术，所谓“连”，并不是说要把整路的剑术动作也像绵剑体剑术那样不停顿地一气练完，中间没有间歇。而是要求在一招一势之间，必须做到“形断意连”和“势断气连”，善于运用内在的心志活动通过眼神把前后动作的意向连接起来，使整个套路的剑术势势相连，无势不连。比如“举火烧天”是一个直立向上举剑的静止动作，从形式上来说它和后面的动作已经中断了。然而，如果把眼神凝视着远方，心志活动具有伺机待动的意识，那么这个动作就和后面的动作从“意”上连接起来了。“心动形随”心志活动也还起着动作连接的重要作用，练习剑术要注意这一点。

第五，阴阳分开。剑术运动和其他武术项目一样，包含着动静、虚实、刚柔、快慢、伸缩、张弛、抑扬、顿挫、轻重、起伏以及内外、上下、正偏、左右等种种的对立因素。武术的传统说法唤作“阴阳”。善于掌握和运用这些对立因素的规律，动作就能做得更好。对立因素的某一方都是不能孤立地存在的，没有动，就没有所谓静；没有虚，就没有所谓实；没有刚，也就没有所谓柔……中国的武术运动特别强调：欲要动先须静，欲要实先须虚，欲要刚先须柔……比如刺剑用力，剑从腰侧向前刺出的时候手臂的肌腱都是比较放松的，剑柄也握得不太紧，肩也不太下沉，这时是“柔”的状况；等到肘关节从后向前经过腰侧的时候，剑柄就握紧了，肩就向下沉了，手臂的肌腱就紧张起来了，这时才有了“刚”。有松弛才能有紧张，如果刺剑一开始就使握剑的手臂处在紧张的状况下，那么这刺剑要它紧张有力时，它反而不能紧张有力了。这样，“刚”也就产生不出来。所谓“双重则滞”，阴阳对立的两面，有任何一面“重”了就失去了运动，失去了变化。同时，任何阴阳对立因素还必须是在同一个运动过程中相互转化，不能把它们分割成两个运动过程，否则就失掉了对立的统一。在剑术练习时，把法的向背、剑势的起伏、动作的轻重、节奏的缓急等等，都必须运用对立因素的规律使之有阴有阳。

第六，击刺得法。剑术有着击刺劈斩等许多的剑法，这些剑法各有各的运使部位和方位，各有各的着力点。有的剑身直着向前，有的剑身平着向前；有的着力点在剑尖前锋，有的着力点在剑尖侧锋；有的着力点在剑刃前段，有的着力点在剑刃后段；剑法不同，剑的使用形式和着力点也不相同。中国的剑术在剑法上有着严格的规定和要求，该是什么剑法，就该是使用什么样的部位和形式，就该是什么样的着力点，不能乱来。比如刺剑，使用的形式是剑刃分为上下，剑身直着向前，如果把刺剑做成了剑刃分为左右，剑身平着向前，这就违反了“刺”的规定，不合“刺”的法度。再如砍剑，着力点规定在剑刃后段，如果砍剑时把着力点移向了剑刃前段，这又违反了“砍”的规定，不合“砍”的法度了。练剑时要特别注意剑法，并在符合剑法的基础上，做到“击则断石，刺则入金”，把劲力贯穿到剑器的锋刃上，做到身剑的劲力合一。

第七，呼吸自然。呼吸关系着运动的持久性，也关系着劲力的推劲。像一些结构复杂、动作快速、运动量大的剑术，对氧的需要很大。如果不善于掌握和运用呼吸的方法，就很容易气血上涌，使气息停留在胸间游动。气往上浮则内部空虚，空虚则气促，气促则吸入的氧不足，氧不足则力短，力短就不能使运动持久，运动的平衡性也就遭到破坏。所以，在剑术练习的时候必须善于“蓄气”，运用腹式呼吸的方法，这样才能使运动持久，才能保持运动的平衡，才能达到矫捷、矜持、从容不迫的要求。剑术运动的呼吸方法和其他武术项目的呼吸方法相同，有提、托、聚、沉四种。在一般的情况下，由低动作进入到高动作的时候应该运用“提”法，在静止性动作出现的时候应该运用“托”法，在刚脆短促的动作出现的时候就该换用“聚”法，在由高动作进入到低动作的时候又该运用“沉”法。这些呼吸方法随着动作进行变化的时候，都必须遵循“呼吸自然”这一基本要求，不要故意做作。